PHILOSOPHIE ET NON-PHILOSOPHIE

DU MEME AUTEUR

Philosophie I

Phénomène et Différence. Essai sur Ravaisson (Klincksieck, 1971, Paris).
Machines textuelles. Déconstruction et libido-d'écriture (Le Seuil, 1976, Paris).
Nietzsche contre Heidegger (Payot, 1977, Paris).
Le Déclin de l'écriture (Aubier-Flammarion, 1977, Paris).
Au-delà du principe de pouvoir (Payot, 1978, Paris).

Philosophie II

Le Principe de minorité (Aubier, 1981, Paris).
Une biographie de l'homme ordinaire. Des Autorités et des Minorités (Aubier, 1985, Paris).
Les philosophies de la Différence. Introduction critique (PUF, 1987, Paris).

 *PHILOSOPHIE ET LANGAGE*

François Laruelle

philosophie et non-philosophie

PIERRE MARDAGA, EDITEUR
LIEGE - BRUXELLES

© Pierre Mardaga, éditeur
Rue Saint-Vincent 12 - 4020 Liège
Galerie des Princes 2-4 - 1000 Bruxelles
D. 1989-0024-4

Pour ma fille Marlène.

Préface

Plutôt qu'une nouvelle philosophie, cet ouvrage propose une nouvelle pratique de la philosophie qui arrache celle-ci à sa propre autorité et l'inclut dans une pensée d'une origine tout autre que philosophique : pensée de l'Un plutôt que de l'Etre, et scientifique aussi plutôt qu'ontologique. Beaucoup de thèses sont donc impliquées dans la fondation de ce que nous appelons «non-philosophie». Et comme celle-ci commence à exister dans des textes, il est temps de la définir et de présenter ses fondements ultimes, ceux qui l'ont rendue inévitable dès qu'ils l'ont rendue possible.

Parmi ces fondements, le principal est celui que nous appelons, pour la distinguer de la «pensée de l'Etre», la «pensée de l'Un». Plus rigoureusement : la vision-en-Un. Les structures de la vision-en-Un seront systématiquement exposées et distinguées de ce qui fait l'ontologie c'est-à-dire la décision philosophique elle-même. La pensée de l'Un, du rien-qu'Un, n'a jamais été une philosophie, même si elle peut en rappeler certaines apparences, et la non-philosophie est la démonstration de fait qu'une pensée essentielle peut et doit exister en dehors de la gréco-philosophique et même *avant* elle. Cette pensée du réel comme Un plutôt que comme Etre est également l'essence — seulement l'essence, pas le tout — de la science. Mais cette seconde thèse, parfois invoquée dans ce traité, n'est pas, à la différence de la vision-en-Un, analysée et explicitée, parce qu'elle n'est pas ici d'une importance déterminante. Son élucidation sera l'une des tâches d'un livre à paraître sur les *Principes d'une science de la philosophie*, livre jumeau de celui-ci. Ne pouvant tout démontrer simultanément, nous avons pensé pouvoir faire sur ce point, pourtant important, l'économie de toute argumentation[1].

Il faudra sans doute le dire — il faut déjà le redire : la non-philosophie n'est pas une «philosophie du non» et encore moins une tentative de destruction nihiliste ou de négation positiviste de la philosophie. Un tel projet serait de toute façon absurde et impossible, mais c'est surtout une entreprise positive que nous proposons. Elle doit, tous comptes faits, se comprendre plutôt par analogie avec les géométries «non-euclidiennes». Plutôt qu'une nouvelle variante de la *révolution copernicienne*, notre projet est d'introduire dans la philosophie une *mutation lobatschevskienne et riemannienne*.

Tous nous sentons combien la pratique philosophique, telle qu'elle a été fixée par les Grecs, reste étriquée, répétitive et superbement stérile. Sans en connaître la raison, nous le sentons nécessairement, mais nous le dénions presque toujours, trop heureux de nous identifier aux mœurs que nous baptisons «raison», «tradition», «fait» et maintenant «Etre», «Destin», «Nécessité» ontologique ou métaphysique, etc. Sans qu'elle s'en soit rendu compte, la philosophie a fonctionné comme une entreprise conservatrice et réactive. Pour cela, il lui suffisait de ne rien faire. Justement elle n'a rien fait que répéter les invariants héraclitéens et parménidiens, les répétant sans doute à coups de «révolutions» ou de «décisions» nouvelles, mais qui sont presque des gains nuls puisqu'elles sont programmées par ces invariants. C'est de cette manière agitée, parfois héroïque, toujours guerrière, qu'elle est restée ce qu'elle a toujours été : une activité de pensée aussi limitée que le monde grec lui-même.

On sait les effets de cette clôture gréco-unitaire de la pensée. D'une part une implosion continue de la philosophie à l'intérieur de ses propres limites et préjugés. Elle croit alors se renouveler en multipliant ses objets et son affairement encyclopédique ou bien en s'enfonçant toujours plus dans son histoire, ses textes et ses archives, dans son corpus et ses institutions, avouant progressivement qu'elle n'a jamais été qu'un commentaire, au pire, ou une anamnèse, au mieux. Encore et toujours, malgré tout, un automatisme de répétition. D'autre part l'appel à ce qui passe maintenant pour l'extériorité éthique et le dehors

---

[1] Pour un début d'explicitation de cette thèse, ainsi que pour les premiers textes de non-philosophie, on se reportera à la revue *La Décision philosophique* (éditions Osiris), n°s 1, 3, 5, 7, etc., et à la *Lettre*, n°s 4, 6, 8.

salvateur : l'Autre, la Loi — bref le judaïsme, comme si cela changeait quoi que ce soit à la foi philosophique spontanée et restée inélucidée. Qu'est-ce que la philosophie contemporaine ? C'est celle qui, ou bien répète les schémas les plus archaïques qu'elle essaie, de la manière la plus opportuniste, d'adapter à la situation (Habermas) ; ou bien implose dans sa propre naïveté revendiquée comme telle (Deleuze) ; ou bien cherche implicitement ou explicitement dans le judaïsme de quoi desserrer, seulement desserrer, l'enfermement grec de la pensée (Wittgenstein, Derrida, Heidegger aussi à sa manière et à travers Kant). Sous ces différentes formes, elle a admis une fois pour toutes sa destination grecque. Elle ne conteste cet envoi que pour mieux en accueillir la nécessité prétendûment «incontournable». Elle se prête aux compromis les plus boîteux et parfois les plus théoriquement inconsistants pour pérenniser la vieille prétention grecque, celle *de la suffisance ou de la validité de la philosophie pour le réel, le postulat unitaire de leur co-appartenance*. Cette prétention unitaire n'est évidemment pas éradiquée, elle est plutôt renforcée *in extremis* par son altération judaïque.

L'histoire de la philosophie est celle des codages, des décodages, des recodages simultanés ou successifs de la pensée et du langage en fonction de ce postulat. L'élargissement contemporain des normes de recevabilité, cette ouverture qui fixe un minimum de sens philosophique à conserver pour empêcher la dislocation de la décision philosophique et, dans ces limites, un maximum de destruction des vieilles limitations rationnelles et métaphysiques, ne peut faire illusion que pour ceux qui les pratiquent en s'immergeant sans distance dans la suffisance philosophique. Ni Heidegger ni Wittgenstein, et pas plus Deleuze que Derrida maintenant n'ont réellement suspendu la clôture du philosophique ; n'ont même pas pensé à la suspendre ; n'ont surtout pas pu imaginer que c'était possible. Ils ont fait ce que tous les philosophes ont toujours fait : ils ont pratiqué spontanément la foi philosophique.

Ce serait rester dans leur manière que de demander : jusqu'où peut-on, jusqu'où a-t-on le droit d'aller dans la déhiscence hors du philosophique, dans la destruction de ses normes et de ses codes — sous-entendus : afin de conserver encore un sens, une apparence, un effet philosophiques ? Comment limiter la destruction de la philosophie et assurer la conservation de sa capacité à simuler le réel ? La non-philosophie n'est pas la réponse à cette question de la peur philosophique, quelque chose comme un supplément de déconstruction ou de critique, un «coup de pouce» supplémentaire dans le décodage de la pensée occidentale ; pas plus qu'elle n'est une tentative brute et spontanée de faire de la fiction philosophique, de la philo-fiction : de ce point de vue, la philosophie suffit bien par elle-même. D'une manière générale, elle ne sort pas — à tous les sens du mot — de la philosophie — elle serait alors un mode de l'auto-destruction et du nihilisme de celle-ci. Elle est plutôt, par son essence, vision-en-Un : elle sort de l'Un ; et par sa mise en œuvre effective, elle est le traitement de la philosophie comme un simple matériau contingent. L'usage qu'elle fait de celle-ci suffit donc à interrompre les tentatives de la mettre dans le prolongement des déconstructions.

La non-philosophie n'est pas une nouvelle économie de la philosophie, qui supposerait toujours la suffisance de celle-ci, c'est une pragmatique immanente, ou découlant de l'Un, du simple matériau philosophique. Rompant une fois pour toutes avec les compromis et les synthèses *ad-hoc*, elle est l'expérience de la pensée libérée par la mise entre parenthèses du postulat unitaire réputé ici transcendant et, dans certaines limites, globalement inutile. La « vision-en-Un » est ce qui rend possible ce suspens de la suffisance philosophique. Ce qui rend nécessaire aussi de dénoncer dans les pratiques spontanées du gréco-philosophique un puissant esprit de conservation et de maîtrise unitaire qui met la philosophie dans l'incapacité de faire chez elle les mutations théoriques et techniques que les sciences et les arts — surtout la peinture et la musique — ont opérées pour leur compte depuis la fin du XIXe siècle. C'est pourquoi la non-philosophie trouvera dans ces mutations scientifiques et artistiques, sinon sa raison d'être, du moins son plus puissant encouragement.

Introduction
Nouvelles pratiques
et nouvelles écritures de la philosophie

Des « philosophies ouvertes » à la « non-philosophie »

La non-philosophie est l'une des solutions que notre époque après les autres doit apporter au problème des nouvelles écritures et des nouvelles pratiques de la philosophie.

Défini extérieurement, son programme se formule ainsi : comment continuer à pratiquer la philosophie sans se vouer à son histoire, sans commenter interminablement ses œuvres ou ses doctrines, sans même se contenter de les déconstruire ? Comment produire de nouveaux textes et de nouvelles pensées sans en supposer nécessairement d'autres déjà faits et donnés comme norme de ce qu'il faut faire ? sans supposer la philosophie achevée et constituée en autorité que l'on se contenterait d'entamer et d'ébranler ? Comment cesser de la traiter comme un passé encore impensé, comme une tradition encore cachée, comme une présupposition que toute l'activité de la pensée consiste à manifester pour l'ouvrir, seulement l'ouvrir au futur ? Comment ne plus commenter l'oubli de la philosophie en jouant auprès d'elle le jeu éternel du soupçon ? Comment l'exhiber tout entière comme actuelle, la traiter comme positive et comme suffisamment déterminée pour qu'elle n'ait pas besoin d'une décision ou d'une intervention supplémentaire ? Mais si on la définit de manière plus essentielle par ce qu'elle peut faire de nouveau, on dira que la non-philosophie est une pratique quasi-scientifique de la philosophie et qui nous délivre donc des deux rapports que celle-ci entretient à elle-même et où elle s'enfonce et se paralyse : son histoire et son travail textuel ; l'intérêt à son passé et l'intérêt à son texte ; dans les deux cas : son narcissisme, son «philocentrisme», sa suffisance.

Formulé ainsi, le problème de la non-philosophie est apparemment l'inverse de celui des déconstructions : de Wittgenstein, de Heidegger et Derrida surtout. Qu'est-ce qui motive cette apparence, qui renvoie à une distinction bien réelle? Sans doute chaque philosophie définit-elle des pratiques et des écritures neuves. Mais elle le fait à l'intérieur de certaines présuppositions générales évidentes, de certaines clôtures immuables, de certaines normes de validité et de recevabilité jamais remises en cause. Ce sont celles qui fondent et qui se résument dans l'autorité de la philosophie sur elle-même, dans son droit unique, imprescriptible, inaliénable, de légiférer sur soi, de programmer sa transformation et de définir les mutations qu'elle peut tolérer. *Ce sont les codes ultimes qui assurent la cohérence — malgré tout — de la décision philosophique, et de sa cohérence comme représentation supposée constitutive du réel.* Cette cohérence s'exprime par des phénomènes comme la discursivité conceptuelle et thématique, la linéarité, l'intentionnalité et *la nature de récit du texte philosophique, qui semble toujours se référer au réel, non seulement pour le décrire mais pour le transformer.*

La philosophie est en effet une pratique révolutionnaire par essence. Mais pour cette raison même, elle ne s'est pas demandé comment est possible la révolution, le geste ou l'opération de la révolution : elle la pratique spontanément. Au XXe siècle elle a connu ainsi beaucoup de ruptures : par exemple l'introduction des jeux de langage par Wittgenstein ; celle du sérialisme généralisé et du hasard univoque par Deleuze ; celle de l'Autre comme absolu ou de l'Autre judaïque (la déconstruction) par Derrida. Mais toutes ces révolutions qui transforment, qui distendent ou engrossent la décision philosophique, continuent en dernière instance à assurer sa cohésion et sa cohérence ultime, à la laisser pour l'essentiel encore maîtresse de soi et du réel, partiellement auto-législatrice au sein de ces aventures.

Comment expliquer cette situation continûment révolutionnaire, en définitive conservatrice, ennemie des vraies mutations? La règle structurale de la décision philosophique — règle transcendantale aussi, puisqu'elle s'affecte elle-même en affectant ce qu'elle organise et distribue —, c'est en effet l'Unité-des-contraires, la coextension circulaire — à quelques décalages près — de l'Un et de la Dyade. Or cette règle ultime des agrégations conceptuelles en régime philosophique n'est pas brisée, elle est épurée et devient plutôt immanente dans le sérialisme philosophique contemporain et même dans la déconstruction où l'un des opposés de la Dyade est remplacé simplement par l'Autre-qui-n'*est*-pas. Bien entendu elle règne plus que jamais lorsqu'elle demeure dissimulée, comme par exemple dans une certaine pratique «rationnelle» et «critique» des concepts qui n'en est qu'une forme particulièrement figée et obnubilée par sa dénégation. *Aucune philosophie ne peut suspendre la validité de cette règle qui paraît «naturelle» au philosophe autant que l'harmonie et la tonalité au musicien classique ou le capital au capitaliste.* Tout au plus a-t-il été possible de l'entamer, de la solliciter, de distendre la Dyade d'une altérité ou d'une Différance : celle-ci est maintenant l'Un sur le mode de l'Autre au lieu de l'être sur le mode de l'Etre ou du deux. Mais rien de fondamental n'a été gagné par là... Si bien que la révolution la plus profonde, celle qui ne serait plus une révolution et qui affecterait la possibilité même de la pratique philosophique comme révolution continue, reste toujours en attente. C'est donc cette ultime présupposition traditionnelle de toute philosophie, qui la voudrait constitutive du réel, avec les phénomènes qui l'accompagnent et qui fondent son autorité sur le réel et sur elle-même, sa nécessité, sa légitimité que les déconstructions n'ont jamais remises en cause, que la «non-philosophie» doit globalement tenter de suspendre, en produisant des pratiques et des écritures de la philosophie qui soient réellement nouvelles : par leur technique, mais d'abord par leur non-soumission à ces codes de la cohérence ultime ou de la non-dislocation de la décision philosophique supposée identique au réel.

Si ce n'est pas la première fois que la philosophie entreprend de briser ou de disperser ses objets et la linéarité correspondante de son discours, de substituer par exemple à la description thématique de référents un travail du signifiant et toute une pratique de la textualité, le problème est maintenant ailleurs et plus fondamental : il y a une linéarité et une discursivité invariantes et spécifiques du texte philosophique, qui tiennent à la présupposition que ce discours est constitutif du réel par le moyen du sens, de la vérité et de la valeur. Il n'y a pas de discours philosophique qui ne se dédouble spontanément en objet ou référent (le réel comme être, essence, substance, esprit, volonté de puissance, texte, etc.) et en visée intentionnelle — plus ou moins perturbée, peu importe — de ce référent. Quelle que soit la sollicitation dont cette division est affectée, elle reste une dyade à laquelle l'Un est co-extensif ou une dualité de type unitaire : celle du réel *et* du langage. Cette intentionnalité plus ou moins circulaire, ce dédoublement et ce doublement référentiels, plus ou moins ouverts, du discours philosophique, cet usage téléologique du langage en vue du réel essentiel — qui peut être le langage lui-même —, cette discursivité, cette auto/hétéro-référentialité, voilà ce qui maintenant doit être brisé afin de libérer le réel des hallucinations langagières, afin aussi de faire briller définitivement le langage pour lui-même et dans sa solitude. C'est ce que nous appelons la « non-philosophie ».

Pour accéder à la non-philosophie et ouvrir radicalement, plutôt que la décision philosophique, la pensée qui est *avant* celle-ci, il ne suffira donc pas de pratiquer le sérialisme illimité et univoque (généralisation de la série à toutes les dimensions de la philosophie) et de détruire de cette manière le thématisme, le régionalisme et l'objectivisme du discours traditionnel ; ni même d'articuler, en dehors de toute élaboration de leur unité, la série comme l'une des faces, la face encore « métaphysique », d'un quasi-système dont l'Autre serait la différ(a)nce absolue et non plus seulement relative. Transversalité et limitrophie, sérialité et supplémentarité, syntaxe généralisée plutôt que thème, objet ou région, permettent de briser certaines formes particulièrement dogmatiques et massives de la représentation philosophique, mais conservent l'essentiel de celle-ci, son usage fétichiste comme fait ou tradition incontournable, c'est-à-dire comme constitutive du réel. Autant de filtres, de barrages contre un usage plus « libre » des agrégations langagières auxquelles on impose la norme et l'a priori de la « décision philosophique » sous la forme de la substance, du concept, mais aussi de la série et du supplément, de la différence et de la différance, etc. — la forme de la dualité unitaire, de la simultanéité circulaire de l'Un et de la Dyade. Précisément ce que nous appelons la « décision philosophique ».

Il s'agit donc moins de critiquer ou de déconstruire une représentation dont on admettrait encore qu'elle est malgré tout constitutive de l'Un ou du réel et réelle à sa manière, que de briser plus profondément le lien ultime de réciprocité que cette déconstruction continue de présupposer entre le réel et sa représentation ; de libérer l'un de l'autre autant le réel que la représentation ; de les tirer de cette situation aporétique où les Grecs, sous le nom de « philosophie », les ont abandonnés et voués à s'entr'empêcher.

Que faire et comment procéder plus concrètement ? On ne peut plus se contenter de suspendre, comme limités ou comme épuisés, les axiomes moyens ou statistiques qui fondent à une époque donnée — la nôtre — le sens commun, sinon la communauté philosophiques. Du genre : mettre la philosophie en rapport à son Autre, au non-philosophique. Ou mieux encore, plus rigoureux : mettre l'Autre-sans-rapport en rapport avec la philosophie ; ouvrir ou laisser l'Autre ouvrir la philosophie. Il faut suspendre plutôt *la croyance-à-la-philosophie* qui fonde ces mots d'ordre un peu massifs, croyance spontanée selon laquelle, par exemple, *il y a* du logos ou du logocentrisme, et *il y a* de l'Autre ou de l'Indécidable. Plutôt que de les pratiquer naïvement, il faut se demander d'où nous tenons ces axiomes et l'autorité absolue que nous leur conférons ; quels sont leurs titres à notre créance, qu'est-ce qui leur permet de s'imposer à nous et d'exiger que nous nous identifions à eux. Peut-être est-il possible d'être encore plus radical et d'apprendre même à douter — dans de certaines limites, on y viendra — de l'axiome de tous les axiomes, de la foi philosophique elle-même : *il y a de la philosophie*. D'où le savons-nous, d'où tenons-nous cette évidence, *cette Apparence philosophique objective, sinon de la philosophie elle-même, qui conclut de sa force et de sa présence à sa réalité, de son effectivité à son droit de légiférer sur elle-même ? Il y a de la philosophie — sans doute — mais quel mode d'existence et de nécessité se cache dans cet « il y a » ?*

Tous ces axiomes, même le dernier, présentent les traits d'un empirisme transcendant et présentent la philosophie sous les traits d'une donnée factuelle plus ou moins idéalisée et autonome, à la fois transcendante aux choses et à l'homme et immanente ; mais pas entièrement et seulement immanente *à soi ou à l'homme* : comme fait rationnel ou factum a priori, tradition et appel, destin et envoi, histoire et possibilité déjà prescrite, etc. Or ce sont ces axiomes de la transcendance de la philosophie qui prescrivent le travail interminable du commentaire, au pire, celui du texte, au mieux. C'est-à-dire des opérations à la fois secondaires ou supplémentaires sur un passé ou une tradition *supposés donnés* ; et de type techno-téléo-logique (scission et identification, décision et position, renversement et déplacement). La pratique philosophique réduit la pensée à être un mixte d'histoire et de technologie répétitif et peu exaltant. Si diverses soient-elles, ces pratiques ont en commun de *supposer donnée* dans l'élément de la transcendance et de supposer achevée par conséquent la philosophie. Achevée, c'est-à-dire réelle et absolue. Même si un supplément de décision ou d'altérité est nécessaire, même si cet achèvement est une illusion : cette illusion définit encore la réalité de la philosophie ou son achèvement comme absolue. Au fondement de la philosophie, il y a ainsi — autre nom de la règle de simultanéité circulaire de l'Un et de la Dyade, du réel et de la représentation — cette amphibologie qui fonde toutes ses pratiques spontanées : celle du *factum* et du réel, de la tradition et de l'absolu, du relatif et de l'absolu, etc. Une telle amphibologie impose l'entr'empêchement des opérations de la pensée et l'inévitable paralysie ou inhibition interne que démontrent les pratiques actuelles, et pas seulement actuelles, de la philosophie. Toutefois ce sont là des effets, et la critique radicale de l'amphibologie qu'est toute décision philosophique viendra de plus loin.

La non-philosophie n'est pas la négation massive de la philosophie, sa destruction (impossible), mais son autre usage, *le seul qui puisse être défini en dehors de sa croyance spontanée à soi; une pratique de la philosophie qui ne soit plus fondée et enclose dans la foi philosophique, mais qui s'établisse de manière positive dans les limites de la mise entre parenthèses de cette foi*. Elle est une pratique de la philosophie qui est hétéronome à celle-ci mais non plus hétéronome à l'homme, — alors que sa pratique spontanée est autonome pour elle-même et hétéronome à l'homme. Mais inversément, il ne s'agit pas de refuser par exemple les déconstructions et de prétendre clore l'époque du textuel si c'est seulement pour leur substituer de nouvelles pratiques du même ordre, à une variation supplémentaire ou une décision près, et reposant sur la même croyance, sur la même illusion de toute-puissance, sur l'axiome d'un factum, d'une tradition, d'un destin incontournable, d'une *Apparence philosophique objective* nous réquisitionnant à son service.

La tâche préliminaire est donc de lever cette croyance de fond, l'identité du factum et du réel, de la transcendance et de l'immanence, de la philosophie et de l'Absolu; *de réduire la philosophie à l'état de matériau ou de donnée quelconque pour une connaissance plutôt que pour une auto-transformation technique et téléologique*; de la faire repasser de prétendu *factum* à l'état de *datum*; de rendre ainsi possibles des opérations plus fondamentales et autonomes que celles du Renversement et du Déplacement, de la Décision et de la Position, qui sont toujours secondaires, prescrites ou déterminées par le factum lui-même. La non-philosophie est le seul usage de la philosophie qui ne soit pas programmé par celle-ci. Par quoi alors ou par qui? On le dira : *par l'Un et la pensée de l'Un ou la « vision-en-Un »* — *et finalement par la « science » plutôt que par la philosophie. La non-philosophie ne sera rien d'autre que ce que l'expérience réelle de la pensée, ce que nous appelons la vision-en-Un, saisit de la philosophie.*

Les vrais progrès, ruptures ou mutations de la pensée ne consistent pas — c'est la pratique philosophique — à étendre un peu plus des phénomènes existants ou à tracer des continuités, *à passer des modes aux attributs infinis ou illimités, de l'empirique à l'a priori universel*; mais à relativiser à l'état de modes, d'effets, de cas particuliers d'une pensée nouvelle, les essences qui se présentaient comme réelles ou absolues ; à traiter les éléments, les éthers, les attributs comme des modes, à traiter les a priori de la philosophie comme de l'empirique et à démasquer comme abusives les prétendues « universalités » qui se trouvent toujours être des formes de pensée anciennes qui cherchent à se perpétuer. La philosophie actuelle est progressiste et « ouverte », elle cherche l'Autre, l'étranger, le « non-philosophique ». Mais elle n'est si révolutionnaire que parce qu'elle continue à supposer la validité de l'ancienne pensée, et la métaphysique ne se révolutionne ainsi que pour mieux pousser ses rejetons dans l'avenir lui-même. La philosophie fait « boule de neige », tout son passé se conserve plus ou moins intégralement dans la mémoire des philosophes, elle prétend à chacune de ses décisions ré-assumer la totalité de son héritage. Elle est non seulement une pratique de la conservation, mais d'abord une croyance à la valeur du passé et de la conservation. Elle est révolutionnaire et, comme toutes les révolutions, elle s'acharne à ré-exhiber le passé et à lui reconnaître une normativité, à lui assigner une validité finalement absolue. La non-philosophie doit mettre un terme à cette hypocrisie et à ce conservatisme.

La philosophie comme simple matériau de la non-philosophie

La non-philosophie a deux faces : d'une part elle réduit la philosophie à l'état de matériau quelconque ; d'autre part elle énonce de nouvelles règles positives, non-philosophiques mais déduites de la vision-en-Un, de travail de ce matériau. En présentant ces règles sans encore les fonder, nous donnons une première idée, très sommaire, de leur fondement, la vision-en-Un.

Que veut dire : *la philosophie traitée comme matériau ou comme donnée quelconque* ? Il s'agit, on l'a dit, de suspendre ou mettre entre parenthèses, depuis la vision-en-Un, son auto-législation, sa téléologie qui la fait but d'elle-même ; de lever sa circularité ou encore ce qu'il faut appeler son auto-position comme fait absolu, tradition, ou destin « incontournable ».

La philosophie n'est pas seulement un ensemble de catégories et d'objets, de syntaxes et d'expériences, d'opérations de décision et de position : elle est animée et traversée d'une foi ou croyance à soi comme à la réalité absolue, d'une intentionnalité ou référence au réel qu'elle prétend décrire et même constituer, ou bien à elle-même comme au réel. C'est son auto-position fondamentale ; ce que l'on peut appeler aussi son auto-factualisation ou son auto-fétichisation — tout ce que nous rassemblons sous le *Principe de philosophie suffisante*

(PPS). Le suspens de ces phénomènes équivaut à une défactualisation, défétichisation ou déposition de la décision philosophique, à sa réduction à l'état de matériau d'*origine* philosophique sans doute, mais philosophiquement inerte ou stérile. On appellera *chaos* ou *chôra* — concepts évidemment à refondre — cet état de la philosophie comme matériau stérile. La forme générale de la décision philosophique, le couplage-des-contraires ou la forme-mixte, y est elle-même donnée de manière inerte à côté des objets, catégories, énoncés, etc., mais elle y perd la fonction de normer ce matériau, de valoir comme sa règle d'interprétation, comme horizon ou point de vue théorique sur elle-même.

S'agit-il d'une destruction ? Evidemment pas, mais d'une réduction transcendantale ; d'une *indétermination* comme suspens de la *seule* détermination philosophique (décision, forme-philosophie, forme-mixte, etc.) et, en ce sens-là, d'un *chaos*. Il s'agit aussi d'un emplacement de la décision en un lieu qui la secondarise, d'une *chôra* — on explicitera ces points. Une destruction nihiliste de la philosophie serait elle-même imprécise ou indéterminée, et limitée dans la mesure où elle serait auto-contradictoire et ré-affirmerait la puissance et l'autorité de la décision sur la prétendue ruine de celle-ci. *Ce chaos, cette chôra ne sont pas une nouvelle décision, mais le corrélat de l'Un ou de la vision-en-Un, ils sont fondés en ceux-ci comme leur effet nécessaire, comme la réduction transcendantale déjà achevée et radicale qui affecte le Monde ou la Philosophie eux-mêmes et pas seulement quelques positions philosophiques particulières.* Si l'on prend l'Un, seul plutôt que mélangé avec l'Etre et la Transcendance, comme point de vue transcendantal, il implique le suspens de l'autorité ou de la validité théoriques — et seulement d'elles — qui sont celles des syntaxes, des organisations et des distributions, des normes et des économies philosophiques ; *leur suspens comme point de vue théorique et leur conservation au titre de données ou de matériau dont il faut décrire les propriétés*. A la différence des déconstructions et à plus forte raison des pratiques philosophiques traditionnelles, la non-philosophie ne suppose plus la philosophie qu'à titre d'objet véritablement stérile et non plus de savoir de cet objet ou de savoir de soi ; qu'à titre de «support», «occasion», «donnée» — comme nous dirons — pour une autre activité de pensée. La philosophie n'est pas entamée, prolongée, renversée et déplacée, ouverte, etc., elle change de fonction, *elle subit un changement transcendantal de fonction* : elle passe de point de départ, de début ou commencement, de clôture ou élément, etc., à l'état de «matériau quelconque» qui a bien ses propres lois, mais qui ne peut plus les imposer comme point de vue à la manière de ce qui se passe dans la technologie. La non-philosophie n'est pas un procès technologique, ce sera plutôt quelque chose comme un procès scientifique.

Il convient donc de distinguer d'emblée entre tout travail de sérialisation ou bien tout travail textuel de déconstruction, qui conservent la validité de la décision comme point de vue incontournable, et *la mise en chaos, la dislocation transcendantale de la décision philosophique réduite à l'état de matériau quelconque par la vision-en-Un*. Le principe de départ, dès le départ, n'en est pas du tout le même. On oppose à ces philosophies «ouvertes» — de gré ou de force — qui correspondent à l'idéal contemporain de l'«œuvre ouverte» et qui obéissent encore au PPS, une non-philosophie qui ne consiste plus à ouvrir ou entrouvrir la philosophie, mais à la plonger d'abord dans le *chaos* ou la *chôra*, dans une indétermination pure, et à ne formuler des règles qu'au-delà de ce chaos plutôt que concurremment à lui et dans le but de sauver une nouvelle fois la prétention et la suffisance philosophiques.

Une non-philosophie ne nie pas l'existence de la philosophie, mais dénonce une amphibologie dans ce terme d'«existence», une confusion de l'*existence supposée donnée*, qui est celle de la philosophie, avec le *réel donné*, et la dissout en distinguant à son propos l'existence-matériau et l'existence-fait qui est déjà une décision implicite. L'objection : «mais la philosophie existe, c'est un fait, une tradition, c'est un destin», doit être critiquée et dénoncée comme le PPS lui-même, comme processus d'auto-factualisation et d'auto-fétichisation, à tout le moins comme une équivoque sur le réel. Pour qui la philosophie est-elle *supposée* exister de fait, *supposée donnée* dans la transcendance et comme ce qu'il n'y a plus qu'à entamer ? Cette question n'a qu'une réponse : c'est pour le seul philosophe qui s'identifie à elle et l'auto-identifie que la philosophie existe de cette manière-là : pas seulement comme matériau mais comme auto-position... Ce mécanisme d'auto-factualisation par lequel la décision philosophique se donne comme transcendante, donc *se suppose donnée*, doit être examiné et exhibé comme le lieu du fétichisme philosophique et de la résistance. C'est l'autoréférence, l'auto-légitimation, l'auto-reconnaissance de la philosophie. On opposera à son existence comme fait, tradition ou destin, etc., son existence comme *chaos non-philosophique* des décisions philosophiques dis-loquées hors d'elles-mêmes et re-localisées dans la *chôra*. Cette dislocation de l'autorité et de l'auto-factualisation philosophiques libère un divers ou un matériau prêt à recevoir de nouvelles règles.

Par conséquent la non-philosophie ne se pose même plus le dernier problème extérieur, la question qui invoquerait une dernière norme ou une ultime téléologie philosophique venant limiter son activité : *en quoi est-ce encore de la philosophie? Quel est le lien ultime, la dernière synthèse entre le non- et la philosophie dans la «non-philosophie»?* Cette question unitaire du lien ou de la synthèse fait encore de la non-philosophie *une simulation unitaire de la philosophie*. En réalité, si elle paraît être une *philofiction*, c'est seulement pour la philosophie et de son point de vue. Par ailleurs le «non-» dérive de l'Un et de la vision-en-Un — c'est le «(non-) Un» — plutôt que de l'Etre et de la philosophie. Elle est de la nature de la science, on devra revenir sur cette thèse, pas de la «philo-fiction» comme simple fiction philosophique. Il faut se tenir en garde contre cette ultime téléologie qui ferait de la non-philosophie une simulation de la philosophie. On dira plutôt, quitte à fonder cette formule plus tard : si elle simule la philosophie, c'est en dernière instance seulement et parce que son matériau contingent est la philosophie ; mais ce n'est que par son matériau plutôt que par son essence. La raison qui fait que la non-philosophie n'est pas une simulation de la philosophie est la même qui fait que c'est un processus scientifique plutôt que philosophique ou technologique.

De l'Unité-des-contraires à la vision-en-Un

La seconde face de la non-philosophie est plus positive. Elle ne peut s'arrêter au chaos : le mouvement de décodage de la décision philosophique, s'il est poussé à terme, au-delà de la clôture du philosophique, montre que, de ce chaos radical ou prédécisionnel lui-même, naissent des règles d'un type spécial inconnu de toute philosophie possible. Ce ne sont plus des règles de limitation de la destruction ou de recodage ; ni même des règles co-extensives au chaos, comme c'est le cas dans le sérialisme généralisé où la dispersion est encore elle-même de l'ordre d'une norme transcendante. Ce sont des règles qui sortent du chaos immanent des décisions philosophiques (originaire par rapport à ces règles, car lui-même est un effet de l'Un — on explicitera tous ces points). Justement : tandis que les règles structurales de la décision philosophique, qui sont fondées sur celle-ci et l'expriment, sont chargées téléologiquement, par la co-extension circulaire de l'Un et de la Dyade, de limiter la menace de dislocation interne et externe de la décision, de la rendre tolérable et de la contenir (même les déconstructions sont des manières de filtrer préventivement la menace de dislocation de la décision philosophique), les règles de la non-philosophie supposent originaire, ou premier depuis l'Un, l'état de chaos de la philosophie. Tandis que les philosophies et même les déconstructions commencent par supposer que la philosophie existe (comme factum, tradition, apparence philosophique objective) ou se donnent cet axiome de l'existence de la décision *non disloquée* mais autonome et ne dépendant que de soi, et la disloquent partiellement ensuite (avec un Autre lui-même non élucidé et procédant par renversement relatif, ou absolu, ou relatif-absolu) — on fait ici apparemment l'«inverse». *On commence par supposer que la philosophie n'existe pas, ou n'existe plus, du moins sur le mode et de la manière autoritaires et suffisants dont elle se présente* : comme fait rationnel puis transcendantal qui commande téléologiquement les opérations possibles sur elle. On se la donne seulement comme matériau où la décision est déjà disloquée hors d'elle-même.

On construit alors à partir de ce matériau un texte — il peut parfois avoir une apparence philosophique — par le moyen de règles qui supposent donc ce chaos plutôt qu'elles ne le limitent, qui le conservent tel quel plutôt qu'elles ne l'intériorisent, relèvent, dépassent, etc. C'est sur la base de la non-existence philosophante de la philosophie que l'on s'efforce en un sens de créer celle-ci. Mais cette production actuelle et future d'*une philosophie sans passé* ne peut plus être, du moins par rapport à son auto-position et à l'image de soi qui était spontanément la sienne, qu'une «non-philosophie», mais d'autant plus positive. Etant donné leur origine dans la vision-en-Un, qui impose d'elle-même cette dispersion radicale, les règles de production de la non-philosophie ne pourront plus être limitatives, restrictives, normatrices, ce ne seront plus des règles d'organisation ou d'économie unitaire. D'une part elles sortiront de manière immanente de la vision-en-Un et du (non)-Un comme dislocation réelle des décisions philosophiques ; d'autre part elles seront les règles de l'ouverture la plus grande, de l'ouverture infinie comme telle ou comme dimension première — et non plus secondaire — de la pensée. Elles seront *la seule représentation encore possible du chaos des décisions philosophiques*. Car la non-philosophie sera seulement la représentation de l'essence réelle de la philosophie ; représentation rigoureuse qui intégrera ce qu'est celle-ci pour la vision-en-Un : un simple matériau inerte.

Ces règles positives seront celles de la reformulation réciproque des énoncés philosophiques — réduits à l'état de matériau philosophiquement stérile — et des structures de la nouvelle expérience de pensée que nous appelons la vision-en-Un et que nous prenons comme fil conducteur pour ces nouvelles pratiques de la philosophie. Il est inutile de prétendre décrire, même sommairement, ces règles tant que nous n'avons pas «acquis» le concept de la vision-en-Un, tant que nous ne nous sommes pas replacés en elle pour jeter sur la philosophie un tout nouveau regard. La non-philosophie est seulement ce que nous voyons en-Un de la philosophie, mais cette «vision», loin d'être une intuition mystique, se formule en des règles et des pratiques aussi précises qu'ordonnées.

L'essence de la non-philosophie consiste donc à substituer à la règle structurale et transcendantale de la décision philosophique, règle de l'Unité-des-contraires, de la simultanéité circulaire des deux principes — l'Un et la Dyade supposés co-extensifs —, un principe tout différent, celui de la vision-en-Un qui démembre le système Un/Dyade de la décision philosophique et qui subordonne rigoureusement la Dyade à l'Un auquel on a au préalable restitué son essence réelle ou anté-dyadique. La non-philosophie suppose acquise la description de la vision-en-Un, mais elle est un peu plus que celle-ci puisqu'elle consiste à «voir» la philosophie — donc cette règle structurale de l'Unité-des-contraires elle-même — à travers l'Un tel qu'il se donne (à) soi avant d'être supposé donné de manière transcendante par la philosophie, avec et par la Dyade. La vision-en-Un arrache ainsi le principe de l'Unité-des-contraires à son auto-législation (la suffisance philosophique). A cette fin elle le réduit à l'état de matériau inerte et le reformule ou le transforme en fonction de ses structures «unaires».

Une pratique scientifique de la philosophie

On peut être évidemment effrayé par cette ouverture radicale, et saisi de vertige devant l'abîme de possibilités apparemment «incontrôlées» et incontrôlables qui s'ouvre ainsi à une pratique philosophique renouvelée. A la fois indécis devant le trop grand nombre de ces possibilités et perplexe devant l'absence de toute norme. Mais il n'est pas impossible de formuler de nouvelles règles qui permettent d'avancer dans ce chaos. Car ces règles ne sont rien d'autre que celles de la vision-en-Un comme essence de la science. L'abandon du spontanéisme philosophique procure un certain nombre de bénéfices et de possibilités théoriques nouvelles. Deux parmi celles-ci méritent d'être signalées pour leur importance : le changement de sens et de vérité de la fonction critique — on ne l'examinera pas ici — ; la fondation d'une pragmatique rigoureuse de la philosophie. Pourquoi «rigoureuse»? Supposons que la vision-en-Un, le mode de pensée qui reste dans l'Un seul et autonome par rapport à l'Etre, soit le fondement réel — inaperçu par définition de l'épistémologie — de la science, et qu'inversement la description de l'Un soit nécessairement de type scientifique plutôt que philosophique : nous aurons là la possibilité d'une pratique rigoureuse (adaptée à son objet, non «positiviste») ou scientifique de la philosophie. Peut-être la pensée a-t-elle trop abusé du postulat unitaire qui a conduit la philosophie à croire qu'elle pouvait légiférer sur le réel et sur la science, qui ont leur racine commune dans l'Un. Maintenant que cet ensorcellement commence à être levé ou tenu en échec, nous pouvons proposer une solution qui, aux esprits précipités qui postulent la suffisance de la philosophie pour penser l'essence des choses, apparaîtra comme le simple renversement de leur pratique, et qui ne sera pourtant que l'ensemble des points d'impacts irrécusables de la science, comme vision-en-Un par son essence, sur la philosophie : plutôt qu'une nouvelle mais inverse réduction de celle-ci à celle-là ou une nouvelle «décision», un travail de type scientifique en dernière instance sur le matériau philosophique.

Il est entendu que l'on peut continuer à penser en régime philosophique et que, d'une certaine manière, on est contraint de répondre à l'appel du Principe de philosophie suffisante. L'histoire, l'auto-critique, l'hétéro-critique de la philosophie sont des possibilités de plein droit de celle-ci. Mais on peut aussi limiter la spontanéité et la foi unitaires qui définissent cet auto-exercice traditionnel. Une science de la philosophie sur la base de la vision-en-Un implique, au-delà du savoir de l'essence de la décision qu'elle procure, une sorte de «déduction transcendantale» de la philosophie par rapport à la science et dans les limites de réalité et de validité que celle-ci est désormais la seule à pouvoir définir. Si la science, correctement élaborée dans son essence de vision-en-Un, est maintenant le critère transcendantal de la philosophie plutôt que l'un de ses objets, elle lui signifie immédiatement deux choses. L'une est que son exercice spontané, la croyance-à-soi-comme-au-réel, est une illusion transcendantale; que l'appel ou la séduction de l'Apparence philosophique objective est une hallucination, pas en tant qu'apparence mais en tant qu'«objective», l'objectivité ne recouvrant plus, pour la science ainsi arrachée à la philosophie, le réel. L'autre, qui enveloppe la précédente, est que, sur le fondement d'un usage réel de la décision, il devient possible de renouveler de manière radicale ses pratiques; de *fonder un usage réel des virtualités fictionnelles et hallucinatoires de la philosophie — la non-philosophie.*

Face au ressassement gréco-philosophique, à cet affairement aporétique, stérile et habilement conservateur qu'était et que devient toujours plus la philosophie aux mains de ses «décideurs» et de ses «révolutionnaires» anciens et nouveaux, qui pensent — anciens aussi, inutile de le préciser — renouveler l'intérêt par l'agitation continue du «questionnement» et du «renversement» et qui se contentent de reproduire les mêmes normes, il est urgent de faire valoir un *principe non-philosophique* autour duquel la pratique d'une pensée *de type* philosophique pourrait être ré-organisée sur des bases moins conventionnelles et moins normées. Le vieux postulat unitaire de l'Unité-des-contraires, avec les jeux infinis, les apories circulaires plus ou moins «ouvertes» et «déplacées» de l'Un et de la Dyade auxquels il donne lieu, nous paraît fondateur et originaire, naturel et incontournable. Mais il n'est peut-être pour la pensée rien de plus — et rien de plus original — que les lois de l'harmonie tonale pour le dodécaphonisme ou ce qu'est celui-ci pour des musiques plus an-archiques encore (il y a un sérialisme philosophique). C'est un système finalement particulier qui a cristallisé jusqu'à passer pour la nature ultime de la pensée et dont on découvre ensuite la *transcendance*, l'extériorité artificielle qui interdit l'accès à l'immanence de la pensée comme celles-là interdisaient l'accès à l'immanence du son. La «décision philosophique» n'est peut-être qu'un état de la pensée aussi «pré-cubiste» dans son ordre que les lois de la perspective forgées à la Renaissance ou bien que le cubisme lui-même par rapport à l'«Abstraction». Même si la non-philosophie ne représente pas encore la mutation de base la plus étendue, si d'autres sont évidemment possibles et seront de toute façon cherchées par des générations qui ne se seront pas, comme les nôtres, laissées enfermer dans leur histoire, rien d'ultime dans la pensée, aucune décision grecque surtout, ne nous interdit d'ouvrir les yeux sur la pensée et de dénoncer dans la philosophie — dans sa pratique «suffisante» — une activité massivement conservatrice et stéréotypée. Ce ne sont pas les accusations philosophiques de «coup de force» qui peuvent interdire ce rejet ou atténuer ce malaise : la description de la vision-en-Un montrera que c'est précisément la philosophie qui est une activité par essence de coup de force permanent ou de décision arbitraire, de transcendance sans fondement réel, et qu'il est nécessaire de retrouver la base anté-philosophique de la pensée.

On sait bien que les possibilités de la philosophie peuvent paraître épuisées, les ressources de la tradition vouées à la sur-exploitation et que rien de cela, qu'ils savent à leur manière, n'empêche les philosophes de croire «travailler»; qu'ils ont la ressource inespérée de faire de cet épuisement une nouvelle possibilité dont ils tirent leurs effets. Aussi doit-on, pour échapper à ce cercle ou à cette balance, renouveler radicalement les pouvoirs et les usages de la pensée : renouvellement externe et sous le signe d'une science de la philosophie. La pragmatique ne fut jusqu'à présent qu'un sous-produit de la philosophie, mais nous cherchons une pragmatique pour la philosophie elle-même, une pragmatique des usages scientifiques qui peuvent être faits des jeux philosophiques. Si nous devons nous plaindre encore de la philosophie, ce ne sera plus par philosophie mais par science. Celle-ci toutefois ne se plaint de celle-là que pour autant qu'elle a déjà procédé sur elle à un usage pleinement positif et qu'elle l'a inscrite dans un espace de pensée qui tranche sans appel sur le sien.

Une tentative qui soit d'emblée non-philosophique sur la philosophie et malgré cela non-contradictoire, est la seule chance de «sortir» du narcissisme et de l'auto-référence historisante et textuelle dans lesquels la pensée unitaire semble vouloir se consommer jusqu'à la fin des siècles. Ce qui ne veut pas dire qu'il faudrait abandonner les textes et les problématiques du passé pour la recherche exclusive et affairée de nouveaux objets. Le vrai renouvellement de la philosophie, avant de passer par l'invention de nouveaux objets non encore élucidés par elle, commence par la découverte de la possibilité de droit, et non-contradictoire, d'usages scientifiques ou «non-philosophiques» de ses énoncés, textes et problèmes. La lecture gréco-unitaire du Monde, de l'Histoire, du Langage, du Pouvoir, etc., est toujours possible et peut-être souhaitable. Mais loin de valoir par soi et de pouvoir passer pour le sens et la vérité ultimes du Monde, elle ne sera plus ici qu'un simple matériau préparé pour un autre travail de pensée qui définira *un usage philosophiquement impossible et pourtant tout à fait réel des propriétés de ce matériau.*

C'est dire que l'invention de la philosophie, son invention non-philosophique, ne consiste pas à exacerber simplement les virtualités fictionnelles et expérimentales qu'elle contient déjà, de nouvelles décisions étant de toute façon des *possibilités* engendrables par la matrice de règles ouvertes et indéterminées qui les constituent. Il y faut autre chose que de l'imagination, du sens de l'altérité et du possible, autre chose que le sens du croisement, interférence ou intercession des séries. Cette dernière possibilité, la pensée contemporaine l'a magnifiquement exploitée. Mais pratiquée de cette manière, la philosophie reste l'objet d'une répétition — à sa «différence» près sans doute. La contemporaine la pratique, par exemple — il faudrait y ajouter Wittgenstein — à travers une triple répétition d'écart croissant : l'écart le plus faible, la répétition la plus pauvre mais la plus assurée, c'est l'histoire de la philosophie; l'écart le plus intense, la répétition la plus riche, c'est son interprétation comme fonctionnement immanent ou machine auto-productrice (Nietzsche puis Deleuze); l'écart le plus distant et le plus hétérogène, la répétition la plus menacée et la plus hésitante, c'est sa déconstruction (Heidegger puis Derrida). Mais la «non-philosophie» est encore autre chose qu'une répétition ou qu'une tautologie (à écart croissant) de la philosophie. C'est l'un des changements d'usage ou de fonction les plus radicaux qu'elle puisse subir, puisque ce changement précède ce qui est changé, le précède et n'est plus déterminé circulairement, comme nouvelle pratique, par celui-ci, c'est-à-dire par ce qui n'est plus ici que son «objet» empirique ou son matériau contingent.

Le paradoxe est peut-être que la précession de la science comme vision-en-Un sur la philosophie, la «déduction transcendantale» de celle-ci en vue de celle-là, inaugure pour la philosophie une nouvelle carrière moins stérile que ne le sont ses «répétitions», qui sont toutes fondées sans exception sur sa prétention à suffire au réel et à elle-même, et de ce fait vouées à une illusion transcendantale et à une stérilité de droit. La déposition ou la dé-stitution du PPS lui-même est la condition pour empêcher l'auto-paralysie, l'auto-consommation de la pensée dans et par la philosophie. Le point de vue de la science nous apprend à distinguer, de la pensée, la prétention à suffisance de la philosophie. Mais elle laisse être enfin celle-ci comme un matériau qu'elle est autorisée de traiter à sa manière et selon ses exigences. Libérée de ses prétentions illusoires sur elle-même, la décision peut accepter, sans crainte de falsification ou de dévalorisation, d'entrer dans un nouveau régime de pensée et d'être mise enfin au service de celui qu'elle avait tenté d'asservir : l'homme, c'est-à-dire l'homme-comme-Un.

Plutôt que d'inventer de nouveaux modes de la décision philosophique, de son usage unitaire et suffisant, de reconduire ainsi *l'étroitesse et l'arbitraire de la solution grecque condamnée de ce fait à la surexploitation*, les nouvelles ressources de la pensée ne peuvent surgir que d'une conjonction inédite de la science autonome et de la philosophie seconde. On ne dira pas trop vite que c'est là une «nouvelle alliance» proposée aux anciens adversaires. Il s'agit plutôt d'un traité de paix perpétuelle entre science et philosophie, traité fondé désormais sur celle-là plutôt que manipulé par celle-ci à son profit comme ce fut en général le cas dans l'histoire. De la science à la philosophie, plutôt que l'inverse, il est devenu possible d'établir une communauté démocratique et paisible. La «non-philosophie» est le symbole de cette entente nouvelle et du travail qui peut se faire dans cette communauté.

Le changement de fonction de la philosophie et l'abandon de ses fonctions traditionnelles

Le *principe non-philosophique* autour duquel nous essayons de ré-organiser la pensée de type philosophique doit être saisi dans sa radicalité. La radicalité ici ne peut plus signifier un caractère simplement « révolutionnaire », mais une pensée autre-que-révolutionnaire par son essence. Nous préférons dire qu'il s'agit d'une mutation de type scientifique plutôt que d'une révolution philosophique. Nous abandonnons les traditionnelles ambitions de la philosophie — ce sont pour nous des hallucinations —, et nous revendiquons une « finitude » — justement la « radicalité » ou la « finitude » de la posture scientifique — à tous égards plus modeste que la folie s'ignorant elle-même de la philosophie. La non-philosophie est une mutation de la syntaxe et de la grammaire de la philosophie plutôt que de ses objets et de ses thèmes. Encore est-ce une définition insuffisante : c'est une mutation à la fois de sa syntaxe et de son expérience du réel, c'est même l'assise de la philosophie sur sa base enfin réelle. Pas seulement la production de nouvelles règles de pensée et d'écriture, mais l'expérience ultime dans laquelle la philosophie peut être réellement donnée à l'homme. *Réellement donnée* plutôt que *supposée donnée* comme c'est le cas lorsque la philosophie procède elle-même à son auto-donation extérieure. Ces règles ne sont donc plus celles de *l'Unité-des-contraires*, ni celles des opérations de décision et position, de Renversement et de Déplacement qui sont attachées à l'Unité-des-contraires. Elles ne se contentent pas de dire qu'il n'y a plus de décision et de position, leur existence elle-même prouve de fait qu'il n'y en a plus, car elles ne pourraient être formulées dans le cadre unitaire. Ces règles sont loin d'être formelles, elles monnaient le chaos de la philosophie, c'est-à-dire l'abandon des vieilles téléologies philosophiques et surtout de la téléologie intime du philosophique comme tel qui se pose lui-même comme intervention dans le réel et dans le réel humain. Que devient la philosophie ? Dès qu'elle est utilisée dans la fonction de matériau et d'occasion, elle perd ses finalités traditionnelles qui sont toutes fondées dans la « foi philosophique spontanée ». Celle-ci forme un cercle : elle contraint à pratiquer la philosophie pour des raisons éthiques, juridiques, scientifiques, esthétiques, etc. extérieures à elle ; mais inversement celle-ci se sert à son tour de ces finalités pour triompher et s'affirmer, sur leur assujettissement, comme la seule activité excellente, la seule qui soit « incontournable » ou absolue. Toute cette activité prescriptive — éthique, pédagogique, etc. —, cet usage normatif, auto-normatif ou « pour l'expérience », toute la téléologie latente ou expresse de la philosophie spontanée, doit être abandonnée c'est-à-dire, plutôt que détruite, traitée comme un simple matériau et pratiquée désormais à l'intérieur de ces limites. La non-philosophie est de toute façon un nouvel usage de la philosophie à des fins qui ne sont plus de compréhension, d'explicitation, d'élucidation, de description d'objets et de régions d'objets ni même de critique et de déconstruction — mais à des fins philosophiquement non programmées de « simple matériau » pour une science et une pratique qui ont une tout autre origine ou essence.

C'est donc davantage aussi que l'usage de la philosophie comme matériau : c'est une nouvelle « vision » de celle-ci, vision si peu « mystique » au sens transcendant de ce mot qu'elle se formule en des règles rigoureuses et productrices de savoir « objectif ». Ces règles ne servent plus à mieux comprendre le Monde ou la philosophie *depuis eux-mêmes* ou à favoriser l'insertion aliénante de l'homme en eux, mais en dernière instance à jouir des possibilités illimitées ouvertes par et pour l'homme-comme-Un ou comme sujet (de) la science. Ce n'est donc plus une connaissance par concepts, une production et une consommation de sens, une activité rationnelle, mais la connaissance rigoureuse qui peut découler d'une jouissance réelle ou de la vision-en-Un de la « raison » elle-même. Si par exemple le structuralisme et, d'une manière plus fondée, plus transcendantale, le sérialisme ont réduit la pensée à l'exercice d'une forme sans substance, ou du relationnel et du positionnel, la non-philosophie la réduit à une expérience des formes et des substances, expérience réglée et fondée mais antérieure à la disjonction de la forme et de la substance, de la relation et de la position, etc.

La non-philosophie est, au moins et de toute façon, le refus de penser *en fonction du Monde*, de la Transcendance et de ses attributs (histoire, économie, langage, etc.), en fonction de la philosophie déjà constituée et de sa tradition. La vision-en-Un contient une réduction transcendantale, elle considère la Tradition globalement comme une transcendance à suspendre, du moins dans sa prétention à validité. Si la philosophie spontanée se réfère de manière constitutionnelle à sa propre transcendance, si sa pratique actuelle est décalquée, à quelques écarts près, de celle qui existe, de son passé et de son Apparence objective, la non-philosophie en revanche est un usage de la philosophie en fonction de ce que peut l'Un — ou l'homme considéré en sa finitude. C'est une pensée qui représente seulement l'Un, qui le décrit dans sa seule intériorité sans prétendre décrire le Monde et la philosophie déjà constitués, mais qui utilisent ceux-ci comme simple matériau. Autant la philosophie est spontanément « figurative » en un sens large, c'est-à-dire descriptive de la figure donnée du Monde, du langage, des objets, etc. ou de l'Etre transcendant, autant la non-philosophie est « abstraite », c'est-à-dire fondée dans l'être-immanent de l'Un, et par conséquent capable de procurer un savoir rigoureux et fondé en dernière instance du Monde et de la philosophie.

La «manipulation» de la décision philosophique et ses limites

Traiter de manière non-philosophique la philosophie, c'est combiner : 1) la suspension du PPS, de l'autorité de la philosophie sur soi et sur le réel; se donner ainsi le droit de la traiter comme un matériau quelconque : non pas «en général» mais, bien entendu, du seul point de vue où le PPS a été levé, celui du réel et de la vision-en-Un ou de la science qui le donne. La non-philosophie n'aura pas de sens ni de possibilité pour le Monde ou l'effectivité, elle n'en aura que pour le sujet (de) la science ou du point de vue de l'homme-comme-Un; 2) le respect, mais dans leur ordre ou seulement comme «matériau», des structures et des normes de validité propres de la décision philosophique et de ses multiples modes.

Il n'est donc pas question d'intervenir *dans* la philosophie supposée valide ou suffisante, au sens où l'on prétendrait sur cette base lui *ajouter continûment* des procédés par exemple scientifiques et la démembrer, ou bien isoler abstraitement certaines de ses règles et les combiner avec d'autres éléments, en espérant reformer de cette manière des *mixtes* c'est-à-dire de nouveaux modes de la décision. La première solution détruirait la décision elle-même, la seconde détruirait la science en l'utilisant au profit de nouvelles décisions. Ce serait là un chaos «philosophique» encore. Le problème de la non-philosophie doit être saisi exactement dans sa portée ou son Idée. Il ne s'agit ni de transformer la philosophie à l'intérieur de sa manière de se donner, ni seulement de varier les genres littéraires ou les formes, les styles, les écritures. Il s'agit d'abord d'une *mutation vécue — pour l'homme ou le sujet — de notre rapport à elle*, et donc du suspens préliminaire du PPS. Le sens de la non-philosophie est ailleurs que dans ces confusions de disciplines où seule l'autorité philosophique trouve son compte. La philosophie doit être utilisée hors d'elle-même ; mais elle doit l'être d'une part en tant que matériau, dans l'intégrité toujours reconnue de son opération, d'autre part en vue d'une pensée qui ne doit plus rien avoir de philosophique.

On n'a donc le droit de travailler la décision que si l'on a les moyens de la considérer a priori comme un matériau quelconque mais conservé dans son intégrité, ce qui n'est possible que du seul point de vue d'une science ou d'une vision-en-Un qui lui impose une *transformation seulement réelle plutôt qu'effective*, mais qui peut utiliser à cette fin son effectivité. La pertinence de ce projet ne dépasse pas celle d'une science transcendantale de la vision-en-Un. Sur la base acquise de leur chaos ou de leur *em-placement unilatéralisant* il est alors possible de traiter plus librement les possibilités de la philosophie ; d'intervenir, si l'on veut, dans les règles de production d'un texte et pas seulement dans ses règles d'écriture, mais en sachant que cette intervention signifie de toute façon un au-delà radical de la décision philosophique ou une tout autre manière de penser. Nuance décisive : plutôt que de produire de nouvelles philosophies à l'intérieur des décisions existantes ou des règles de cohérence de la décision et de ses invariants, de nouvelles variétés ontologiques ou bien nietzschéennes, etc., de mixer ou de coupler Spinoza et Hume, Nietzsche et Husserl, etc., ou le Logos grec et l'Autre judaïque, il s'agit de procéder à une opération plus grave que cela : *une «manipulation» de la décision elle-même, mais seulement dans l'optique de la science, par et pour celle-ci qui peut seule la légitimer et la fonder.* On doit s'orienter vers l'idée d'une manipulation de type scientifique ou fondée dans la vision-en-Un des règles de production ou de la grammaire des systèmes philosophiques. Ce ne sera pas un ajout ou une soustraction de règles nouvelles qui respecteraient la forme de la décision et du PPS ; ni une inscription de la philosophie dans des codes rhétoriques ou littéraires avec production d'effets métaphoriques très élaborés ; ni une déformation interne de certaines de ses règles ; mais un traitement hétéronome de la décision à partir de règles qui lui sont vraiment inassimilables, c'est-à-dire de type scientifique : seule l'extrême hétérogénéité «dualitaire» plutôt que la différence «unitaire», seule la réduction radicale de la décision peut fonder le droit de cette transformation et de cet usage du philosophique. Il s'agit d'un «saut» par rapport à la décision, les règles de cet usage lui étant absolument étrangères : elles ne consistent pas à ajouter des dimensions à celles qui la définissent déjà. Certes la non-philosophie est l'ouverture d'un nouvel espace, mais *pour* la philosophie : *depuis cette ouverture ou ce possible radical, il devient possible d'apercevoir la décision comme un cas particulier de la «non-philosophie».* Ce quasi-espace peut être décrit par l'ensemble des effets qu'il produit sur la décision dont il représente un enrichissement ou une complexification, mais sous des conditions qu'on ne peut plus dire internes à la décision elle-même, et par conséquent lui-même ne s'épuise pas dans ce qui n'est que son matériau.

Un exemple de contresens possible réside dans le terme de «philo-fiction». Une fois le PPS levé, la philosophie est reconnue pour être une illusion ou même une hallucination, quant au réel du moins. Si c'est une hallucination, où l'homme n'engage pas son essence, il est permis et possible de la traiter *mais de ce seul point de vue* comme une fiction et même d'aggraver radicalement ce caractère. De ce seul point de vue : car ce n'est une hallucination que pour l'Un ou la science, pas pour le Monde ou l'effectivité. En elle-même en effet la philosophie est une pensée consistante et systématique qu'on ne peut modifier ou dévoyer librement ; de son propre point de vue, c'est un discours rationnel et cohérent. Ainsi le point de vue où elle peut être considérée comme une hallucination, celui de la science, ne permet pas de la modifier intrinsèquement tout en la gardant dans sa prétention spontanée. La levée du PPS ne libère que le réel et ne permet pas de modifier expérimentalement la décision pour elle-même, qui n'est modifiable que dans les limites qu'elle se fixe. Ces règles de ré-écriture scientifique représentent les seules possibilités que nous ayons d'une *manipulation externe de la décision* — toute autre règle relevant du PPS. Elles ne lui sont pas *à la fois* externes et internes, elles ne lui sont qu'externes ; mais la décision philosophique, elle, ne leur est pas simplement externe, elle les suppose comme les conditions de dernière instance de sa *réalité*. Aussi le discours produit conformément à elles n'est-il plus valide, ou même intelligible pour la philosophie, décodable par ses critères et ses syntaxes. On ne peut donc pas dire que ces règles de « non-philosophie » modifient la décision philosophique elle-même dans son effectivité tout en la laissant subsister comme décision philosophique, car la science et la philosophie n'ont peut-être pas la même expérience de ce qu'est le « même » et de ce qu'est la décision « elle-même ». Il s'agit d'un tout autre usage de la philosophie, absolument hétérogène à son auto-exercice puisqu'il précède en droit ou en ordre, c'est-à-dire ici en réalité, la décision. *Et il la précède même lorsqu'il utilise de fait le langage philosophique : l'usage scientifique d'un mot précède a priori l'usage philosophique du même mot ou de ce que la philosophie imagine et croit être le même mot.*

Le concept d'usage non-philosophique de la philosophie doit donc être limité. On désigne par là un usage qui se fait depuis une pensée, la vision-en-Un, telle que la philosophie n'en a plus du tout la maîtrise. Il ne s'agit plus du jeu philosophie/littérature, philosophie/art, qui est toujours ré-interprétable par la philosophie ou qui suppose encore, de manière ultime, le PPS. Mais d'un tout autre usage du langage, et même du signifiant, que philosophique ou que littéraire, qu'une scène littéraire et textuelle de la philosophie : *la scène scientifique de la philosophie*. Elle implique un certain travail sur la décision et c'est ce travail qui est le contenu réel de l'Idée de « non-philosophie ».

La non-philosophie comme « humaine philosophie »

Chaos et *chôra* des décisions philosophiques signifient leur équivalence et leur indifférence, l'impossibilité de choisir entre elles. Mais cette perte d'*intérêt à* ... la philosophie, cette indifférence à la métaphysique, est compensée et plus que compensée — ce n'est pas un problème économique ou d'échange, mais de vérité — par un gain double :

1. L'ouverture d'un champ réellement illimité de possibilités de combinaison non seulement hors-clôture conceptuelle, hors-normes rationnelles, mais hors-décision même. Ce n'est plus l'ouverture d'une clôture et qui re-clôturerait d'elle-même la pensée. Il ne s'agit pas de produire *des effets non-philosophiques dans la philosophie*, ce qui reviendrait encore à la supposer valide, c'est l'installation de la pensée d'emblée dans l'ouverture universelle comme telle, *l'ouverture comme essence* et non comme simple événement, attribut ou altérité ; dans l'ouverture qui ne se manifeste pas par le moyen d'un renversement et d'un déplacement comme opérations essentielles, mais qui s'est toujours déjà manifestée par l'Un et dont elle est le corrélat.

Tandis que les déconstructions aménagent et tempèrent la critique philosophique, mais pratiquent encore celle-ci et prétendent connaître un auteur mieux qu'il ne s'est connu ; tandis qu'elles pratiquent la guerre douce du soupçon, de l'«épreuve destructrice», de l'interprétation rusée, la violence de la mise-en-structure et parfois en série ; tandis qu'elles décèlent l'impensé, le non-dit, les présuppositions et font de cette critique la part dominante de leur activité, la non-philosophie ne fait plus de la critique son activité principale. Elle traite la philosophie de la manière la plus positive et la plus actuelle possible, sans doute comme simple matériau privé d'autorité sur soi, comme chaos stérile, mais sans ressentiment ou stratégie interminable et dans l'actualité de son exhibition achevée. Si elle a encore un «but», il est immanent : c'est, avec la philosophie, de produire des possibles non-philosophiques. Il s'agit de les «extraire» directement du matériau lui-même, de faire servir celui-ci à leur production ou manifestation. C'est une tâche créatrice, une activité ouverte par définition plutôt que par accident ou supplémentarité. Pas une critique soupçonneuse des philosophies, pas une guerre des interprétations, mais un usage de la philosophie au titre de «matériau», d'«occasion» ou de «signalisation» pour la formation d'autres énoncés plus libres, moins codés, moins illusoires surtout ou hallucinatoires.

2. L'humanisation radicale de la pensée, qui cesse d'être transcendante comme un Factum ou un Monde pour devenir le corrélat de l'Un c'est-à-dire de l'homme reconduit à son essence. Passer de la philosophie gréco-mondaine à l'«humaine philosophie», ce n'est pas une subjectivation *anthropo-logique*, c'est faire de la pensée la simple représentation infinie, illimitée mais fondée scientifiquement, de l'es-

sence de l'homme comme sujet (de) la science. A l'Apparence philosophique spontanée, qui est apparemment *objective* et *incontournable*, qui est séduction et réquisition de l'homme qui doit s'identifier à elle, on oppose la production d'une *Apparence (non-)philosophique «subjective», par et pour l'homme, où c'est la philosophie qui a à s'identifier à l'homme plutôt que l'inverse*. La non-philosophie est le concept authentique, non aliéné, de la «philosophie populaire» et l'anti-vulgarisation. L'usage traditionnellement le plus haut du langage, son usage-de-logos, sa pragmatique philosophique, est son *exploitation* en fonction d'un ensemble de décisions ou d'a priori restrictifs qui forment le capital du *Logos*. Une pragmatique non-philosophique lève cette limitation, redistribue le matériau disponible selon une règle qui n'est plus celle de l'économie ou de la rareté, et le distribue ainsi à tout homme. La philosophie ne peut devenir réellement «pour tous» ou «populaire» qu'en devenant non-philosophie.

D'une part la valeur de la philosophie pour l'homme est invalidée — *du moins pour l'essence de l'homme*. Tandis qu'elle continue à valoir pour lui dans la mesure où il est *aussi* (donnée transcendantalement contingente) dans le Monde, elle est invalidée du point de vue de son essence ou de l'Un, elle ne peut plus prétendre modifier celle-ci comme elle a toujours voulu le faire en apportant à l'homme ce supplément à triple face : le sens, la vérité, la valeur. Elle ne peut plus servir que de matériau pour sa description qui est encore autre chose et qui, de toute façon, ne prétend plus modifier l'essence de l'homme. D'autre part les règles nouvelles fondées dans la science comme vision-en-Un doivent être suffisamment libérales, non contraignantes, pour permettre des usages hétérogènes, afin que la non-philosophie ne soit pas la pratique d'un seul en face d'une tradition comme l'est en un sens la pratique unitaire. Il s'agit de remplacer le rapport de la Tradition supposée donnée à une décision individuelle qui doit s'identifier à elle comme à une Apparence philosophique objective, par un autre rapport : *celui d'un corps de pratiques et de règles scientifiques et réellement universelles à des individus inaliénables qui ne sont tels ou ne conservent leur individualité et leur humanité que dans cette pratique*.

La philosophie change globalement de fonction et de statut par rapport à l'homme maintenant défini comme vision-en-Un ou sujet (de) la science. Elle ne peut plus servir à le penser, c'est-à-dire à le «transformer», à lui «assurer» prétendument son essence. A travers la pratique spontanée de la philosophie, il vit en réalité un auto-asservissement interminable. C'est folie intéressée que de vouloir transformer non seulement ce qui peut l'être — le Monde ou *l'effectivité*, la philosophie elle-même —, mais le *réel* qui ne peut pas l'être, c'est-à-dire l'homme en tant qu'il a son essence dans l'Un. C'est précisément parce que l'homme est in-transformable qu'il peut et qu'il doit transformer la philosophie et la mettre à la mesure du réel.

On imagine la caricature ou le slogan positiviste — il peut aussi recevoir un sens historiciste et dialectique — dans tous les cas c'est un slogan unitaire : *la philosophie est morte; la science de la philosophie peut la remplacer...* Non seulement la philosophie est au-delà de la mort et de la vie dont elle parle beaucoup et qu'elle conjugue à sa manière qui consiste à les ignorer. Mais le sujet (de) la science ne peut poser de cette manière le problème de l'avenir de la philosophie. Puisque ce sujet est l'homme, l'homme ordinaire en sa vie la plus immanente, quel usage la vie la plus immanente peut-elle encore faire de la philosophie, ainsi offerte sans que la science ait à la poser et sans qu'elle affecte en retour celle-ci ? Voilà le problème nouveau, celui qui découle de la vision-en-Un de la philosophie. Cette science ne nie pas la philosophie, elle ne nie que le PPS ou l'hallucination du réel. La décision subsiste telle quelle, elle n'est même pas transformée en elle-même, elle est simplement dépourvue désormais de son pouvoir magique sur l'homme et d'autant mieux contemplée par celui-ci. S'il y a une réduction transcendantale, elle est ici spontanée ou native, sans opérations de décision ou de position. La science la fait peser sur la décision, mais laisse inentamée celle-ci, la livre plutôt enfin à l'homme pour qu'il en jouisse en-deçà de toute objectivation ou décision. Non seulement l'équivalence scientifique de toutes les décisions philosophiques le délivre de la haine des autres et de la culpabilité que lui inspire la sienne, elle lui livre les décisions dans le respect absolu de leurs prétentions et de leurs folies mais devenues inefficaces. Il a suffi du geste inapparent de la science se révélant (à) elle-même, c'est-à-dire (à) l'homme comme (à) son sujet dans la vision-en-Un, pour que la philosophie recule en totalité dans le *chaos* ou la *chôra*, soit « décramponnée » et offerte en dehors de toute auto-exposition indiscrète. Lorsque la philosophie est ainsi ex-posée par et dans l'Un, libérée de ses archaïques prétentions sur le réel liées à sa nature de décision et de position, elle cesse de s'exposer comme continuum universel de la pensée *du* réel. L'homme comme sujet (de) la science n'est plus ce spectateur philosophe qui s'expose, se décide et se positionne dans les jeux de logos et dans l'*Apparence philosophique objective* comme auto-exposition de la décision. S'il veut une communauté, ce n'est plus sur la base de cette Apparence qu'il la trouvera.

Cette indifférence que le sujet (de) la science impose à la philosophie est positive et fondatrice de nouveaux rapports à celle-ci. Une communauté de chercheurs réunis par une pratique scientifique et contraints de renoncer à la guerre philosophique spontanée, peut encore consacrer ses efforts à cet objet et, autour de lui, inventer d'autres usages, d'autres émotions, d'autres jeux, produire d'autres possibles qui n'auraient pas été programmés par l'ouverture grecque et la pratique unitaire qu'elle suppose.

Perspectives pratiques et collectives de la non-philosophie

Dans cette introduction comme dans cet ouvrage qui l'explicite, il s'agit du principe non-philosophique, de sa fondation, de son sens non-unitaire, de ses règles et procédures. On laisse de côté ses effets sur les conditions pratiques de la pensée qu'il exige de renouveler. Un rapide inventaire cependant peut donner une idée des bouleversements qu'il est inévitable d'introduire dans la pratique de la pensée. Par exemple :

1. Les conditions individuelles et collectives de la production des textes non-philosophiques : il devient impossible de maintenir les rôles respectifs du créateur de système, de l'interprète ou du critique médiateur, du consommateur de textes. Tous ces rôles seront nécessairement plus que brouillés sur la base suivante : *si la non-philosophie doit être faite «par» et donc «pour» tout homme, et non seulement «par» le philosophe pour les autres hommes, alors la réception «humaine» de la non-philosophie est l'a priori qui règle sa production, plutôt que l'inverse.* Ce principe n'est évidemment possible sans contradiction philosophique que si la non-philosophie est fondée sur la restitution de son essence réelle à l'homme. Celui-ci est alors, comme Un, le sujet radical (de) la non-philosophie, tout à fait en deçà de la décision qui va de l'homme «vulgaire» *au* philosophe, et de la position de celui-ci comme paradigme de l'humain.

2. Les conditions d'écriture de la non-philosophie : impossible, ici encore, de maintenir les vieux *genres* universels du style philosophique (le système, l'œuvre, la doctrine) et de son écriture (le dialogue, l'essai, le traité). D'une manière générale, en deçà de la linéarité du discours philosophique il y a, on l'a dit, une sorte de récit profond (chez tous les philosophes — et ici même, pas seulement chez Hegel...) fondé sur la référence à un réel *supposé*; une factualité et une représentativité qui ne sont pas éradiquées mais confortées par le style «post-moderne» — et que seule une mutation de la fonction globale de la philosophie peut enfin éliminer et dont elle seule peut libérer l'exercice de la pensée. C'est l'ensemble des rapports de la philosophie à l'art, à la littérature, au roman et à la poésie, l'ensemble de ces

décisions restrictives et de ces partages «économiques» qui devrait faire place à ce que nous appelons *l'Apparence non-philosophique universelle*. Il semble que, plutôt qu'une pensée totale qui prétendrait synthétiser une nouvelle fois toutes les expériences ou simplement les faire intercéder diagonalement, la non-philosophie se situe au seul point de la réalité capable de conjuguer sans décision ni contradiction des effets de philo-fiction, de poésie-fiction, de religion-fiction, de science-fiction, etc. — à condition de comprendre que ces aspects fictionnels, loin de prolonger simplement la philosophie, la poésie, etc., dans des formes imaginaires, sont plutôt l'image de lui-même que donne le tout-autre qu'est la non-philosophie sur le miroir de la philosophie, de la poésie, etc.

Redisons une dernière fois que la philosophie, c'est-à-dire l'usage gréco-spontané de la pensée, celui qui continue de vouloir normer le réel, l'homme et la science, est plus qu'en retard, à cause de cela même, sur les sciences et les arts. Peut-être, malgré ses révolutions sérialistes et déconstructrices, est-elle passée simplement à côté des seules mutations qui pouvaient l'empêcher de sombrer dans ce qu'elle est devenue : une activité répétitive, conservatrice et dépourvue d'imagination, gardienne sourcilleuse d'une tradition dont elle voudrait nous faire croire qu'en elle il a été «décidé» une fois pour toutes de l'essence de la pensée et de l'homme : une exploitation — à tous les sens du mot — de la pensée.

Chapitre I
De la vision-en-Un

Des figures de l'Un à l'essence de l'Un

Innombrables sont les philosophes qui parlent de l'Un. Quant aux autres, s'ils n'en parlent pas ou s'ils l'évoquent furtivement, ils y pensent nécessairement sans toujours le savoir. Tous dessinent leurs tourbillons et leurs flux ou déposent leurs sédiments sur ce courant continu de l'Un. Ils font entendre la voix de l'Etre ou bien la suspendent sur le fond de ce murmure qui la précède et l'accompagne. Deux communautés, parmi toutes celles que forment les penseurs, s'attachent particulièrement à lui, le distinguent apparemment de l'Etre et se distinguent de cette manière : autrefois le cortège des néo-platoniciens, maintenant une école de psychanalystes gagnés à la plus ésotérique des pensées. Il se peut que, par nature, l'Un, plus que l'Etre, fasse école. Encore faudrait-il savoir ce qu'il est par lui-même. L'idée directrice de la «vision-en-Un» est que ni les philosophes ni les analystes ne savent ce qu'est l'essence de l'Un, et qu'ils ne peuvent si bien le faire entrer dans des agencements avec l'Etre ou bien, chez les plus récents, dans des arrangements avec l'Inconscient qui leur tient lieu de l'Etre, que parce qu'ils ont refusé d'élucider d'abord son essence. Il ne suffit pas de consacrer à l'Etre un discours empreint de gravité si c'est pour continuer l'ancien bavardage sur l'Un ; ni de se servir de lui comme clé de voûte des systèmes si c'est pour l'abandonner à des fonctions subalternes de synthèse ou de totalisation. L'oubli de l'Un est la condition de la pensée de l'Etre, mais aussi de la pensée de l'oubli de l'Etre. Plus importante que l'«Un» dont on parle, il y a son essence spécifique qui le distingue à jamais de l'Etre et dont l'élucidation seule peut le tirer de la situation aporétique où les Grecs l'ont mis et abandonné. La «vision-en-Un» est l'expérience qu'il n'est pas seulement un concept fonctionnel que la philosophie pourrait réquisitionner à volonté pour ses œuvres de synthèse ou de couplage des contraires, mais qu'il a un contenu phénoménal positif, qu'il forme par lui-même un véritable «monde intérieur», que ce monde ou ce quasi-champ transcendantal n'a commencé à être exploré pour lui-même que par quelques très rares penseurs qui, de toute façon, n'appartiennent pas à la «grande» tradition ontologique ou ont été marginalisés par elle. La vision-en-Un n'est ni une philosophie de plus à proprement parler; ni une vision-du-Monde, qui n'est qu'une *intuition* philosophique du Monde : c'est, très précisément, la vision de l'Un en l'Un et, de là, la vision du Monde et de la Philosophie en l'Un. C'est l'expérience qu'il est l'élément absolument suffisant de la pensée et qu'il n'est pas nécessaire de chercher l'«Etre» ou l'«ontologie», ni même l'«oubli de l'Etre», pour penser de manière positive, radicale et cohérente; qu'il n'est pas besoin de l'agencer avec l'Etre en des apories et des topologies infinies pour lui donner une réalité qu'il tient plutôt de lui-même; qu'il ne suffit pas de penser «à» lui ni même d'en user si ce n'est pas pour manifester réellement et décrire son essence, rendre justice à sa spécificité, ne pas le confondre avec les figures encore bien extérieures de l'Etre et du Monde. A l'Un dont usent parfois inconsidérément les philosophes et maintenant les analystes, l'assujettissant à des fins qui ne sont pas les siennes, le faisant fonctionner avec d'autres pièces dans la machine philosophique, la *vision-en-Un* s'oppose trois fois : comme une pensée de *l'essence* de l'Un; comme une pensée qui définit cette essence indépendamment de ses usages philosophiques; enfin comme une pensée fondée dans cette essence et qui pense «à partir» de l'Un les nouveaux rapports ou le nouvel ordre qui découlent, pour la philosophie et pour l'Etre, de cette restitution qui lui est faite de son essence réelle. La vision-en-Un est l'expérience de la pensée qui reste une fois pour toutes dans l'Un sans éprouver le besoin ou la prétention d'en sortir ou bien de devoir y accéder, même lorsqu'elle entreprend de regarder le Monde, l'Etre, la Philosophie, l'Histoire «pour eux-mêmes». C'est dire que, par rapport à la traditionnelle vision philosophique de l'Un comme réalité éloignée et transcendante en même temps que fonctionnelle, elle se présente plutôt comme une vision de la philosophie depuis l'Un et «en» lui, où c'est maintenant celle-ci qui paraît lointaine et un peu irréelle.

Loin de devoir être reçue comme un nouveau dogme ou une nouvelle décision issue de la volonté philosophique, la vision-en-Un devra évidemment démontrer sa plasticité par l'usage particulier du langage qui la décrit et qu'elle rend possible ; et son pouvoir libérateur à l'égard des normes et des clôtures philosophiques par sa pratique d'une ouverture à des possibles radicaux. Les textes qui décrivent l'Un — à commencer par celui-ci — ne sont que les facettes infinies de la vision-en-Un. Ce sont là aussi bien quelques-unes de ses descriptions, possibles en nombre illimité, que ce que l'on peut voir en elle du langage et de la philosophie. La description de la vision-en-Un est déjà « non-philosophique » et doit être reçue comme telle. Ainsi nous devrons exposer les conditions de possibilité d'une pensée pure de l'Un indépendamment de son intrication avec l'Etre ; la possibilité des formulations ou des descriptions qui en sont données, celle d'un nouvel usage du langage en fonction du rien-qu'Un ; enfin, à titre de conséquence, nous aurons à démasquer le sens et l'origine des objections philosophiques et de la « résistance » qu'elles manifestent. La tâche nous revient, en particulier, de montrer en quoi la vision-en-Un n'est pas une identification mystique. Auparavant on en donnera non pas une description achevée ou finie — elle n'existe pas —, mais les matrices d'un certain nombre des descriptions possibles, ici exécutées naïvement et partiellement, réservant donc la question de leur possibilité et ne l'exhibant qu'après ces descriptions. Celles-ci, bien entendu, devront d'une certaine manière apparaître immédiatement aux philosophes comme des gageures ou des tâches impossibles, contradictoires dans leur langage même. On suggérera toutefois, avant de poser explicitement le problème de leur possibilité interne, qu'il ne faut pas confondre une description par principe illimitée en droit, impossible à arrêter ou à fixer, d'emblée ouverte comme est celle de l'Un, avec une description supposée par la philosophie au moins partiellement arrêtée ou achevée, et la faire devenir ainsi contradictoire. Nous essayons de conduire les philosophes, plutôt qu'à renoncer à la philosophie, à percer les ultimes barrières de l'imagerie philosophique et même de l'Imagination spéculative, et à se donner les moyens de penser enfin sans contradiction l'impensable comme impensable, de décrire sans paradoxe ce qui est spéculativement indescriptible. Nous essayons de passer des figures transcendantes de l'Un à son essence.

Ces descriptions de l'Un ont un « but » précis : elles doivent lui assurer enfin son autonomie radicale par rapport à l'Etre ; son caractère seulement transcendantal et pas *aussi* a priori, seulement sa réalité et pas aussi sa possibilité ; le délivrer pour tout dire des contraintes du mixte qu'il forme dans la philosophie avec l'Etre ou la Dualité. La vision-en-Un est le minimal et le radical de toute pensée. Elle démontre que l'état de mixte n'est pas un *plus* de réalité, mais un *moins*. La philosophie, ajoutant un second principe à l'Un, n'enrichit pas celui-ci, mais l'appauvrit et s'appauvrit. La pensée la plus riche n'est pas celle qui a besoin de 2/3 principes simultanés pour penser (la Dyade *et* l'Un), mais celle qui est la plus pauvre ou qui n'a besoin que de 1/2 principes (l'Un *puis* la Dyade contingente) pour être aussi réelle qu'une pensée peut souhaiter l'être. L'Un doit donc cesser d'être simplement réquisitionné à des fins fonctionnelles qui sont fixées hors de lui et qui le privent de réalité, puis attribué au mixte, c'est-à-dire à un processus ou un fonctionnement qui n'a pas lui-même de réalité, mais qui doit supposer l'infinité du temps pour *se réaliser* et qui, «pendant ce temps», est déjà tombé dans le néant et l'irréalité. La décision philosophique, et l'Un lorsqu'il n'est qu'une simple pièce de celle-ci, est une machine (certes transcendantale) qui «marche» à l'infini ou à l'illimité — supposé donné en plus de la finitude de l'Un —, c'est là la faiblesse de son apparente richesse.

Pour que l'Un — la Dyade ensuite sur son mode et ce que peut devenir la décision philosophique elle-même — ait de la réalité ou soit l'absolu, il faut, sans revenir à la substance, qu'il ne soit plus simplement fonctionnel mais d'emblée réel; que sa réalité ou son autonomie absolue soit exhibée comme tenant à une structure spéciale par laquelle il se réfère (à) soi immédiatement; qu'il soit encore plus inhérent (à) soi que l'Idée ne l'est à la pensée; qu'il soit constitué d'un savoir (de) soi qui ne soit jamais passé par le Monde; d'une immanence qui jouisse (de) soi et seulement (de) soi sans se dépasser, s'entamer, se transcender; qu'il soit «intérieur» (à) lui-même sans reste et sans être pour cela non plus une transcendance retournée et qui, ainsi, ne changerait rien aux préjugés de la philosophie; qu'il soit jouissance-soi avant tout rapport à soi ou toute disjonction; que le réel soit une expérience qui précède toute décision. Pour le dire autrement, l'Un est le réel qui doit se démontrer déjà de lui-même, se manifester sans le secours d'une opération de manifestation supplémentaire; se montrer sans le moyen d'une décision. *Il n'y a jamais eu de décision de manifestation; il y a le déjà-Manifeste avant toute opération extérieure, duelle ou dyadique, de manifestation : voilà l'état de chose immanent à décrire.* Jamais aucune opération ne pourrait produire du manifeste si celui-ci n'avait d'abord existé de toute façon. Le Manifeste est le requisit absolu de la manifestation, il faut admettre qu'il la précède et qu'il est, comme Un, déjà manifeste avant toute «aide philosophique à la manifestation». L'homme n'a pas à assister l'Un — comme le croit la philosophie —, c'est l'Un qui assiste le Monde et la Philosophie.

Matrices de description possibles de l'essence de l'Un

Par son essence réelle et non plus simplement fonctionnelle, technologique ou possible,

1. L'Un est une Identité qui n'est pas seulement privée de scission, non accompagnée d'une division qui la « redonnerait » chaque fois, mais qui positivement n'a pas besoin d'une telle opération associée de division. La scission est le moment pratique de la décision philosophique et elle est conçue comme une *aide à l'Un*, une aide technologique à l'Indivision, et réciproquement l'Indivision, elle aussi, est une aide à la division, l'Identité une aide à la différence. Si l'Un n'a plus besoin de la scission ni d'être redonné ou manifesté, c'est qu'il est déjà manifeste ou donné sans reste et de manière achevée sans le secours de ce supplément, mais directement et comme par lui-même. Non pas à l'intérieur — *supposé* déjà donné — de lui-même, mais formant plutôt une intériorité donnée (transcendantale, non-psychologique) par cette manifestation même, dans la mesure où rien — et surtout rien en dehors d'elle-même — ne vient l'interrompre et la relancer, l'éteindre et la rendre possible. L'Un est nécessairement le *déjà-donné*, il n'est pas le *supposé-donné* comme est tout donné inscrit dans la sphère de la transcendance.

2. L'Un est de l'ordre d'une auto-affection, d'une auto-réception, plus précisément d'une *auto-impression*, terme qui, sans exclure encore totalement la distance, la transcendance ou l'offre reçue, dit plus fidèlement son immédiateté (à) soi. Elle décrit l'impression comme constituant la réalité de l'Un puis de toute forme éventuelle de subjectivité transcendante, plutôt qu'elle ne suppose déjà donnée cette forme transcendante qui viendrait se surimposer à elle-même et « faire » impression sur soi. Il y a de l'impression et c'est l'Un. Il n'est pas aliéné ou extérieur à lui-même, c'est lui qui (s')imprime comme soi, il est Un par et comme cette (auto-)impression, qui n'est qu'impression et le minimum d'impression requis pour qu'il y ait « intériorité » donnée et pas seulement identité supposée. De même que l'Identité n'avait pas besoin de la scission comme d'un envers, l'impression transcendantale originaire n'a pas besoin d'une expression accompagnatrice. Impression sans rien (d'anticipatif) qui s'imprime, elle est d'emblée le vécu le plus radical, le vécu (du) vécu ou ce qui fait qu'un vécu possède un être immanent inaliénable. L'Un est même, plutôt qu'une impression originaire, le *déjà-imprimé*, il n'est pas le *supposé-imprimé* de toute fausse immédiateté prise de la transcendance.

3. L'Un est une «étreinte» supposée par toute «unité» avec soi. Etreinte éternelle sans passé ni avenir, sans origine ni destination et qui n'a rien, aucun divers, à étreindre. Elle a toujours-déjà surmonté la séparation lorsque celle-ci se manifeste, ou plutôt elle est ce qui nécessairement n'a pas eu affaire avec la séparation dans ce qui surmonte la séparation. L'Un est jouissance (de) soi où le jouir n'a pas d'objet, ou pas d'autre objet que lui-même. Jouir transcendantal ou immanent plutôt que psychologique et intentionnel, c'est le Jouir comme radical de la subjectivité. Ici encore, dans le domaine du réel il n'y a pas, il n'y a jamais eu de distinction d'une matière et d'une forme, d'un subjectif et d'un objectif — aucune articulation, mais empirisme (du) Radical. Plutôt qu'un sujet prédonné et qui ensuite s'étreindrait — c'est cette étreinte elle-même, avant toute synthèse extérieure, qui constitue le noyau réel de la subjectivité de l'Un, sa seule humanité possible. L'Un est même, plutôt que l'étreinte, le *déjà-étreint*, il n'est pas le *supposé-étreint* de toute synthèse prise de la transcendance.

4. L'Un est une Identité *non-thétique* en général, c'est-à-dire à la fois non-décisionnelle (de) soi et non-positionnelle (de) soi : sans volonté pour essence, sans topologie pour existence; sans le combat pour moteur, sans l'espace ou la figure pour manifestation. Donnée primitivement avec elle-même, par elle-même, comme elle-même : elle est sur le mode du *tel quel* ou du *comment*, mais tels que ceux-ci n'expriment plus une activité ou une pratique *devenues* immanentes ou intériorisées, mais soient présupposées par celles-ci. Identité intégrale, intérieur-sans-intériorisation, l'Un est le minimum transcendantal, la pétition minimale de réalité — c'est-à-dire la réalité que suppose toute pétition en général. Il est donné depuis lui-même sans être *acquis* ni même «originairement acquis» à l'aide d'une scission ou d'une opération répétée de manifestation. C'est le déjà-acquis avant toute acquisition; ce n'est pas le *supposé-acquis* des formes de connaissance a priori prélevées sur la transcendance. Ni processus ni résultat d'un processus, mais ce que l'un et l'autre ont déjà supposé pour seulement être ce qu'ils sont pour l'homme, c'est-à-dire *comme* homme ou comme humains «en dernière instance» ainsi qu'on le dira.

5. L'Un est une identité déjà inhérente (à) soi au moment où la philosophie tente de l'entamer. Son essence est une inhérence non active, non opérée par un agent technologique extérieur, même pas par elle-même. C'est une inhérence sans dés-hérence, plus intérieure (à) soi que l'inhérence d'une idée ou d'une essence à la raison ou au moi de la pensée, qui la fait être ce qu'elle est. Une fois de plus :

cesser d'imaginer ou de décalquer l'essence de l'Un à partir de ses figures ou de ses usages transcendants comme formes d'unité supposées données auxquelles leurs modes seraient «inhérents», c'est-à-dire aussi bien transcendants encore. La description d'une expérience abstraite ou non-figurative de l'Un exclut, entre autres choses, de son inhérence (à) lui-même, le modèle transcendant de l'inhérence, par exemple le modèle catégorial de l'inhérence analytique ou synthétique des accidents et des modes à la substance, ou des parties au tout — la catégorie extérieure et irréelle de «substantialité». En revanche, une déduction transcendantale rigoureuse, non vicieuse, de la catégorie de substance exige que l'inhérence de l'Un (à) lui-même soit déjà réelle, c'est-à-dire réelle avant d'être réalisée, et donnée comme telle. L'Un est le *déjà-inhérent* avant tout forçage substantialiste d'inhérence, il conditionne le *supposé-inhérent* qui est celui de l'identité analytique, synthétique ou bien différentielle.

6. L'Un est une Identité rien-que-singulière plutôt que mixte ou que singulière-et-universelle. Une singularité sans universalité conjointe (attribut ou dyade apriorique). Plutôt qu'un moment abstrait d'une totalité, il est absolument concret et achevé, au point qu'il n'est même pas une partie — si ce n'est avant le Tout; un moment — si ce n'est avant le processus; un point dans l'ensemble — si ce n'est avant tout agrégat. Tandis que la philosophie, par exemple, commence dans les couplages auxquels donnent lieu la substance, l'essence et l'attribut (Spinoza), couplages qui sont l'ingrédient du réel, mais où la substance, son essence et l'attribut sont à la fois distincts et inséparables, une pensée de l'Un se limite intrinsèquement ou d'elle-même à la seule «substance» — à son intériorité suffisante. Substance, si l'on peut dire encore, dont l'essence ne requiert plus un attribut ou un universel pour être redonnée ou pour s'exprimer, mais qui est suffisamment réelle comme (auto)-référence ou plutôt comme (auto)-impression. La «substance» est ici essence (de) soi et donc de l'attribut, mais l'attribut n'est plus essence de la substance ou aide à la substance dans l'expression de son essence. On appellera individu cette expérience transcendantale elle-même indivise de l'Indivision. Et l'on parlera des structures *individuales* de l'Un et de la vision-en-Un pour les distinguer de l'individuel, qui reste transcendant et prélevé sur un mixte supposé plus concret que lui. L'Un est le *déjà-indivis* plutôt que le *supposé-indivis* comme est l'Unité transcendante des philosophies.

7. L'Un est une finitude absolue ou intrinsèque. Elle réside dans l'impouvoir de l'Un d'opérer sur soi pour s'auto-constituer (il est lui-même et manifesté comme tel avant toute constitution) ou bien pour

se quitter et s'aliéner, se séparer de soi et, par exemple, s'identifier au Monde ou à la Philosophie. Cet impouvoir tout positif du réel (sur) soi — et *a fortiori* de la transcendance du Monde et de la Philosophie sur lui — a des raisons internes, ce n'est pas une impuissance externe. Elle est strictement la même chose que l'immanence-sans-distance ou que l'être-indivis de part en part. Que nous, les Individus radicaux comme Un, soyons obligés de voir toutes choses en Un, cette nécessité est notre finitude même, l'impossibilité d'abandonner notre précession sur le Monde et de nous quitter nous-mêmes pour aller auprès-du-Monde, au-milieu-de... l'étant, auprès d'un noème objectif. C'est la même chose que notre positive impuissance à la réversion, impuissance à survoler la plaine de l'expérience et à nous la rendre contemporaine ; à transcender par-delà l'étant et à suivre les lignes de perception ou d'inscription que forment les attributs sur la surface du Monde ; que la contrainte où nous sommes de voir toutes choses — universels, totalités et englobants compris — à l'état de «matériau» inerte ou stérile, de divers ou de singularités incapables à leur tour de transcender. Cette finitude nous livre l'opération de transcendance à son tour comme un point inerte ou incapable de dépassement, et la décision philosophique comme incapable de relance, d'envoi, de destination, etc. L'Un est le *déjà-fini* plutôt que le *supposé-fini* que la métaphysique attribue à un sujet qui reste transcendant et limité par la transcendance.

8. L'Un est une Identité réelle c'est-à-dire passive, où la passivité ne se définit pas par rapport à une activité ou un agent soit extérieur soit intérieur — l'Un ne sera jamais *causa sui* comme la substance — mais «par rapport» (à) soi, l'auto-impression constituant le soi et plus que le soi : l'Identité vécue qui est celle (du) vécu. Rien que la passivité de part en part, sans aucune contrepartie ou activité : son essence s'épuise dans le vécu du (se) recevoir, de l'être-déjà-reçu avant toute opération de réception, de l'être-déjà-passif avant l'activité de rendre passif. Etre-Un, c'est être déjà passif au moment de la «passivation». L'Un ainsi décrit n'est plus de l'ordre d'une *décision* puisqu'il ne contient plus de transcendance, mais de l'ordre d'une *épreuve*. Il faut distinguer, sans aucun mélange résiduel, le style de *l'expérience* (au sens pur ou rigoureux) et le style de la *décision* et ne plus croire spontanément que le réel a la forme d'une décision ou d'une opération. Le réel a la forme d'une expérience incontournable (elle l'est par sa finitude intrinsèque) plutôt que d'une décision incontournable (qui ne l'est que par la Totalité). L'Un est le *déjà-passif* plutôt que le *supposé-passif* qui est celui de tout événement dans le Monde.

9. L'Un est une Identité qui se confond avec sa profondeur, sa consistance, sa chair, son (auto-)impression immédiate, et qui n'est

donc pas réquisitionnée comme *limite* d'une opération de découpage, d'analyse, de transcendance, comme simple *surface* d'inscription; comme *plan* ou plateau de nomadisme; comme *écran* ou *miroir* pour une réflexion; comme *pellicule* se développant infiniment, etc. — on reconnaît ici les avatars extériorisés de la vieille substance universelle ou de la décision philosophique mise à l'épreuve de l'Autre. L'Un n'est pas une pellicule ou une surface ultra-plate, sans épaisseur, vouée aux fonctions subalternes d'enveloppe indéchirable. Cette topologie, cette imagerie spéculative, il nous force plutôt à les suspendre. C'est un corps (transcendantal) et un *corps plein* mais à jamais indivis. Il ne s'exprime donc pas dans une surface ou un attribut. *Corps radicalement fini* qui n'a pas besoin de se développer vers le Monde ou sous la forme d'une extériorité et d'un champ d'inscription pour autre chose, l'Un n'est pas une ligne universelle parmi d'autres ni même le plan de cohérence de celles-ci, c'est le corps immanent *en* lequel nous voyons et agençons les lignes universelles ou les dimensions aprioriques du Monde. C'est l'épaisseur intérieure, elle-même non dimensionnelle, par laquelle nous jouissons (de) toute dimension. Toutefois l'Un n'est pas la **pensée-du-Dedans** par opposition à la pensée-du-Dehors: en lui nous voyons l'essence de l'Un et l'essence des lignes ou des attributs.

10. L'Un est une identité posturale plutôt que décisionnelle et positionnelle. Il faut distinguer ici le postural et le positionnel. Le postural désigne une tenue non pas de soi, mais *en* soi, le *comment* (se) tient cette tenue en tant qu'elle n'a jamais reposé essentiellement qu'en elle-même. La posture est plus subjective, corporelle et indivise que la position; plus intérieure, spontanée et naïve que la volonté et la décision. La posture est trop immanente et achevée, elle engage trop et trop indivisiblement l'être entier de l'individu, pour relever d'une décision ou pour équivaloir à une «position» toujours relative à une autre, toujours révocable et aliénable, toujours à prendre et à reprendre. De là on peut décrire le mode de penser qui «correspond» à l'Un comme rien-qu'Un, comme une expérience posturale et subjective de la pensée, d'entrée de jeu libérée des contraintes du Monde, des codes de la philosophie, des normes de l'extériorité transcendante, des règles de la figuration ou de l'imagination spéculatives. Du *figuratif* bien entendu, mais aussi du *figural*, du *relationnel* et du *positionnel*, il faut distinguer le *postural*, mais comme le noyau de réalité nécessaire qui les précède absolument et qui contraint plutôt ceux-là à se distinguer de lui comme transis d'irréalité.

Ce sont là quelques-uns des *modèles* descriptifs possibles de l'Un. Avant d'examiner la «logique» propre de ces modèles et leurs conditions de validité théorique, on fera quelques remarques d'ensemble sur l'Un ainsi décrit.

Expérience irréfléchie, non-décisionnelle et non-positionnelle (de) soi, l'Un est une immanence tout à fait singulière. Elle n'a évidemment aucun équivalent dans les formes de l'immanence toujours plus ou moins figurée et idéalisée, transcendante ou supposée que la philosophie comme pensée unitaire a élaborées. Il est donné (à) lui-même sans aliénation, c'est un vécu (de) soi qui s'éprouve précisément sur son propre mode, le mode spécifique de l'Un. Il faut bien — il n'y aurait sinon aucune réalité en général et surtout pas philosophique et de la philosophie — que l'Un s'éprouve sur son mode à lui plutôt que, comme l'a toujours voulu la pensée unitaire, sur le mode d'autre chose : de l'Etre c'est-à-dire de la transcendance (coupure, scission, distance, néant, etc... — décision) ou encore de l'Autre. Ce sont les déconstructions, en tant qu'elles renoncent à élucider l'essence de l'Un, qui postulent sans aucune preuve que l'Un se donne sur le mode de l'Autre et, de toute façon, avec l'Autre.

L'Un n'est donc pas l'« Unité transcendantale » : il est transcendantal comme peut l'être un vécu qui n'est qu'immanent, mais il n'a pas l'essence spécifique de l'Unité, qui est toujours un mélange de transcendance et d'immanence. Ce n'est pas l'Un tel qu'il prolonge et surmonte l'Etre (la scission par exemple de l'Intelligence et de l'Intelligible). Il est individue(a)l de part en part ; il ne se fonde pas dans un universel, une loi, une règle, un a priori, sur un support transcendant quelconque ou une Dyade, dans le but de « parvenir » à lui-même — tout cela sera réduit à l'état de simple « occasion ». Il est ontologiquement indéterminable mais déjà déterminé par soi. Le réel est l'instance déterminante ou individuante, il précède toutes les formes d'universalité et *les détermine immédiatement sans passer par leur médiation* parce qu'il est déjà, de manière suffisante par lui-même, intrinsèquement déterminé.

Il s'agit bien d'une immanence *réelle* plutôt qu'idéale, mais, faut-il le préciser, ce n'est pas du tout la réalité d'une *res*. L'Un réconcilie en lui le réel, en tant qu'il se distingue de l'effectivité (le principe de celle-ci est le mixte, le mélange du réel et du possible) et la vérité en son essence : *veritas transcendentalis*. « Réalisme transcendantal » si l'on y tient, mais pas celui que l'idéalisme du même nom a toujours combattu en le confondant, par un abus nécessaire, avec un réalisme mixte, à la fois transcendant et transcendantal.

L'Un ainsi conçu, éprouvé plutôt, est ce que l'on doit appeler le réel ou l'Absolu, la seule expérience ultime que nous puissions avoir de l'Absolu. C'est bien ici le cas de dire que l'Absolu est « auprès de nous ». A vrai dire cette formule hegelienne est encore déficiente : il n'est pas « auprès » de nous, à la fois proche et lointain, c'est plutôt une « donnée immédiate » au sens définitif du terme — nous préférons dire : une donnée « posturale » et que nous sommes intrinsèquement dans notre essence. *C'est la donation, mais cette fois-ci elle-même immédiate à son tour, de l'immédiat* — tout à fait autre chose que l'immédiat abstrait du « commencement », pelliculaire et guetté par la dialectique. C'est le *déjà-immédiat* avant tout *supposé-immédiat* et sa nécessaire médiation. Ainsi le prescrit son essence irréfléchie, qui le distingue de la manière la plus irréversible aussi bien d'une structure de conscience *de* soi que de présence *à* soi, de *cogito* que d'être ; qui le distingue aussi des diverses formes contemporaines du « Simple », qui ne sont pas aussi simples que l'Un puisqu'elles ont seulement la simplicité de la « Différence » et qu'elles ont dû surmonter la Dyade.

S'agit-il d'un retour au « logocentrisme » ? Celui-ci — à supposer qu'il existe, et il n'existe que pour sa déconstruction — n'a jamais pu par définition concevoir une immanence aussi rigoureuse, minimale et pauvre que celle-ci. De toute façon la conception et la pratique « déconstructrices » du langage le vouent à l'Etre et à l'Autre ensemble, mais lui interdisent la posture adéquate pour penser l'Un. Logocentrisme et déconstruction ont toujours entendu par Un la présence *à* soi qui est l'opération du mixte, qui contient donc de la dualité ou de la transcendance — ou bien l'Indivision qui est donnée sur le mode de l'Autre. L'Un métaphysique peut être déconstruit, mais pas le rien-qu'Un qui ne tombe plus dans le logocentrisme et qui est plutôt la condition réelle de la déconstruction. Si l'Un totalisant est lié à une décision philosophique, la vision-en-Un ne l'est plus. Et les déconstructions, autant que n'importe quelle métaphysique, sont l'oubli actif de l'essence de l'Un.

Cette épreuve de l'Un implique plusieurs conséquences : 1. le réel au sens immanent et rigoureux, distinct des mixtes de l'effectivité, est déterminé de soi et ne forme pas un processus co-produit par la philosophie ; 2. le réel est complètement et de part en part déterminé ; 3. la philosophie n'a pas à s'identifier au réel pour le déterminer et se déterminer ; 4. la philosophie n'est elle-même suffisamment déterminée que par le réel ; elle ne sera plus alors un processus sous/surdéterminé, mais absolument déterminé — ce que nous appelons une « non-philosophie ». Toutes ces formules décrivent *le noyau de vérité phénoménale* qui est celui d'une vieille thèse marxiste sur le réel — alias la « matière » — thèse anti-dialectique et surtout anti-métaphysique mais dont le marxisme n'avait pas su élaborer le sens réel, et qu'il n'avait pas su fonder transcendantalement puisqu'il l'avait, par obsession hegelienne résiduelle, fondée sur la matière, c'est-à-dire sur un concept transcendant de l'immanence qui fait le réel.

Contingence du langage : le suspens du postulat unitaire

Il y a ainsi de multiples descriptions possibles de l'Un. Leur pluralité permet de lutter contre le grand danger unitaire, celui de la précipitation ou de l'affairement objectiviste : « mais qu'est-ce donc que l'Un ? N'est-ce pas celui dont Plotin et quelques autres ont parlé d'une manière définitive ? ». De là on imagine une sorte de haut objet supplémentaire dans le Monde ou en fonction du Monde et supposé arbitrairement donné comme fait ; une entité transcendante au voisinage de l'Etre, de l'Autre, de l'Ame ou des « grands genres ». On pense à l'Un de la philosophie et — pour faire bonne mesure — on le projette encore un peu plus haut, un peu plus loin. Cette manière fétichiste doit et peut être globalement abandonnée. On ne veut pas dire par là qu'il est ineffable — c'est la position unitaire du problème — mais que sa description qui, elle, est tout à fait possible, lui est indifférente ou ne le constitue pas lui-même. Il s'agit pour nous, en décrivant l'Un, de lutter contre cette précipitation « mondaine » et cette obsession de la transcendance, contre cette opération d'abstraction qui exprime la résistance philosophique à l'encontre de l'Un. Telle est la première règle pour déjouer la pulsion unitaire : ces descriptions doivent être multipliées et variées en fonction des thématiques, *philosophiques ou autres*, disponibles et choisies au titre de matériau, plutôt que de moyen ou de procédé, de la description. Une seconde règle concerne l'usage de ces thématiques ou de ces modèles : elle prescrit de les requérir, disons provisoirement, « contre » elles-mêmes et dans le but de leur faire décrire l'autonomie, la consistance en soi, l'indifférence de l'Un à la philosophie elle-même.

Sur ces règles, surtout sur la seconde, on reviendra. Elles répondent à deux exigences fondamentales qui sont des exigences d'invariance. La première stipule que l'Un doit être décrit par un matériau ou un autre, à cette « occasion »-ci ou à cette autre — mais comme autonome, comme une Identité qui repose en soi, comme ce qui n'a pas besoin d'une transcendance, d'un divers, d'une scission, etc. *Il n'y a pas une description privilégiée, l'essentiel étant cette invariance qui structure a priori le matériau utilisé.* Pour le reste, si une multiplicité de descriptions est possible de droit, c'est que ces descriptions de l'Un et le langage en général sont contingents par rapport à lui, non constitutifs de son essence. C'est très précisément la seconde exigence invariante à respecter quel que soit le matériau utilisé pour la description : *la précession absolue, irréfléchie, de l'Un ou du réel sur sa description*, et la « subordination » — selon un certain ordre déterminé — de celle-ci à son « objet ». *Ces deux exigences corrélatives expriment la cohérence propre à la pensée de l'Un, la seule cohérence sur laquelle elle doit être jugée plutôt que sur les objections abstraites de la philosophie.* Dans toutes les descriptions déjà données, l'essentiel n'était pas le contenu de représentation locale de ces descriptions, mais leur règle invariante. On ne veut pas dire par là que l'Un n'existe pas, que seule existe une matrice de règles formelles. Au contraire : le réel-Un « existe » tellement que c'est sa description et elle seule qui est contingente ou qui existe à peine si ce n'est par ces règles d'invariance a priori. En revanche l'Un « existe » comme ce qui ne peut qu'être réel et qui est présupposé par tout ce qui n'est que simplement *supposé* — par l'Etre, par le Tout, par le Monde. On dira par exemple qu'il est expérience ou affect, posture, inhérence (à) soi, vécu non-décisionnel (de) soi, etc. Mais ce qui sera décrit en dernière instance par ces multiples langages — dont il ne faut privilégier aucun — ne sera plus lui-même un effet de langage (ou de métaphore).

De là la nécessité d'une rectification permanente des descriptions. Par exemple on peut être tenté de le décrire plutôt, ou seulement, de manière déjà unitaire comme vécu, affect, vie, etc. On risque alors de le réduire à ce langage, à l'expérience philosophique transcendante du vécu et de l'affectivité ; de confondre à nouveau l'Un et le langage et de donner lieu aux vieilles amphibologies philosophiques. Cette description n'est pas fausse en elle-même, elle le devient *si elle n'est pas poursuivie et rectifiée illimitativement* sous la pression, et en fonction, de cette matrice spécifique de l'Un. Cette cohérence n'est d'ailleurs plus celle d'un système (la réciprocité de l'objet et du discours sur lui), c'est celle de l'Un et de son non-rapport au langage auquel il impose une contingence radicale en lui ôtant toute vertu constitutive. Cohérence non plus unitaire ou systématique, mais duale ou dualitaire, elle implique que tout langage soit toujours en position seconde ou unilatéralisée par rapport à l'Un. Prise comme fil directeur immanent, c'est une règle qui travaille de l'intérieur les descriptions et qui exige en particulier leur refonte permanente. Les objections philosophiques viennent de ce que le langage s'autofétichise ou s'autofactualise spontanément. La philosophie repose dans cette auto-factualisation jamais aperçue d'elle-même, dans son auto-réflexion *supposée réelle*. Elle ne peut donc rapporter le langage à l'Un et le pratiquer en fonction de ces invariances ou de cette cohérence qui est celle de ce que nous appellerons bientôt la « Détermination en dernière instance ».

On se gardera de dire que tout langage trahit l'Un, parce que le langage manipulerait toujours, comme c'est le cas, des couples d'opposés et serait l'élément nourricier des dualités unitaires. C'est là une pensée qui postule que le langage est reflet spéculaire de l'Un, qu'il a même structure que lui (cf. l'argument du *Tractatus*) ou lui est isomorphe. C'est le postulat de l'ontologie et de la théologie négative, c'est surtout une présupposition supplémentaire et inutile : le langage peut décrire l'Un, qui n'a pas du tout la même structure que lui, sans le refléter exactement ou le reproduire. On dira que c'est *un Reflet non-thétique (du) réel, reflet non-spéculaire ou sans miroir, ou une description «en dernière instance seulement» de l'Un*. Le langage ne trahit pas l'Un, il ne peut jamais le trahir puisqu'il n'a pas même origine que lui et qu'il est trouvé dans le Monde — mais en un sens il le refoule toujours, à la fois parce qu'il présuppose l'Un et qu'il n'appartient pas à celui-ci de manière constitutive. En revanche une description ne doit pas être figée mais rectifiée indéfiniment, les descriptions précédentes sont déjà des processus de rectification en acte du langage ou de ce qu'il véhicule spontanément, les couples unitaires d'opposés. On peut admettre qu'aucun terme ou attribut ne lui «convient» ou ne le décrit *adéquatement* (sur le mode du Reflet non-thétique) s'il n'est pas accompagné du suspens au moins de son opposé virtuel, suspens qui doit être lui aussi pensé comme positif plutôt que comme opposé à ce qu'il suspend. Mais cela veut dire que si l'on rectifie la description en fonction des règles imposées par l'Un, on peut décrire alors adéquatement celui-ci.

Peut-être essaiera-t-on, par un autre biais, de généraliser l'objection philosophique sous la forme d'une alternative, et de dire que l'Un seul, le rien-qu'Un, ou bien est impensable et ineffable, ou bien exige de toute façon au moins le langage pour le décrire (sans parler de la philosophie...), le langage qui doit lui être «contemporain» au sein d'un Même l'englobant avec l'Un. Sans doute : il faut le langage. Mais ce que nous voulons dire par le rien-qu'Un, c'est ceci : le langage est nécessaire à la description de l'Un et *si* l'on se propose de le décrire ; il n'est pas en revanche nécessaire à l'Un lui-même ou à sa constitution intime. C'est la philosophie qui confond justement — à quelques nuances ou différences près — l'objet et la pensée de l'objet, le réel et la connaissance du réel, l'essence du réel et la description de cette essence, description qui a besoin — et elle seule — du langage. Elle confond — c'est l'amphibologie par excellence — le réel et le langage dans le mixte du *logos*. Au contraire, pour ce que l'on appelle ici la vision-en-Un, la nécessité du langage est conditionnelle (en cas de description ou de «science» de l'Un) et le langage lui-même contingent. L'amphibologie est dissoute dualement ou dans une dualité statique et sans scission, elle est ordonnée au projet d'une science ou d'une description de l'Un, mais la science de l'Un est contingente par rapport à l'Un lui-même. Voilà le suspens ou la réduction radicale du *logos* lui-même : le langage n'a de fonction que descriptive, il n'a plus de fonction constitutive; la description du réel, c'est-à-dire la pensée de l'Un comme non-philosophie est contingente par rapport à lui, elle a bien son essence en lui mais en dernière instance seulement. La vision-en-Un est ainsi la pensée qui dit que le langage, la philosophie et même la non-philosophie ne sont pas déterminants de la réalité de l'Un, que celui-ci les affecte d'une contingence transcendantale absolue, qu'ils ne sont pas nécessaires à l'essence de l'Un, c'est-à-dire, on ne peut le démontrer ici, de l'homme.

Jamais la philosophie, y compris toutes les déconstructions (Heidegger, Wittgenstein, Derrida), n'a pu admettre cette contingence radicale du langage pour le réel. La décision philosophique ou l'Etre au sens le plus différencié et le moins substantialiste, n'est même que la présupposition arbitraire, encore impensée, de la co-appartenance du langage non pas seulement à la description de l'Un, mais à l'essence même ou à la constitution intime de celui-ci. La vision-en-Un abîme définitivement le langage et toute la philosophie dans le fond de ce que nous appellerons une *chôra* et les traite alors comme simple donnée transcendante. La non-philosophie est à ce prix : il n'y aura d'ouverture radicale de la pensée que par le sacrifice sans reste de l'horizon gréco-philosophique. L'abandon du postulat philosophique ou unitaire le plus ancien — présent de manière cachée dans la métaphysique classique mais dont la thématisation comme telle aura constitué l'obsession de la philosophie du XXe siècle, la présupposition que le langage est co-déterminant ou co-constituant du réel — peut et doit être consommé pour que la pensée se libère de son enfermement philosophique ou unitaire. La philosophie peut continuer, par exemple à la manière, on le dira, dont la géométrie euclidienne continue et reste valide à l'intérieur de certaines limites maintenant fixées depuis des formes non-euclidiennes. Précisément elle ne continuera qu'à l'intérieur des limites de cette présupposition qui pose que le langage est constituant du réel, et qui n'est plus qu'un postulat unitaire désormais non nécessaire à la pensée et dont la contingence est maintenant perceptible.

D'une manière plus générale, ce qui compte n'est pas la façon dont la philosophie se représentera automatiquement l'Un dont on lui parle. Elle se le représentera nécessairement comme abstrait hors du mixte de l'Etre où il est, pour elle, normalement inclus ; elle croira que nous tentons un coup de force. C'est là une falsification de l'essence de l'Un et c'est son affaire. En réalité l'« Un lui-même » n'a jamais été abstrait de la philosophie, il est plutôt ce à partir de quoi est déterminé un ordre qui unilatéralise toute dualité ou Dyade éventuelle. Celle-ci représente la possibilité de le « parler » et de le « décrire », mais elle est contingente et vient cette fois-ci *après* lui de manière irréversible. Elle n'est plus mélangée avec lui, et lui avec elle, dans un mixte qui serait celui de la décision philosophique. La Dualité est seconde et contingente et se fonde dans l'Un qui ne renvoie qu'à soi : si sa description est faite, elle n'affectera pas son essence. Le savoir (de) l'Un inclut ou postule que son objet le précède absolument et ne dépend pas de lui ; il se « soumet » rigoureusement et pour des raisons immanentes à son objet sans prétendre le constituer totalement ou partiellement.

Contre les objections elles-mêmes abstraites et falsificatrices de la philosophie et de sa résistance, un seul argument, une seule règle peut ainsi valoir : celle de la cohérence « théorique » des rapports entre l'Un-réel et le langage, c'est-à-dire la *Détermination en dernière instance*. Tout doit changer en même temps par rapport à la philosophie : si l'Un dont il s'agit n'est plus celui qu'elle a toujours connu, si son contenu ou son essence est différent, doivent changer aussi ses rapports au langage et la conception même que l'on se fait d'une pragmatique. Ce n'est pas notre pratique philosophique et transcendante du langage qui modifie la nature de l'Un, c'est l'Un comme expérience transcendantale immanente qui implique une autre conception et une autre pratique du langage et bien entendu de la philosophie. Parce que l'Un n'est pas philosophable, il impose une nouvelle pratique de la philosophie. La grande règle est ici : *l'Un est l'ensemble des effets de l'Un*. Plus rigoureusement encore : l'Un, c'est l'Un, *plus* les effets de l'Un (sur le langage, la philosophie, etc.).

Trois précisions sur ce qui précède :

1. Que les descriptions « non-philosophiques » de l'Un soient structurées par des règles qui sont imposées par la vision-en-Un ne veut pas du tout dire que ces règles sont une structure commune au réel à décrire et au langage, structure dans laquelle celui-là et celui-ci de nouveau se détermineraient réciproquement à la manière philoso-

phique. D'une part ce corps de règles *découle* de l'Un où il a son essence, à l'«occasion» — on reviendra sur ce concept — du langage, et ne constitue pas réflexivement son essence. D'autre part il ne constitue pas davantage l'essence du langage, mais lui est imposé comme ce qui prescrit sa réduction à l'état de simple matériau ou de langage-de-description, et comme ce qui le détermine en dernière instance. Il forme l'exercice de la dernière instance qui conditionne l'usage en vue de l'Un du langage et de ses artefacts philosophiques.

2. Cette cohérence «dualitaire», ou l'ordre de la Détermination en dernière instance, n'a été décrite ici que de manière schématique. Elle s'explicite en un certain nombre de règles plus précises qui correspondent aux différentes phases de cette détermination des descriptions de l'Un par l'Un qu'elles décrivent. Ces règles ne seront évidemment rien d'autre que celles de la «transformation» de la philosophie en non-philosophie, plus exactement du traitement de celle-là comme simple *matériau* ou *langage-de-description* en vue de la non-philosophie.

3. L'Un ainsi décrit est impensable du seul point de vue spéculatif, il défie jusqu'à l'imagination spéculative comme pouvoir de synthèse des contraires, pouvoir transcendantal de l'imagerie philosophique. Il réclame une pensée sans image, car, en un sens, il est toujours absent, non visible du moins dans l'horizon du Monde ou de la philosophie. *Mais ce n'est pas parce qu'il est inimaginable, non-projetable dans l'élément de la transcendance, qu'il serait ineffable ou impensable.* Le philosophe veut plier le réel à sa pensée et décrète, par idéalisme, que le réel n'existe pas s'il ne peut le penser. La vision-en-Un nous contraint à l'inverse : plier notre pensée au réel, en modifier le concept en fonction de celui-ci ; ne plus pouvoir être volontaire, décisionniste, idéaliste, mais être nécessairement naïf, expérimental, réaliste, et modifier notre pratique traditionnelle de la pensée et du langage en fonction de cette expérience de réel-Un que nous prenons pour guide transcendantal. Les descriptions — dans leur propre finitude, c'est-à-dire leur impouvoir à constituer l'Un auquel elles se réfèrent en dernière instance seulement — sont là pour prouver «de fait», sur le fond de la nécessité immanente de la vision-en-Un, qu'il est possible de penser l'Un sur un mode spécifique, irréfléchi, qu'il y a non seulement une pensée ou une «vision» non-thétique qui découle de l'Un ou qui se fait en lui, mais que cette vision-en-Un du Monde, de la philosophie et de tout ce qui s'y trouve, équivaut à une représentation non-philosophique de l'Un lui-même, et à la représentation la plus positive qui soit une fois admise son immanence.

La Détermination en dernière instance, cohérence spécifique d'une pensée de l'Un

Le système de règles que nous venons de pratiquer spontanément dans les descriptions de l'Un, peut-être pouvons-nous maintenant, sinon déjà l'expliciter dans le détail (ce sont les règles de la «non-philosophie»), du moins en donner le principe et le distinguer de celui de la philosophie, et distinguer de cette manière plus précise l'ordre de la décision philosophique et l'ordre de la vision-en-Un.

Soit l'équation parménidienne, fondatrice de la métaphysique : «Le Même est Penser et Etre» ou, pour simplifier, penser = Etre. Juxtaposons-lui l'équation fondatrice de la vision-en-Un : penser = Un, équation qui exprime aussi la prétention immanente de la pensée d'atteindre le réel en soi mais comme Un. Peut-être est-elle plus simple que la philosophique, et pourtant elle est aussi transcendantale qu'elle : ce ne sont pas des équations mathématiques mais réelles ou transcendantales. A la question «qu'est-ce que penser?», la philosophie répond : c'est penser l'Etre, par et pour lui; la vision-en-Un ou la science répond : c'est penser l'Un en l'Un et depuis l'Un.

L'équation fondatrice de la philosophie ne pose évidemment pas une plate égalité indifférente, mais au pire le Principe d'identité analytique, déficient en Même; au mieux le Même. Celui-ci, à son tour, c'est un exemple possible, peut s'éprouver comme *co*-(respondance), co-présence du système, ou bien comme (co-)*respondance*; tantôt comme «différence» par exemple, tantôt comme «différance». Quoi qu'il en soit de ces variations, elles dégagent un invariant : l'identité philosophique n'est pas immédiate, c'est un rapport, fût-il «sans rapport», une relation médiée par des opérations de décision et de position, de scission ou d'altération et d'identification, de renversement et de déplacement, etc., ou par la semi-opération d'un «retrait». *Dans tous les cas, on suppose une certaine réciprocité ou réversibilité entre les opposés, une certaine simultanéité soit centrale soit résiduelle et cela malgré le retard, la différence, l'irréversibilité apportée à l'identité par certaines interprétations, plus altérantes que d'autres, de l'équation.* Cela se vérifie sur les deux principes platoniciens : l'Un et la Dyade, qui suffisent à la constitution intégrale de la décision philosophique. Le problème est celui de *l'ordre* entre ces «principes» — il y a toujours un ordre, qu'il soit plus, ou moins, irréversible. L'ordre platonicien, qui est aussi le philosophique en général, part plutôt de la Dyade pour aller à l'Un, de la dualité ou du couplage pour aller vers son unité. *Plutôt* : car l'ordre y est aussi circulaire et dans les deux sens à la fois.

L'Unité est supposée déjà donnée comme intérieure au couplage ou immanente à la relation, mais elle leur est aussi extérieure et transcendante. Elle remplit ainsi la fonction conservatrice de rassemblement, d'unification, de synthèse, de lutte contre la menace de dislocation que contient la dualité. D'autre part la dualité représente le côté empirique de départ, la diversité qu'il faut surmonter. Ainsi :

1. La pensée philosophique prend son départ nécessairement dans un donné extérieur, dans l'extériorité supposée donnée du Monde — la Transcendance. Non seulement il y a une scission «entre» les deux termes, une transcendance réciproque de l'un vers l'autre, mais celle-ci est elle-même inscrite dans la sphère de ce qui est déjà donné au titre de «fait» transcendant et autopositionnel ; la pensée philosophique est de l'ordre d'une décision, qui est partiellement factuelle et empirique ou nécessairement liée à l'empirique comme l'a priori l'est toujours, décision incluse dans un système, celui du «fait», de la «tradition», du «destin» *supposés donnés* — système de l'autofétichisation ou de ce que nous appellerons, par opposition à l'Un, la Transcendance.

2. L'Unité — fonction de l'immanence de toute façon — est ici déjà présupposée par le couplage des opposés où elle est «en soi». Mais elle vient après celui-ci et elle a besoin de lui pour conquérir son effectivité et devenir en quelque sorte «pour soi». Elle lui est donc malgré tout ordonnée et à son service. Le transcendantal est au service du métaphysique ou de l'a priori. C'est une conséquence de l'essence de la décision philosophique que le transcendantal y soit dévalorisé comme l'Un l'est par et pour l'Etre.

L'ordre de la vision-en-Un est inverse et encore autrement qu'inverse. Tandis que l'ordre de la décision philosophique est *à la fois* irréversible et réversible, toujours un mixte comme l'est le mélange de l'Un et de la Dyade, *mixte nécessaire dès que l'on commence plutôt par la Dyade,* celui de la vision-en-Un est seulement irréversible, et il part cette fois-ci nécessairement de l'Un, et de l'Un seul, pour aller à la Dyade éventuellement, *si* celle-ci se présente. L'équation penser = Un, si elle doit avoir un sens, c'est-à-dire une vérité spécifique qui la distingue de l'équation penser = Etre, doit et peut s'interpréter autrement que comme un mode de la philosophique. Il y a bien, là aussi, deux termes, mais cette Dyade n'est plus ordonnée par et dans une Identité scindée ou un Même, soumise à une Unité qui lui serait à la fois interne et externe et qui assurerait la co-présence ou la simultanéité, même périphérique, de ses membres. Dans la philosophique, chacun des deux termes est divisé — par un procédé ou un autre — et chacun s'identifie à l'autre : la Dyade (ou la décision) et l'Unité forment alors un système qui se réfléchit en lui-même ou qui s'auto-affirme indéfiniment. *On peut imaginer une autre solution* : l'Identité d'une part, la Division ou la Dyade d'autre part, pourraient se répartir autrement entre les deux termes de la pensée et de l'Un. Autrement, c'est-à-dire sans se mélanger, sans se réfléchir l'une dans l'autre et se survoler l'une l'autre, sans former des mixtes. Au réel, l'Identité seule, sans la Division ; à la pensée ou à la Dyade non seulement la Division mais, celle-ci étant impensable et irréelle sans l'Identité du réel, *également cette Identité*. Mais cette pensée ne serait pas, ne pourrait plus être alors une Identité divisée comme la philosophique. Ce serait d'une part, par son fondement réel ou son essence, rien-qu'une Identité, elle serait rigoureusement identique au réel sans passer par une division ou une Dyade ; et ce serait d'autre part une Dyade pure, une dualité radicale, elle aussi non obtenue par division et non re-mélangée avec l'Identité. Elle aurait son fondement en celle-ci, mais découlerait d'elle sans se déterminer réciproquement avec elle. Cette économie distribue l'Un et la Dyade sans les nouer dans un chiasme ou un pli, sans les faire se recouvrir, se réfléchir l'un dans l'autre. Elle fonde bien la Dyade dans l'Un, mais sans que celle-ci vienne déterminer l'Un en retour. Tandis que la décision philosophique suppose 2/3 principes, la vision-en-Un n'en suppose plus que 1/2.

Une telle distribution n'est possible que si les termes en présence changent évidemment de nature et pas seulement de relation. La pensée ne peut partir du seul Un, plutôt que de la Dyade ou du cercle de celle-ci avec l'Un, que *si l'Un est suffisant par soi*, s'il n'a pas besoin comme support de ce rapport factuel (empirique ou apriorique) qu'est la Dyade, s'il n'est pas mélangé avec celle-ci. Le réel comme Identité absolument non divisée ou non associée à une division, cela n'a pas de sens philosophique, mais cela a peut-être un autre sens (scientifique par exemple). La philosophie pense l'Un *avec, par* et parfois *comme* autre chose : la Transcendance ou l'Autre, la Scission, le Néant, la Décision, etc. Elle se donne l'Un pour le mettre au service de la Dyade — le transcendantal au service de l'a priori — et l'utilise ainsi, supposant sa réalité sans l'avoir élucidée ; elle se donne le réel, son Identité, sans en avoir élucidé l'essence pour elle-même. La vision-en-Un, au contraire — c'est ce que l'on appelle son réalisme foncier ou postural pour l'opposer à l'idéalisme volontariste de la philosophie — ne suppose pas l'Un, ne se réfère pas au moins en dernière instance au réel sans l'éprouver, sans «postuler» qu'elle l'éprouve comme une immanence radicale (à) soi, dépourvue des opérations de décision ou de transcendance ; comme une Identité qui n'a pas besoin d'être divisée puis rapportée à un Même supérieur. L'identité du réel se vit, s'éprouve, se consomme en restant en elle-même sans avoir besoin de s'aliéner dans une représentation.

C'est de ce réel-là que la vision-en-Un est l'expérience. Le réel y fonde la représentation, mais n'a pas besoin d'elle pour être ce qu'il est — énoncé que refuserait la philosophie. En revanche la représentation est maintenant une dualité qui s'enracine immédiatement dans le réel et son Identité transcendantale, mais qui, d'une part, ne le détermine pas en retour et d'autre part, c'est la conséquence inévitable, n'est plus une scission. Tandis que la représentation philosophique est une Identité scindée ou plutôt la scission d'une Identité, la représentation «non-philosophique» est une dualité primitive, une dyade originaire qui n'est pas obtenue par scission et qui n'est donc pas susceptible d'une identification au réel; une représentation qui n'est pas produite par une opération sur le réel, mais qui «accompagne» de loin celui-ci, sans prétendre y faire retour, le ré-intégrer ou le faire advenir à son essence, une transcendance qui n'est pas obtenue par une opération de transcendance, qui est ingénérable et se fonde statiquement dans le réel. On appelle reflet en général, mais ici non-spéculaire, une telle représentation du réel, qui ne dérive pas de celui-ci par scission ou qui est fondé en lui sans le co-déterminer en retour. Détermination unilatérale, par le réel sans reflet, d'un reflet sans réel. Un tel reflet n'est ni décidé ou divisé, ni positionnel. On dira que la représentation, dans la vision-en-Un, est un reflet non-thétique ou non-positionnel (du) réel, qu'elle est descriptive, en dernière instance du moins, et non constitutive comme prétend l'être la philosophie.

Cet ordre particulier, strictement irréversible, qui découle de la seule essence de l'Un où il est transcendantalement fondé et qui rend la Dyade contingente en même temps qu'il en transforme la nature en l'arrachant à la scission ou à la différence «unitaires», qui réduit la décision philosophique de son côté à n'être qu'une occasion et un matériau, peut être appelé : «Détermination en dernière instance». Car cette causalité irréversible ou unilatéralisante du réel sur la pensée, de l'Un sur la Dyade et les descriptions de l'Un, n'est que le résidu phénoménal irréductible de ce que le marxisme entendait, par cette formule, de la causalité du réel, qui s'oppose à la Détermination réciproque qui règne dans la décision philosophique. Ainsi la pensée (du) réel n'est pas le contraire du réel, c'est-à-dire encore une partie de celui-ci; le réel est sans contraire et la pensée qui le décrit est le simple corrélat de la Détermination en dernière instance.

La condition pour qu'il y ait cet ordre réel minimal antérieur aux lois du Monde, c'est donc que l'Un soit une réalité suffisante, une immanence qui ne soit plus imprégnée de transcendance ou de scission et par conséquent d'irréalité, une Unité absolument sans Dualité et qui ne repose plus sur le Monde, sur le supposé fait ou le fait auto-positionnel, que celui-ci soit empirique ou rationnel et a priori. Il s'agit que cette Immanence, cette Indivision qui, dans la philosophie, représentait déjà le réel authentique pour la division-scission, soit reconnue maintenant comme *absolument réelle par elle-même;* qu'elle ne partage plus la réalité avec la transcendance et n'ait plus besoin d'être confortée et assurée par celle-ci dans un mixte qui serait seul l'absolu. Cette Identité est déjà transcendantale dans la philosophie, mais elle y est *réelle* autant que *possible* (la scission idéalisante). Comment est-elle seulement réelle plutôt qu'un mixte de réalité et de possibilité ? Seulement immanente plutôt qu'un mixte d'immanence et de transcendance ? Seulement une Identité plutôt qu'un processus d'Identité et de Différence ? La vision-en-Un comme pensée absolument réelle et finie répond par sa propre nécessité immanente ou sa finitude. Elle est critère (de) soi — et donc (de) la représentation non-philosophique qui use de la décision philosophique comme d'un simple matériau.

Le concept développé de la vision-en-Un

« Vision-en-Un » veut dire d'abord et de toute façon que l'on part désormais de l'Un plutôt que de la Dyade, qu'on le prend comme fil conducteur immanent de la recherche et même que l'on reste dans cette immanence que plus rien, même pas le Monde et la Philosophie, ne peut nous faire quitter. Mais il se trouve que nous voyons aussi le Monde. Vision-en-Un veut dire alors que nous ne le voyons plus depuis lui-même ou depuis un être-au-Monde, mais depuis et dans l'immanence de l'Un ; que nous voyons un objet non plus depuis son objectivité mais depuis et dans l'Un ; *et que nous voyons la philosophie non plus depuis elle-même mais depuis l'Un («non-philosophie»).* Dans l'Un, toutefois, c'est évident, il ne pourra plus y avoir une simple « image » de l'objet supposé par ailleurs « en soi », image sur une surface ou un miroir et regardée par un tiers, mais, d'une certaine manière, l'« en soi » lui-même de l'objet, c'est-à-dire ce qui en lui relève de l'Un : à la fois son être-immanent et ses structures aprioriques. L'Un ne peut plus être une surface, un écran redoublant l'objet, il est la réalité ou la chose même, la *chose* (de la) pensée, son « en soi ». Cette extension de la vision est donc possible parce que, plus profondément, l'Un voit l'Un en l'Un. C'est là le concept concret de cette Identité, réelle plutôt que logico-réelle ; de ce savoir non-décisionnel et non-positionnel (de) soi qui ne se démontre que par et de lui-même. Parce que l'Un est en lui-même vision-en-Un, il peut être vision d'autre chose en-Un et sous les lois de celui-ci, qui ne sont plus les lois vicieuses de la perception et de son auto-factualisation. *Nous devons décrire maintenant le plan de la Transcendance ou de la Représentation, que nous appelons aussi la Dyade du (non-)Un; les structures aprioriques de la représentation.*

«Vision-en-Un» suppose que l'Un est une immanence ou une intériorité «exploitable», qu'elle n'est pas absolument «fermée» sur elle-même, répulsive et exclusive de toute autre réalité, que c'est là un faux problème, un problème transcendant. Nous l'avons décrite d'une manière quasi-phénoménologique, soucieuse à l'extrême de faire droit à sa positivité — à sa réalité — et d'en exclure le néant, le négatif et tous leurs modes. Etant immanent (à) soi sans qu'aucune transcendance ou qu'aucun néant le constitue, il «exclut» de lui l'exclusion, il n'en a aucun besoin. Puisque son immanence ne dépend que de soi et n'est pas inscrite dans un élément tiers (la transcendance) où elle deviendrait exclusive et répulsive, il n'a aucune raison de nier ou de détruire le Monde, la Philosophie, ou tout ce qui pourrait se présenter comme Autre que lui. L'Identité réelle de l'Un n'est pas une identité logico-réelle, imprégnée de transcendance ou de décision et qui étoufferait l'altérité. Il n'a donc aucune raison — n'étant pas abstrait ni même extrait du Monde, mais le précédant absolument — de refuser que le Monde se présente à lui de sa propre autorité et qu'il soit vu ou pensé depuis l'Un. Précisément, et cela seul importe, le Monde ne peut être vu depuis l'Un et par lui que sous la seule réserve de sa radicale «contingence transcendantale». Celle-ci n'est rien d'autre que l'effet d'une réduction transcendantale déjà achevée, absolument primitive parce qu'elle dépend du seul Un et non pas du Monde.

Quelle est la raison positive qui nous contraint ainsi à aller apparemment «au-delà» de l'Un? La première raison, c'est évidemment que — sans que nous ayons à *sortir* de l'Un, ce serait là une apparence purement philosophique, l'essence de l'Un exclut qu'on sorte de lui, que lui-même sorte de soi et rentre en soi, et son immanence reste notre fil conducteur — quelque chose d'autre se présente effectivement, par exemple, et ici, la philosophie. Il y a de la philosophie — l'Un ne l'empêche pas de se présenter, on l'a dit —, elle se manifeste d'abord en lui résistant : *c'est là ce que nous appelons le «dual» comme condition d'existence du (non-)Un.* Elle résiste si on la prend comme point de vue sur elle-même, ce qu'elle-même fait automatiquement. La résistance à l'Un est même la manière dont elle se présente d'abord, ne se présentant que dans la forme de la protestation, du refus, des objections, etc., résistance à l'Un qui est *exactement la même chose que son auto-suffisance et sa «factualité».* Mais vue dans ou depuis l'Un, cette résistance est levée, du moins rendue stérile, c'est-à-dire aussi manifestée comme telle. Ni la philosophie ni sa résistance spontanée ne sont détruites dans leur constitution effective : la résistance est rendue inefficace par le simple fait de sa manifestation comme résistance. *C'est là ce que l'on appelle maintenant la «dualité», forme du (non-)Un, et qui contient une réduction transcendantale «terminée» ou achevée. Son effet est d'inhiber la validité de la philosophie comme point de vue «théorique» de législation et d'interprétation sur elle-même.*

Quelques mots sur cet effet de suspens. On peut appeler, en un sens non transcendant ou cosmogonique mais transcendantal, *chaos* ou *chôra* cet effet d'emplacement réducteur, opéré par le (non-)Un comme corrélat de l'Un et fondé en lui. Ce n'est évidemment pas un chaos au sens empirique ou vulgaire : n'importe quoi n'y voisine pas avec n'importe quoi. Il implique seulement que la décision philosophique, Unité-des-contraires ou simultanéité circulaire de l'Un et de la Dyade, cesse de régner sur le donné philosophique lui-même, de l'organiser et d'en régir l'économie ; qu'il n'y ait plus de filtrage et de codage du donné, plus d'interprétation possible. La décision philosophique elle-même flotte à côté de ce qui est apparemment non philosophique comme un élément à son tour inerte ou stérile.

Cet état «libre» de la décision et de ses membres ne correspond donc pas au résidu d'un chaos imaginé ou fantastique ; ni même à une mise en chaos réglée mais limitée de certaines philosophies par une opération de *Renversement* comme c'est le cas dans les philosophies et surtout les déconstructions. Un chaos empirique et transcendant est encore un mode — déficient — d'une décision : chaos nihiliste, toujours inscrit dans l'Etre, donc auto-contradictoire et limité, destiné à conserver l'autorité, la cohésion et la cohérence ultime de la décision. En revanche la *chôra* est le suspens de cette autorité elle-même sous toutes ses formes et en toutes ses ruses ; mais un suspens restreint et précis : il ne porte pas sur la décision dans son effectivité, mais dans sa prétention à *valoir* comme point de vue théorique, exclusif ou unique, et seulement sur cela. Car par ailleurs la décision subsiste, elle est du moins conservée à l'état de simple matériau ou de divers inerte. Même la réflexion philosophique subsiste à l'état de donnée irréfléchie, de matériau ou d'effectivité de la philosophie : tout en un sens est conservé, tous les mécanismes de la décision sont encore là, dans leur concrétion, dans leurs combinaisons compliquées. Mais nous «voyons» tout cela dans l'Un, c'est-à-dire du fond de la *chôra*, d'une vision absolument désintéressée philosophiquement et qui ne sait plus faire quoi que ce soit de philosophique avec ce matériau. C'est plus que du scepticisme, qui risque toujours d'être encore une décision.

Cette réduction a donc pour effet ce que nous avons supposé et commencé à décrire comme «dé-factualisation» ou «dé-fétichisation» de la décision philosophique, comme sa réduction à l'état de matériau contingent, de donnée inerte et stérile. On ne confond pas réduction et destruction, stérilisation et négation : le Monde ou la philosophie peuvent toujours être là et se présenter, ils ne sont pas détruits pour autant dans leur réalité effective. Et cependant ils sont désormais là seulement *pour* et *par* l'Un. C'est-à-dire comme contingents ou — c'est la même chose — «vus» depuis ou dans l'Un.

Toutefois l'effet-suspens ou réduction n'est qu'un côté du (non-)Un ou de la Dyade, qui a un autre côté plus positif et que l'on devra décrire. La philosophie vue ainsi plutôt que depuis elle-même, perçue sous les conditions de la vérité transcendantale la plus pure et non plus depuis ses propres mécanismes, est la même chose que la non-philosophie, du moins l'une des conditions de sa production. Celle-ci commence donc avec la réduction de la philosophie à l'état de matériau inerte, avec son insertion dans le (non-)Un qui remplit d'abord la double fonction (philosophiquement divisée) de *chaos* et de *chôra*, mais elle est plus riche que cet état de matériau, elle est ce que «devient» le matériau à travers l'Un ou, plutôt, ce en vue de quoi il sert. La non-philosophie est ce que l'Un — et lui seul — voit de la philosophie, plutôt que ce que la philosophie voit d'elle-même, quand ce serait depuis l'Autre. Mais, ce qu'il voit, encore faut-il le décrire maintenant, description qui donnera au concept de non-philosophie sa plénitude, à la fois sa réalité et son effectivité. L'analyse ne peut s'arrêter ici, le matériau n'est pas seulement inerte, il est vu sous les conditions de l'Un qui doit avoir un effet cette fois-ci «productif» sur lui. C'est la face «positive» de la Détermination en dernière instance. Le terme de «matériau» l'indiquait déjà : avec le chaos des décisions philosophiques nous ne sommes pas à la fin, mais seulement au tout début de la non-philosophie. Comment cela?

Les deux paradigmes : perception et vision-en-Un

Partons de la perception en son sens psychologique et philosophique. D'une part, c'est un fait supposé donné et même un factum : la «perception» est déjà sa propre théorie, et même cette théorie de notre rapport au Monde ou à l'objet qui suppose que ce rapport se présuppose lui-même (factum) comme donnée mais universelle, nécessaire et totale, comme fait s'auto-interprétant et se supposant déjà-là, déjà réel au moment d'en faire la genèse. D'autre part, et ceci fait système avec cela comme la division avec l'auto-englobement, la « perception » est ce que décrit, de notre rapport au Monde, un observateur étranger et supérieur, qui peut être nous, le moi en nous. Non seulement l'objet mais le moi sont en état de dédoublement. C'est à la fois la donnée de ce rapport et — à une scission ou une décision près, à la philosophie près — son interprétation et sa thématisation. Comme tous les « faits » de la philosophie, et comme celle-ci d'abord, la « perception » est une entité dé-doublée et redoublée, une unité-de-contraires ou un couplage, une dyade unitaire, un phénomène par essence vicieux ou circulaire. C'est ce qui explique sa triple ou sa quadruple dimension : l'objet comme *perçu* et comme *percevoir*, ou comme dyade ; le sujet comme *être-percevant* et comme *observateur désintéressé*, comme Un intérieur et extérieur à la dyade. Ou encore : le *représenté* et la *représentation* d'une part ; *l'être représentant* d'autre part, comme *représentation* et *observateur de la représentation*. Dans ce système, le sujet percevant est dédoublé en percevoir ou condition de la perception et en observateur de la perception — en miroir et en regard. Et l'objet perçu, à son tour, est divisé ou dédoublé en objet transcendant et en image (« idée ») de cet objet, image plus ou moins idéalisée et plus ou moins spéculaire selon les décisions philosophiques ou les théories de la perception. Quelles que soient les décisions en cause — c'est un invariant — il y a un rapport lui-même spéculaire entre l'objet et le miroir, entre l'objet et son reflet-dans-le-miroir ; entre le représenté et la représentation-acte, etc. — une dyade unitaire. Et une autre dyade, tout aussi unitaire ou par scission, du sujet, qui est à la fois représentation ou miroir et observateur du miroir.

La vision-en-Un est l'abandon pur et simple de ce paradigme de la décision ou du factum autopositionnels. Par rapport à ce schéma autofétichisant, elle fonctionne comme rasoir d'Occam : trop d'entités non-simples, non-radicales, obtenues par simple division dé-doublante et re-doublante, par floconnement et multiplication inutiles — tout l'affairement du philosophe. Le sujet ou l'Un, d'une part, n'est plus dédoublé en miroir ou sujet subjectivement inerte, technique, « inconscient » et dépossédé du savoir, rendu à l'objectivité — et en sujet contemplateur, supposé savoir, mais cette fois techniquement inerte. En « conscience phénoménologique » engoncée dans l'expérience et fermée au sens de cette expérience, et « conscience philosophique » (« nous philosophes »...) qui lit le sens de l'expérience sans la faire. Que ces deux consciences soient la *même*, dialectiquement ou non, n'a ici aucune importance ou ne fait que confirmer ce que détruit la vision-en-Un : celle-ci est la contestation qu'il y ait quelque différence, scission ou dualité que ce soit dans ce qui n'est plus la conscience mais le sujet-Un. Il faut expliquer le tout de la perception comme une possibilité — sinon comme un mode — de l'immanence (de) l'Un, comme ce que l'Un voit immédiatement en lui : pas par le moyen d'un ego transcendant et contemplatif regardant un ego ouvrier ou un miroir. Une telle division empirico-transcendantale du travail se produit dès qu'il y a la moindre fêlure ou scission dans l'Un, dès que le sujet est barré ou refendu d'une décision philosophique. La réalité ultime de la perception, ce qui fait qu'elle doit bien être à chaque instant *finie* ou *achevée* par elle-même, *positive* et *absolument réussie* de toute façon, et de plus se sachant d'emblée elle-même et par sa propre force sans en appeler à une construction théorique supplémentaire — cette réalité suffisante se fonde dans l'Un comme posture immanente qui voit toute chose « en » son immanence sans avoir besoin de se dédoubler, c'est-à-dire de se faire objet, de s'identifier au perçu et d'identifier l'objet perçu au sujet percevant. Cette immanence de l'Un doit suffire à la perception si du moins celle-ci est elle-même d'emblée réelle et suffisante, même lorsqu'elle s'engage aussi (c'est le problème de *l'ordre* des expériences) dans un processus.

Le sujet-Un, nous l'avons déjà décrit. Ce que devient l'« objet » dans la vision-en-Un nous intéresse maintenant davantage en fonction de la non-philosophie. Ce sujet-Un, sans présence *à* soi, hors-fêlure, que peut-il désormais percevoir réellement si ce n'est plus le Monde, le fait ou l'objet, si ce ne sont plus ces fétiches ? C'est le moment qui correspond à la Dyade après l'Un. L'objet — la philosophie par exemple — apparaît en effet encore sous la forme d'une dualité ou de deux états, mais qui ne correspondront plus à l'usage philosophique de la Dyade : ni en eux-mêmes ou dans leur constitution intime ; ni dans leur rapport mutuel qui ne sera plus de scission ou de décision, de différence et de cercle ; ni dans leur rapport à l'Un « en » et « depuis » lequel ils sont maintenant « vus ». Nous décrivons en effet maintenant l'objet, la philosophie telle qu'elle est « vue » en-Un et non plus depuis elle-même, depuis sa tradition et son auto-législation. Par rapport à l'Un non-philosophable, c'est maintenant la philosophie et sa décision qui occupent la place, désormais contingente et seconde, de la Dyade, et d'une dyade qui ne peut plus être philosophiquement conçue puisqu'elle est plutôt un lieu, matrice ou économie « transcendantales », *pour* la philosophie. On décrira d'abord le contenu de l'objet, *ce qui*, de lui, est vu en-Un, en quelque sorte le contenu noématique de la vision-en-Un. Ensuite son rapport à l'Un, son sens transcendantal ou son côté noétique. De ce point de vue la non-philosophie ou ses règles sont simplement ce qui est ainsi décrit dans ce double registre, le contenu noématique et noétique de la vision-en-Un (nous employons «noématique» et «noétique» selon une distribution évidemment un peu différente de celle de Husserl).

Ce qui est vu en-Un ou le contenu noématique de la vision-en-Un

Ce qui subsiste de l'ancien objet «philosophie» apparaît sous deux formes :

1. Il y a de toute façon *l'objet* auto-positionnel et auto-normatif tel qu'il est supposé donné à une perception, un sens commun ou une décision philosophique. L'Un, nous le savons, ne le détruit pas, mais suspend seulement ou stérilise son auto-position ou factualisation. Il reste donc là maintenant, pour l'Un, et de toute façon, à l'état de donnée résiduelle ou de matériau inerte; prélevé sur l'horizon du Monde, ayant encore la structure de cet horizon, forme-philosophie ou forme-mixte, mais celle-ci étant à son tour rendue inerte. C'est et ce n'est plus l'objet *perçu* ou supposé-à-percevoir de la philosophie et du sens commun. Une réduction transcendantale radicale les distingue, mais c'est le même objet à cette différence près de statut transcendantal. Par rapport à l'objet tel qu'il se donne dans la perception spontanée et transcendante, ce premier changement est considérable. *C'est là le matériau inerte, le premier côté de la Dyade*, le plus lointain par rapport à l'Un mais non le plus extérieur : c'est un a priori, la *chôra* est l'*a priori du matériau*.

2. Que devient à son tour le reflet ou l'image, dans le sujet, de l'objet perçu ou représenté, le second côté de la Dyade ? Pas plus que l'objet extérieur, il n'est nié ou détruit par l'Un : il est simplement, lui aussi, transcendantalement réduit et transformé en fonction du sujet-Un qui nous sert de guide immanent. Nous avons distingué avec Husserl, avec aussi toute la philosophie, entre *ce qui* est perçu et la perception comme «image» du perçu; entre *ce qui* apparaît, l'objet apparaissant, et l'apparition comme image de l'apparaissant, etc. Il est bien connu que Husserl a «travaillé» cette dyade pour tenter de distinguer radicalement le reflet ou l'image et son objet; pour mettre entre eux, entre l'apparaissant et l'apparition, le perçu et la perception, la plus grande distance, l'hétérogénéité la plus qualitative. Son but déjà, le nôtre plus que jamais, est de soustraire l'apparition ou le *phénomène* au statut psychologique, empirique, transcendant, de simple *image* de l'objet, de simple double spéculaire de celui-ci. La décision, le type de décision structurant la dyade est ici évidemment en question — on l'examinera avec les «rapports» des termes entre eux.

Il est à peu près évident maintenant que Husserl n'a pas réussi entièrement à soustraire le *phénomène* de la perception à l'objet perçu. C'est qu'il mettait encore entre eux une *décision*, une dualité unitaire et donc définitivement spéculaire, et que, comme tous les philosophes, comme Kant en particulier qui n'est ici qu'exemplaire, il restait empiriste dans le point de départ. Il partait de la Dyade, du *fait* de l'objet perçu ou de la perception comme supposée donnée, et procédait analytiquement, par une série de décisions sur ce fait. Si bien que les structures a prioriques ou pures de la perception — ce qui constituait le «phénomène» — restaient appuyées sur l'empirique supposé donné (auto-factualisation), au lieu d'être fondées d'abord, comme elles auraient dû l'être en toute rigueur scientifique, *dans* le transcendantal. C'est là la philosophie même, bien entendu. La vision-en-Un exige plutôt — en quoi elle n'est pas philosophique — que la déduction transcendantale de ces a priori, après la *chôra* qui est déjà un a priori, soit réellement première, suffisante et constitutive des a priori eux-mêmes, qu'elle précède toute analyse apriorique; que l'a priori soit fondé uniquement sur une expérience transcendantale de réalité plutôt que d'abord et aussi sur une expérience transcendante comme est celle de la «perception».

Cela signifie alors — et nous sommes déjà dans l'analyse du côté noétique — que le «reflet» ou l'«image» de l'«objet», la perception ou l'apparition n'est pas produite par analyse ou abstraction idéalisante à partir de l'objet perçu, qui, de toute façon, n'est plus maintenant que matériau (pourtant nécessaire, on le verra, mais à un autre titre), et de manière continue et circulaire par une décision d'analyse. Plutôt qu'*abstraite* par une opération, elle est d'emblée *extraite* du matériau par l'Un même et pour l'Un seul. Certes le matériau est encore nécessaire, mais ce qui importe ici, c'est que le reflet ou le phénomène-de (l'objet) est immédiatement fondé dans l'Un qui est son essence ou sa condition de réalité. Ce que voit ici l'Un «en» lui-même ou depuis lui-même, c'est donc bien le *phénomène* pur ou a priorique de l'objet, plus exactement, ici, l'a priori de son objectivité (plutôt que de sa réalité). Par définition, ce ne peut plus être un reflet spéculaire transcendant, qui aurait les mêmes caractéristiques formelles que l'objet ou qui aurait une structure commune avec lui : ayant son essence dans l'Un absolument distinct de l'objet transcendant et de la forme-philosophie, il n'a rien de commun avec l'objet, il se borne à le «désigner» ou le «viser», c'est tout. Si l'on pense de manière radicale cette situation, elle implique que l'«image» de l'objet (de la forme-philosophie) est tellement non spéculaire qu'elle exclut d'elle la forme-philosophie, le mixte de décision et de position : elle est non-décisionnelle et non-positionnelle (de) soi. Et pourtant elle est «image» — a priori — de cet objet, de la décision philosophique, à la fois de sa transcendance et de son immanence. Pour le dire autrement : sur le fondement de l'Un et pour lui, pour nous-comme-Un, nous avons une expérience transcendantale réelle d'a priori, c'est-à-dire de connaissances universelles et nécessaires, mais en tant que celles-ci sont les a priori de l'objectivité, de la décision et position philosophiques elles-mêmes dans leur généralité propre.

Quant aux espèces et au nombre total des a priori, ils se déduisent du nombre des dimensions de la décision philosophique dont ils sont les a priori. Ces dimensions sont quatre — il y aura donc quatre *a priori non-thétiques*, y compris la *chôra* qui «correspond» de son côté à l'auto-position ou l'auto-donation de la décision. Dans la philosophie, il y a d'abord cette auto-position. Ensuite il y a la scission ou décision, ou encore la transcendance ou extériorité. Puis la dimension de la position comme «base», «généralité», ou encore comme «attribut»; dimension de la position-comme-universalité ou de l'être. Enfin l'Unité, intérieure ou extérieure à la dyade des précédentes, le mixte lui-même comme Unité. A ces invariants de la décision philosophique, correspondront quatre a priori dépourvus de la forme de leur unité ou mélange philosophique, de leur intrication en un mixte. La *chôra* d'abord; puis une *Transcendance non-thétique ou non-mixte* (sans scission, et sans position accompagnatrice); une *Position non-thétique ou non-mixte* (sans la position issue d'une scission ou d'une décision; absolument indivisible et donnée globalement); enfin une *Unité non-thétique ou non-mixte* (respectivement : la TNT, la PNT, l'UNT).

Nous avons donc — sous la condition contingente qu'il y ait un matériau (et non plus sous la condition nécessitante de l'existence d'un *factum*) — l'expérience transcendantale par exemple d'une transcendance ou d'une objectivité qui est elle-même sans scission ou décision, *avant* celle-ci dont elle est justement l'a priori; mais aussi sans position antécédente ou subséquente, sans ouvert, horizon, etc., en général dépourvue de la forme-mixte. De même nous avons l'expérience transcendantale, plus qu'a priori, d'un plan ou d'un ouvert a priori et dépourvu de la forme-mixte, c'est-à-dire du couplage de la décision et de la position, et des effets de «distorsion», de paralysie ou d'inhibition réciproques que ce couplage implique : c'est la condition a priori correspondant à la position dans son usage philosophique d'attribut. Enfin l'expérience immanente d'un a priori d'unité, elle aussi libérée de sa forme-mixte et qui constitue l'a priori le plus haut, l'Unité qui n'épuise pas encore tout à fait le (non-)Un lui-même ou la représentation non-thétique, ainsi qu'on le verra plus tard.

Il est capital de saisir déjà le style noétique de ces a priori. Il s'agit d'une expérience où ceux-ci sont donnés d'une manière absolument non spéculaire ou qui n'est pas elle-même encore a priori, ou divisée-redoublée. Elle est transcendantale ou se fait depuis et pour l'Un et sur le mode immanent de l'Un. Ce n'est pas une *activité* d'idéalisation ou d'idéation, c'est une *extraction* par l'Un — on reviendra sur ce mot. Voilà ce que deviennent le reflet-en-miroir et l'objet se reflétant, le côté «apparition» ou «image» et le côté «objet» de la dyade de la perception. Il s'agit d'a priori dont nous faisons l'expérience transcendantale ou qui ont un contenu phénoménal éprouvable pour le sujet-Un : la chôra, l'objectivité, l'universalité, l'unité, ne sont pas données comme déjà réfléchies en elles-mêmes, mais sur le mode du phénomène immanent. C'est le contenu ou la teneur en a priori de la vision-en-Un, et ce que celle-ci voit ou «représente» de l'objet, les dimensions de réalité, d'universalité, d'objectivité et d'unité non-mixtes par quoi elle se rapporte à lui et tient compte de lui, un certain compte qui fait système avec sa réduction à l'état de matériau.

Il est important de remarquer que cette couche de réalité «intermédiaire» de l'a priori — c'est-à-dire de la représentation — existe bien, que le fait supposé donné et l'Un ne restent pas «face-à-face», le fait risquant alors de sombrer dans une contingence radicale ; que lorsqu'il est considéré comme nécessaire, c'est évidemment pour l'existence de l'a priori lui-même plutôt que de l'Un ; et que, d'une manière générale, il faut, face au perçu, assurer la réalité phénoménale spécifique de la perception, face à l'apparaissant celle de l'apparition, face au «vu» celle de la «vision». L'idée de «vision-en-Un» ne peut désigner un acte ou une opération vide et bientôt mystique. Elle désigne un contenu phénoménal réel, une structure précise qui, sans «articuler» la vision à proprement parler, lui assure une autonomie spécifique entre l'objet puis le matériau, et l'Un en lequel se fait la vision comme en l'immanence qui est son essence ultime. Si l'a priori tire sa *réalité* de l'Un, lui-même a une «réalité», en un sens cette fois-ci moins rigoureux du terme : un certain «contenu» propre, la transcendance, l'immanence et l'unité (sans parler de la *chôra*) sous leur forme non-mixte. L'Un en effet ne «sert» pas seulement à les «voir», il ne les voit qu'à la condition de les extraire du mixte, donc de suspendre cet état où décision et position se conditionnent mutuellement, se transforment, s'entr'empêchent, se redoublent, etc. Libérées de la forme et du poids contraignant de leur mélange, se dégagent les expériences d'un savoir universel et nécessaire, enfin libéré de la limitation philosophique. Possibles qualitativement hétérogènes aux possibles philosophiques puisqu'ils sont à la fois infiniment plus «vastes» que ceux-ci et aussi plus simples qu'eux, n'étant plus condamnés à se mélanger et à s'entre-inhiber ; possibles statiques et donnés à l'Un qui les manifeste, puisqu'ils ne sont plus davantage condamnés à se déterminer et se transformer mutuellement.

Cette expérience du possible peut être approfondie dans l'autres directions. Elle permet — c'est un exemple — de retrouver le noyau de réalité et de vérité des théories leibnizienne et kantienne. Mais la découverte de la positivité radicale du possible a sa condition absolue dans la réalité de l'Un, qui distingue cette conception du possible et de l'entendement de celle de Leibniz comme de celle de Kant. Les possibles sont des noèmes irréfléchis, ils ont en dernière instance la phénoménalité de l'Un comme essence noétique, et sont dépourvus de positionnalité ou d'être, plus exactement de la forme-de-mixte. Ils ne sont pas par conséquent analytiques ou fondés dans le principe de contradiction à la manière leibnizienne ; ni synthétiques comme les essences concrètes de Kant qui sont des mixtes, des *possibilités réelles* qui ont leur site, plutôt que dans l'entendement divin, dans une imagination transcendantale (dont l'essence elle-même reste ambiguë ou de l'ordre de la différence de la Raison et de l'Intuition sensible). Les noèmes non-thétiques sont produits-saisis *avant* la disjonction de la Raison et de l'Intuition, ils ont leur siège dans la seule expérience radicale, irréfléchie ou réelle, que nous ayons de la Raison, c'est-à-dire dans l'Un puis dans le *nous* comme Transcendance-non-thétique et Position-non-décisionnelle ; dans ce que l'on pourrait appeler *l'expérience non-onto-logique de l'Etre*.

Les possibles fulgurent dans cet entendement humain qu'est la région de l'Autre, du Stable et de l'Unité. Ils fulgurent comme modes de ceux-ci, habitent leur région et sont les sources a priori intarissables de la représentation enfin rigoureuse ou scientifique de l'effectivité, et de toute façon la réalité de dernière instance des décisions philosophiques. Ils forment une véritable corrélation de l'Intelligence et des intelligibles, corrélation non-positionnelle, sans horizon mondain ou divin. Le site de la non-philosophie comme pensée (de) l'Autre, (du) Stable et (de) l'Unité, c'est l'entendement concret ou réel en tant qu'il est vécu par le sujet ou l'homme sur le mode de l'être-immanent ou de la vision-en-Un.

On appelle donc entendement, au sens non-thétique du mot, l'ouverture qui n'illumine aucun ouvert déjà là, le ré-illuminant. Il se manifeste sans doute «à vide» ou «à perte» du point de vue du Monde et de l'Histoire car, dans la nuit de l'entendement, l'obscure fulguration statique du possible n'illumine aucune terre ni voûte céleste : «déchirure» si intense qu'elle reste en soi et n'est libérée que comme événement pur de sens. Toutefois il est immédiatement rempli par des noèmes non-positionnels, des possibles ou des événements de sens en soi qui jamais ne le ferment, ne l'épuisent, ne le clôturent. L'entendement non-ontologique se remplit de possibles qui ne l'objectivent pas, qui ne le rendent pas «effectif» ni ne le «réalisent». L'ouverture absolue, irréfléchie, est «pleine» *comme ouverture,* et l'entendement transcendantal n'a nul besoin d'être rapporté au Monde et à l'Histoire, dans lesquels il inhiberait son opération : ce n'est pas en général un projet ; il reste ce qu'il est, c'est-à-dire Extériorité, Base et Unité, et ceci avant «le-monde».

Ces *Images a prioriques* sont le contenu réel ou phénoménal de l'imagination — même de l'Imagination spéculative. L'Imaginé pur précède l'opération de l'imagination : les Images a prioriques ne sont donc pas elles-mêmes imaginables, même spéculativement, puisqu'elles sont déjà imaginées quoique en mode irréfléchi — mais seulement descriptibles par un travail du langage sur lui-même. Ces quatres a priori sont le contenu noématique de l'apparition ou représentation «en-Un». Ils donneront lieu aux règles pratiques de la non-philosophie. L'exposition de celles-ci sera l'occasion de revenir sur ces a priori et d'en préciser le contenu.

Comment l'Un voit ou le contenu noétique de la vision-en-Un

Il reste à décrire les rapports du *matériau* et des *a priori de l'objectivité non-thétique* : à la fois entre eux, et entre eux et l'Un. C'est-à-dire tout le côté «noétique» de la vision-en-Un.

1. *Entre l'objet-matériau et les a priori de son objectivité non-thétique,* il n'y a plus, on l'a dit, le rapport circulaire de détermination réciproque qui est l'essence — sinon le tout — des opérations de la philosophie en général et en particulier de celles d'abstraction de la forme a priori (Kant) ou d'idéation et d'intuition des idéalités (Husserl). D'une part parce que l'objet est passé de l'état de fait auto-positionnel à celui de simple occasion puis de signal incapable de déterminer encore l'a priori lui-même dans son essence : la condition même de l'abstraction ou de l'idéation a été supprimée d'entrée de jeu. D'autre part parce que les a priori n'ont pas fait l'objet d'une opération de production par un sujet *ex machina* et transcendant, mais ont été manifestés ou phénoménalisés «passivement» par et pour la seule immanence (de) l'Un. *On appelle «extraction transcendantale» cette non-opération par laquelle c'est leur essence ou leur être-immanent qui*

les fait apparaître ou surgir, sans doute sur le support ou à l'occasion du matériau « empirique », mais sans qu'il y ait eu sur celui-ci une opération de même nature que lui et identique originairement à lui.

L'« interruption » radicale de toute circularité, de toute continuité « technologique » et unitaire entre l'objet supposé donné et ses a priori, mais aussi, ensuite et à l'intérieur des a priori, entre le matériau et les autres a priori qui ont une fonction différente, est la même chose que l'extraction transcendantale des a priori par l'Un. Ensemble elles instaurent à ces différents niveaux une *dualité radicale,* dualité statique ou sans scission, qui brise la continuité de la dyade philosophique. Ce type de dualité dérive directement du *dual,* c'est-à-dire de la précession absolue, irréversible, de l'Un sur la résistance du Monde, précession qui se reproduit maintenant sous la forme de cette dualité originaire, antérieure à toute opération de scission ou de différence des deux côtés du noème (le perçu (et) la perception, l'apparaissant (et) l'apparition, etc.). L'Un, philosophiquement inengendré ou indécidé, « engendre » statiquement une Dyade elle aussi philosophiquement inengendrée ou indécidées. *Cette Dyade non-unitaire, non-décisionnelle et non-positionnelle (de) soi fournit sous leur forme réelle et primitive les futurs « côtés » de la contradiction ou les termes opposés du couplage. Elle est le contenu de réalité phénoménale de la Dyade que la philosophie suppose donnée et dans laquelle elle commence.*

Qu'il n'existe cependant aucune circularité de type philosophique ou unitaire ne signifie pas que la résistance ne soit pas nécessaire à l'extraction de la chôra, ni celle-ci à l'extraction des a priori suivants et que la dualité phénoménale originaire soit aussi rigoureusement irréversible que le dual lui-même. Si l'« objet » (la résistance philosophique) et son état « matériau » sont ensemble contingents pour l'Un qui n'en a pas besoin, l'« objet » est nécessaire pour le dégagement du matériau, et celui-ci pour le dégagement des trois a priori suivants. Mais précisément tout ceci n'est plus requis que sur le mode de l'occasion (pour le « matériau ») et du signal (pour les autres a priori) : l'« objet » ou le « fait » auto-positionnel n'est plus requis sur son mode à lui. Le matériau par exemple est nécessaire en ce sens précis que lui seul peut contenir quelque chose comme la transcendance ou la décision — en plus de l'immanence et mélangée a priori avec celle-ci sous la forme primitive d'un mixte —, et que seul il peut la *signaler* à l'Un qui l'extraira de ce mixte sous la forme de la Transcendance non-mixte. Tous ces non-rapports et ces résidus de rapports, tout cela qui se passe hors de la loi de la Détermination réciproque et de la décision, peut être rassemblé dans la formule qui décrit la fonction du matériau comme une fonction triple et identique : 1) *d'occasion* (pour la *chôra*; il n'est pas la cause réelle ou essentielle de l'a priori — l'Un seul peut l'être —, mais sa cause seulement occasionnelle); 2) *de signal* (pour la Transcendance et la Stabilité non-mixtes, il signale à l'Un leur existence); 3) de *support* enfin (il sert de « support » empirique pour l'Unité non-thétique et tous les a priori). Ce qui impliquera que la philosophie comme matériau serve d'occasion, de signal et finalement de support à la non-philosophie.

Ainsi, par les rapports noétiques qui les structurent, aux différents niveaux des a priori, les deux côtés opposés de la dyade noématique, le perçu et la perception, cessent d'être contemporains ou même simultanés au sein d'une hiérarchie philosophique unitaire. C'est la fameuse *Unité-des-contraires,* règle structurale de la décision philosophique, qui est démembrée a priori — transcendantalement plutôt —, et qui cesse de valoir pour le réel comme la philosophie le prétend. L'Unité-des-contraires est manifestée comme une structure transcendante, la victime spontanée et consentante de l'apparence transcendantale qui lui fait prétendre pouvoir refléter et déterminer celui-ci. Elle n'a jamais eu de validité que pour la sphère de la transcendance ou du mixte, la sphère du Monde.

2. *Entre les a priori de l'objet et l'être-immanent de l'Un,* entre par exemple le perçu ou la perception comme a priori et l'Un, quel « rapport » ou non-rapport y a t-il et comment le décrire ?

Précisément la description doit distinguer ici, autant qu'entre le fait auto-positionnel et les a priori (le matériau est déjà un a priori), entre les a priori et l'Un qui est est leur essence. Celle-ci est d'abord ce qui les *extrait*, plutôt que ce qui les *abstrait*. Les a priori tiennent donc leur réalité de l'Un ou sont phénoménalisés par la seule essence. Ils ne se phénoménalisent pas circulairement eux-mêmes, mais ils sont manifestés par l'Un même. L'Un est la source de toute phénoménalisation réelle, de toute manifestation non transcendante parce qu'il est le Manifeste *avant* la manifestation, le déjà-Phénomène avant toute opération supplémentaire de phénoménalisation c'est-à-dire d'aide-au-phénomène. Rien ne se phénoménalise soi-même *(causa sui),* ni l'Un qui n'en a pas besoin, ni l'a priori qui est phénoménalisé en revanche par l'Un. Celui-ci le « détermine » donc au sens plein de ce mot ou le fait surgir dans la réalité, en ne requérant le *supposé donné* ou le transcendant dans cette tâche que pour ses fonctions « secondes » de signal, d'occasion et de support. C'est dire que, de toute façon, l'a priori, l'« apparition » ou « représentation », sera lui-même saisi ou

« vu » en l'Un, au sein indivisible de son immanence, et nulle part ailleurs.

Il importe de saisir exactement le statut phénoménal de ces a priori, la manière dont ils sont donnés ou vécus en dernière instance. Ils sont donnés à l'Un et sur le mode de l'Un mais sans être eux-mêmes l'Un. C'est-à-dire que, sans avoir pour contenu spécifique celui de l'Un — puisque c'est plutôt celui de la transcendance en général et de sa quadruple dimension — et sans que celle-ci constitue à son tour l'Un, elle est cependant reçue sur le mode de ce dernier. Les a priori non-thétiques sont vus en l'Un sans constituer sa réalité ; ils sont vécus « en » lui sans du tout « entrer en » lui et le structurer de l'intérieur. Si nous éprouvons ou accédons à la transcendance, c'est sur le mode d'un être-immanent radical.

Cette situation sans répondant dans la philosophie donne un sens nouveau et plus rigoureux à la formule de Husserl et de toute décision philosophique : « la transcendance dans l'immanence ». D'une part plutôt qu'un mélange par division et redoublement, et un mélange impensé ou un nœud lui-même encore transcendant, le *dans* indique désormais un être-immanent absolument non-thétique et non-décisionnel, et qui fait l'assise réelle de la transcendance. La phénoménalité immanente de l'Un remplace l'être transcendant du *nœud*, du *chiasme* ou du *pli* qui sont le secret ultime de la philosophie. Elle libère la pensée de ses divisions et de ses redoublements, de ses pliures et doublures inutiles. Elle simplifie aussi la causalité transcendantale ou réelle : l'immanence transcendantale est la cause réelle de la transcendance et celle-ci est *par* autant que *dans* l'immanence. L'instance transcendantale soutient de part en part de sa réalité la transcendance et sa quadruple structure apriorique, c'est-à-dire le plan du (non-)Un ou de la Représentation.

D'autre part le sujet accède à celle-ci immédiatement et sans passer par sa propre médiation, l'homme accède à l'intentionnalité directement sans se fonder dans un rapport médiatisé à nouveau par elle-même. La transcendance ou l'intentionnalité est donc donnée globalement et manifestée comme indivise, sans devoir être découpée, partialisée, redoublée, etc. La philosophie, au contraire, se condamne à s'installer *au milieu de* la transcendance supposée donnée, donc auto-divisée ; elle part d'elle pour aller à elle ; elle est contrainte d'ouvrir — seulement ouvrir — le mixte amphibologique de la transcendance et du transcendant. Elle se donne — c'est ce qu'elle appelle l'Etre — le mélange de l'intentionnalité et de l'objet transcendant. Le sujet philosophant non seulement vit cette intentionnalité, mais il est en même temps *réellement divisé par celle-ci, barré par la transcendance,* il est *aussi* auprès de l'objet ou aliéné, séparé de soi et identifié à cet objet. On reconnaît ici la fatalité qui enchaîne la décision philosophique à la présupposition — elle même transcendante — que l'objet est donné par lui-même ou donné sur le mode d'une auto-factualisation. Ce fétichisme empiriste de la philosophie, qui lui fait confondre l'existence transcendante et le réel, la condamne à analyser et diviser un donné qu'elle suppose consistant par soi, et lui interdit toute genèse réelle et rigoureuse de l'objectivité ou de l'intentionnalité — de la transcendance ou représentation. Sans compter que ce fétichisme abyssal du fait, de l'objet, du mixte, lui interdit évidemment de le traiter librement comme ce qu'il est, une simple occasion. La causalité du donné empirique est en effet seulement occasionnelle, elle n'est pas essentielle ou réelle. Et de son côté la transcendance est plus simple que ne l'imagine la philosophie, elle n'a plus la structure du noeud, du chiasme ou du pli par lesquels les philosophes, croyant penser le réel, se contentent d'augmenter passionnément l'aporie.

Enfin la dissolution des deux amphibologies, celle de l'Un et de la transcendance intentionnelle, celle de l'intentionnalité et de l'objet ou de l'étant-matériau, achève de délivrer l'intentionnalité elle-même de sa confusion avec le matériau du Monde ou de la Philosophie. Elle la libère de sa limitation ontologique et positionnelle et même de son peu d'ouverture-par-l'Autre, de sa fermeture nouvelle par l'Autre. Dès que l'intentionnalité est arrachée au sol transcendant de la conscience ou de l'Etre, et qu'elle est fondée dans la posture de l'Un, elle cesse d'être intention-du-Monde ou de-l'objet, d'être une extase qui s'ouvre *comme* Monde, qui se remplit de lui ou s'achève avec lui. Elle devient par elle-même — c'est sa structure non-thétique prise comme un tout — un ouvert radicalement illimité, ce que nous pouvons appeler un *Univers non-thétique* ou une Apparence indivise pour le distinguer du *Cosmos* comme corrélat du *Logos*. Transcendance infinie qui ne connaît ni la division ni le remplissement par un objet ou un Monde, ni le don et le retrait, ni la rareté et la fausse abondance des doublets philosophiques. L'Univers est vécu tout entier de manière immanente par l'Un qui est son assise ultime. En lui il repose sans constituer un «pont» entre le sujet et l'objet qui seraient tous deux supposés donnés ou transcendants; un pont dont le continuel effondrement suscite l'héroïque ingénierie du philosophe. C'est dire aussi que l'Univers, corrélat de la représentation a priorique du sujet-Un, passe si l'on peut dire «à côté» du Monde, ne l'effleurant que pour prendre un instant appui sur lui, y prélevant ce qui sera un matériau plutôt qu'un objet, y trouvant signal, occasion et support plutôt que ces fétiches que sont le « sol » ou le « fondement » universels, l'archi-Terre, etc. L'Univers au sens transcendantal rigoureux, comparé au vieux *Cosmos* ou à la *Polis*, la *Physis*, etc., dans lesquels le philosophe ne cesse de tourner comme l'animal rationnel dans sa cage, est acosmique et utopique.

La restitution de son essence à l'Un produit ainsi des effets en chaîne sur l'intentionnalité et sur l'objet ; elle clarifie la constitution de celle-ci en séparant enfin ce qui, dans le mixte de la *phénoméno-logie*, s'entr'empêchait : d'une part l'immanence, qui devient *ce en quoi* ou *comment* est vue de manière suffisante l'intentionnalité tout entière ; d'autre part la transcendance ou l'ouvert intentionnel lui-même, l'objectivité noématique, qui sont enfin libérés de leur clôture par *l'objet* transcendant ou *l'horizon* du Monde. Ils sont désormais de part en part indivis et rigoureusement infinis et ils le sont sur un mode qui exclut les découpages, les décisions et les distributions qui font l'économie philosophique.

Une déduction transcendantale de la transcendance philosophique

S'il y a une diversité propre aux a priori, au contenu interne de l'apparition en tant qu'elle se distingue de l'apparaissant, et si cette réalité spécifique ou cette variété du possible assure la vision de l'objet et du Monde et l'assure en les réduisant à l'état de « matériau », elle-même, on l'a dit, ne peut s'auto-manifester puisque la racine de toute manifestation est à jamais dans l'Un. D'une part cette réalité spécifique du possible est hétérogène à l'Un, elle n'entre pas dans l'essence indivise de celui-ci, elle ne la conditionne ni ne la structure à son tour. D'autre part elle est conditionnée par celle de l'Un et ne peut être visible qu'en lui et par lui. Il n'y a là — dans ce qui est précisément la Détermination en dernière instance — aucune contradiction : une contradiction supposerait au préalable que l'a priori puisse déterminer en retour l'Un. Il suffit plutôt, pour dissoudre l'apparence de contradiction, de décrire l'état de chose phénoménal de l'a priori en prenant l'immanence (de) l'Un pour fil conducteur ou guide transcendantal. Ces *Images non-thétiques,* ces a priori qui constituent le contenu réel authentique de toute « imagination » dite « transcendantale » ou bien « spéculative » par la philosophie, n'ont pas du tout pour contenu la forme de l'Un, mais sont pourtant visibles depuis celui-ci et en lui qui est leur essence. Il est inutile d'imaginer une continuité et de nouveau une circularité entre l'a priori et le transcendantal, entre ces possibles purs et l'Un : il n'y en a pas. Et cependant quoique hétérogènes à l'Un, et justement à cause de cela, ils lui sont donnés sans médiation.

Tout le paradoxe ou l'apparence de contradiction vient de la manière de penser philosophique — et de sa résistance — qui «remonte» de l'a priori supposé donné vers le transcendantal, de la Dyade vers l'Un. En réalité, il faut partir — c'est justement la «vision-en-Un» — de l'Un ou du transcendantal, se tenir à cette immanence et, puisqu'elle n'est pas exclusive du Monde et encore moins du matériau, se contenter de décrire ce que l'on voit au lieu de fantasmer «philosophie», «unité des contraires» et «contradiction». De la non-opération toute «passive» de l'extraction transcendantale des a priori, la question de son effectivité opératoire ne se pose pas, car cela n'a jamais été — si ce n'est pour la résistance philosophique — une *opération effective* de transformation du Monde ou de la philosophie. Cette extraction — c'est-à-dire la manifestation des a priori — est seulement réelle et n'est réelle que par l'Un et pour lui : elle est nécessaire dans la stricte mesure où elle est réelle plutôt qu'effective et relève de l'essence plutôt que du Monde et de ses mécanismes philosophiques de décision et de position, de renversement et de déplacement.

Il y a ainsi nécessairement — une fois donnée *l'occasion* du Monde, la forme-philosophie ou le mixte — une *déduction transcendantale* en acte des a priori non-unitaires ou «dualitaires». D'une part elle est «passive» dans sa «possibilité» autant que l'Un lui-même, car elle est la «non-opération» propre au réel, au déjà-Manifeste qui se contente de manifester à son tour l'a priori. D'autre part elle se fait par et pour l'Un et non le Monde si ce n'est comme occasion ; par et pour l'immanence et non la transcendance, par et pour l'expérience transcendantale de l'Un et non l'expérience «empirique» si ce n'est en vue de celle-ci et de sa résistance. Ainsi toutes les apories du kantisme et de la phénoménologie (le cercle empirico-apriorique, puis apriorico-transcendantal), leur généralisation «idéaliste» et «postkantienne», enfin leur forme latente dans la «différence», sont levées dans la vision-en-Un qui réalise la «mise entre parenthèses» de toutes les apories fantasmatiques de la philosophie. Si le *phénomène* doit être réservé à l'Un et décrit comme strictement immanent, si ce n'est pas *l'apparition* de l'apparaissant qui est le phénomène comme le croit encore Husserl par objectivisme philosophique, c'est-à-dire par-foi-à-la-transcendance, si l'apparition ou la représentation n'est que de l'ordre de l'a priori et si le phénomène précède la phénoménalisation, alors l'extraction ou la manifestation des *a priori non-thétiques* au sein de l'Un même, et malgré leur hétérogénéité à celui-ci, doit être décrite comme «incluse» nécessairement dans la vision-en-Un — à l'occasion près — même si ce non-rapport reste contradictoire ou impossible à penser pour la philosophie. La première erreur de celle-ci est évidemment de ne pas pouvoir imaginer autre chose qu'un rapport là où il n'y en a pas, où il n'y a même plus un « rapport-sans-rapport ». Toute idée de rapport ou de relation — même à « entamer » ou « différer » — rend ici impensable ou contradictoire l'état de chose phénoménal qu'il s'agit de décrire de la manière la plus « passive », en réalisant chaque fois la posture de l'immanence et le suspens de l'activisme philosophique. C'est que la « logique » de la pensée-par-immanence, la rigueur de la vision-en-Un, est strictement sans commune mesure, sans structure commune avec la logique de la philosophie. Ce qui ne veut certainement pas dire qu'elle lui est « supérieure », car c'est d'un autre ordre qu'il s'agit, et peut-être de l'origine de tout ordre, du réel-comme-ordre.

L'ensemble de cette causalité hors-rapport, le contenu de la déduction transcendantale des a priori non-thétiques, on le résumera d'une formule : *l'Un est la détermination, en dernière instance seulement, non pas du Monde et de la philosophie comme supposés donnés, mais de leur représentation scientifique ou de leurs a priori ou possibles non-mixtes et, par conséquent, la détermination en dernière instance de leur combinaison et composition avec le matériau philosophique — c'est-à-dire de la non-philosophie comme représentation rigoureuse de la philosophie*. Le contenu phénoménal que « détermination en dernière instance » doit décrire, n'est rien d'autre que celui de la phénoménalisation et de l'extraction des a priori par l'Un, c'est-à-dire par l'essence, et rien d'autre que leur déduction transcendantale. La vision-en-Un est cette déduction en acte.

De la vision-en-Un à la théorie et à la pratique de la non-philosophie

Cette reconstruction à laquelle on vient de procéder du concept de vision-en-Un, de sa quasi-ontologie, ce n'est évidemment pas le tout, mais c'est le fondement absolu, l'infrastructure réelle de n'importe quelle forme de pensée, même de la science dite « empirique » par la philosophie. On demandera : cela est-il réel ? Nous répondons : précisément c'est le réel même. Cette description est une auto-description immanente ou transcendantale et signifie que la vision-en-Un est une pensée absolue ; que sa causalité immanente et sa structure de reflet ou de description-en-dernière instance, c'est-à-dire l'usage descriptif et non constitutif qu'elle impose au langage, suffisent à la rendre capable de s'auto-décrire elle-même sur la seule base de l'Un et sans le secours de la philosophie. Cette description explique son caractère foncièrement réaliste, mais réaliste en dernière instance seulement et par son fondement plutôt que par ses objets locaux. Elle explique aussi son opacité de droit, son irréflexivité, etc., tout ce qui la rend inintelligible à la philosophie qui la rejette alors dans un réalisme transcendant ou une altérité aux limites de l'intelligibilité. Le réalisme immanent ou postural de la vision-en-Un fonctionne ainsi comme une limitation absolue de la ré-appropriation philosophique.

La réalité ou la base réelle de la philosophie est une évidence qui n'a jamais été élucidée et qui ne peut l'être que par la découverte de la vision-en-Un. Plusieurs phénomènes caractéristiques de la vision-en-Un et, de là, de la science, sont en effet « oubliés » ou rejetés comme ininterprétables par la philosophie : 1) un réalisme foncier ou « postural », réalisme de dernière instance qui peut s'accommoder de la dissolution de la réalité transcendante de l'objet perçu; 2) une opacité de la représentation qui laisse croire qu'il n'y a pas de pensée propre (de) l'Un, mais une manipulation aveugle de symboles; 3) une immanence des critères de la description qui rendent la pensée (de) l'Un autonome — dans son essence du moins — à l'égard de la philosophie. Tandis que les philosophies ont tendance à dénier ces phénomènes et à séparer les connaissances de type irréfléchi (les sciences) et la pensée (la philosophie), on s'est proposé de les expliquer en prenant la vision-en-Un et son réalisme immanent comme leur propre règle d'interprétation ou leur critère de description immanente. On a décrit ainsi :

1. *L'identité radicale* qui est au fondement de toute pensée en dernière instance : son réalisme, sa prétention à atteindre le réel lui-même suppose qu'elle est fondée d'abord sur l'existence de *données phénoménales immanentes ou pré-objectives* qui expliquent son « opacité ». Cette Identité réelle n'est pas logique et ne contient aucune des opérations philosophiques essentielles, elle est non-décisionnelle et non-positionnelle (de) soi. Le réalisme précède l'objectivité (mais ne la détruit pas).

2. *L'objet réel* (l'unité des a priori de l'extériorité, de l'universalité stable et de l'unité avec le matériau), auquel la vision-en-Un rapporte les connaissances qu'elle prend du matériau : il a pour essence ce fondement réaliste radical, c'est donc une transcendance, une stabilité et une unité données a priori ou avant toute objectivation de type ontologique.

3. *L'objet de connaissance,* dont nous n'avons pas encore parlé et qui « contient » le précédent, avec l'ensemble des représentations empiriques prélevées au titre de matériau occasionnel sur le Monde, mais qui s'en distingue par son statut transcendantal marqué par une nouvelle intervention du (non-)Un. La transformation de cet objet n'est pas celle du réel; la vision-en-Un transforme ses connaissances et ses

objets, elle ne prétend pas transformer le réel. C'est donc là l'effet du (non-)Un cette fois sur l'objet réel.

L'ensemble de ces données descriptives démontre que : 1) il existe réellement une pensée «aveugle» authentique, et qui ne se contente pas de manipuler; une pensée autonome qui a la prétention de connaître le réel en soi lui-même et donc de penser, contrairement à ce que postulent les philosophies à propos par exemple des sciences; 2) les descriptions philosophiques de ce paradigme de pensée sont possibles; mais : ou elles sont automatiquement réduites et emplacées (*chôra*), ou bien, comme «suffisantes», elles n'atteignent pas l'essence du réel, mais seulement l'objet de connaissance qu'elles prennent pour l'objet réel. En revanche cette description faite dans un esprit de soumission aux exigences de la pensée la plus naïve et la plus radicale n'est pas anti- mais anté-philosophique, et décrit un réalisme de dernière instance ou un sol anté-philosophique déjà-manifeste.

Cette description, étant une science (de) l'Un, ou science transcendantale, est la seule capable de constituer la philosophie en son objet empirique — son «matériau» — sans la dégrader empiriquement. Non seulement, on l'a dit, l'Identité de la vision-en-Un jouit d'une autonomie transcendantale, c'est-à-dire d'une validité pour le réel au même titre que la philosophique; mais elle est plus originaire encore que celle-ci. Plus primitive d'abord, puisqu'elle rend l'Un autonome par rapport à la Dyade, l'identité autonome par rapport à la scission, le réel autonome par rapport à sa représentation, le terme ou l'individu autonome par rapport à la relation. Plus simple aussi, puisque la vision-en-Un n'est pas, comme la philosophie, un mélange supérieur qui règle d'autres mélanges, mais une pensée pauvre, minimale, celle du reflet non-spéculaire (du) terme, reflet simplement descriptif et purement «théorique». Plus passive aussi puisque, si elle travaille, ce n'est qu'à l'intérieur du contenu empirique de la représentation ou du reflet : elle ne travaille pas *entre* le réel et le reflet, elle ignore les opérations philosophiques fondamentales de la décision et de la position, de la scission et de l'identification, et toutes les opérations de constitution et de déconstitution, de construction et de déconstruction qui s'ensuivent.

Avec ces structures transcendantales et aprioriques (y compris la *chôra* et le matériau) de la vision-en-Un, nous possédons l'essentiel des «outils» de la non-philosophie, si du moins celle-ci n'est que ce que l'Un voit en lui de la philosophie elle-même. Les règles pratiques de la non-philosophie sont le développement et la spécification de ces structures en fonction du «matériau» philosophique et de son langage.

Mais il faudra au préalable, et pour plus de précision — c'est l'objet des chapitres suivants —, décrire *le concept de non-philosophie* à partir des structures de la décision philosophique saisies en l'Un. On passera ensuite aux problèmes techniques de la non-philosophie. De ce dernier point de vue, la description faite des a priori devra elle aussi être rectifiée de manière permanente. Ici non plus, on ne confondra pas — malgré leur plus grande proximité que lorsqu'il s'agissait de l'Un — les états-de-chose réels ou la donation des a priori à l'Un en dernière instance, avec leur description, avec le langage toujours particulier et véhiculant le prestige de la transcendance. Ce serait reconstituer le cercle philosophique et refaire de l'être-immanent radical, qui est celui des a priori non-mixtes, une donation intuitive, transcendante et bientôt «mystique» au sens onto-théo-logique de ce mot. On ne se contentera donc pas d'une unique description supposée définitive; mais on exploitera systématiquement la nécessité de supposer un matériau langagier (le langage *comme* matériau et *du* matériau) comme occasion descriptive des a priori et non plus comme cause de leur dégagement réel qui est l'œuvre de l'Un, ou comme ce à travers quoi il est nécessaire de les redécrire; et la possibilité de travailler ce langage, de refaire ou de rectifier la description en fonction de ces a priori déjà-là et qui fonctionnent alors comme règles immanentes des descriptions. Ce double travail — double mais non circulaire — est déjà toute la «non-philosophie».

Chapitre II
Théorème de la non-philosophie

**Première dimension de la non-philosophie :
son effectivité ou le philosophique**

Les précédentes descriptions de la vision-en-Un ont sans cesse évoqué la non-philosophie. Il s'agit maintenant de décrire systématiquement le statut nouveau et les dimensions concrètes de celle-ci dans la vision-en-Un.

La pratique non-philosophique de la philosophie repose sur un théorème unique :

L'Un, compris comme vision-en-Un ou comme expérience transcendantale non-thétique (de) soi, est ce qui détermine en dernière instance la décision philosophique comme non-philosophie ou en vue de celle-ci.

Pour le comprendre, il faut se souvenir de ce qui fut dit antérieurement de l'Un et de ses données immanentes. Il implique une triple interprétation ; lui correspondent trois dimensions de la non-philosophie : comme effective, comme réelle, comme possible. L'aspect apparemment quelque peu constructiviste de la démarche suivie maintenant ne peut être dissipé que par la «phénoménologie» des données immanentes de la vision-en-Un.

C'est donc à cette expérience absolue, celle de l'Un «en» lui-même, que la philosophie doit être «rapportée». Même si l'Un est ce qui ne peut entretenir précisément aucun « rapport » à elle ni se laisser déterminer en retour par elle : il suffit qu'elle se manifeste par sa résistance à l'Un pour que nous la prenions en compte.

Cette première interprétation ne dit pas qu'il y a ou qu'il n'y a pas de décision philosophique, elle dit seulement que *si* il y en a une, si quelque chose de tel se manifeste, il faut la mettre en rapport à l'Un depuis l'Un lui-même : c'est le « dual ». La philosophie se présuppose elle-même ou s'auto-pose et s'annonce sur ce mode. Sans doute sera-t-elle déterminée unilatéralement, en totalité et sans retour, par l'Un. Mais ce premier effet suppose qu'il y a ou que se présente une décision philosophique effective. Au moins dans l'Histoire, le Monde et « les faits », on trouve un type de décision qui se dit nécessaire et plus que nécessaire : « incontournable », et qui se baptise elle-même « philosophie ». Par exemple une ensemble de distinctions invariantes : de l'être et de l'étant ; de l'étant suprême et des étants particuliers ; du sensible et de l'intelligible ; de l'expérience ordinaire, vulgaire, quotidienne et des faits a priori ou de l'expérience essentielle qui est le « vrai » point de départ de la philosophie ; ou les distinctions « réelles », « formelles », « transcendantales », etc... Rien de cela n'est le réel au sens de l'Un, c'est une forme mixte du réel, son mélange avec l'idéalité et le possible : l'effectivité, c'est-à-dire les mixtes extrêmement variables des données empiriques et des formes idéales toujours inséparables les unes des autres par définition. Parmi ces mixtes qui forment le « Monde » — ce qu'il faudrait appeler « le-monde » — il y a d'abord les systèmes philosophiques ou unitaires qui sont à la fois des espèces particulières, réfléchies, et la forme générale de ces doublets empirico-idéaux. Les philosophies, aussi bien les métaphysiques que leurs déconstructions contemporaines, sont donc l'une des conditions de la non-philosophie, même si elles se révéleront appartenir à un ordre secondaire, dérivé, non « réel », de ces conditions, — ordre de l'effectivité qui servira, nous le savons déjà, de support, signal et occasion à la manifestation des a priori non-thétiques sans constituer cependant leur essence. A l'intérieur de cet ordre, elles sont même une condition nécessaire, mais à côté d'autres qui ne sont pas spécialement philosophiques, même si les mélanges philosophiques unitaires et les mélanges scientifiques ou technologiques, par exemple, entretiennent les rapports les plus étroits.

Mais avons-nous le droit — là est la vraie question qui n'est pas celle de l'existence de fait de telle ou telle décision philosophique dans l'histoire — avons-nous le droit, nous penseurs transcendantaux qui nous sommes « replacés » dans la vision-en-Un et prenons son immanence irréfléchie pour fil conducteur de l'ordre des pensées, de prendre en compte et d'introduire dans un calcul général, à côté de l'Absolu ou de l'Un suffisant, des événements ou des déterminations empiriques ? Pouvons-nous, sans nier immédiatement l'Un anté-philosophique, nous reporter à la philosophie telle qu'elle existe et que nous ne cessons de dénoncer comme « unitaire » et « suffisante » ?

Nous le pouvons. Cette possibilité est sous-entendue par le théorème : l'Un lui-même ne dit pas, mais il ne nie pas non plus, qu'il y ait de la décision philosophique, au moins « empiriquement », se présentant elle-même comme « hors » de l'Un et prétendant être donnée au titre de fait absolu, de tradition, de destin, etc. Toutefois n'est-ce pas une contradiction que d'invoquer tantôt l'immanence radicale de l'Un, dépourvue de toute transcendance, tantôt une décision transcendante à l'Un ? Seuls les préjugés unitaires, c'est-à-dire une falsification de l'expérience de l'Un et de son sens spécifique d'immanence, sa confusion avec une Unité suprême toujours transcendante, peuvent faire croire à une contradiction. Il y aurait contradiction si l'Un était une Unité (par exemple, et « en général », l'Un néo-platonicien) et s'il possédait l'immanence toute fonctionnelle et vide de celle-ci : immanence semi-idéelle et semi-réelle. Rien de tel ici, en tout cas pas de mixte, et parce qu'il n'y a pas de mixte, il y a nécessairement une certaine dualité originaire. L'Un n'est pas un objet, spirituel ou bien intellectuel, transcendant toujours : il n'a aucune voie d'approche, ne supporte aucune pédagogie, aucun commentaire, aucune conversion, critique, déconstruction, etc. Nous y sommes, nous en sommes, nous le sommes. Par conséquent aucune réduction, suspension, négation, néantisation, aucune exclusion d'une éventuelle donnée autre que l'Un n'est nécessaire pour l'atteindre. Celui-ci ne dit pas qu'il y a un « second principe » (formule classique, mais fausse dans cette problématique), dont il n'a pas besoin, mais il ne le nie pas non plus.

En revanche, l'immanence radicale de l'Un implique la réduction, emplacement ou unilatéralisation, de la donnée empirique transcendante (du Monde, de l'Histoire, du Pouvoir, etc. — de la philosophie). L'a priori de la *chôra* n'est pas leur destruction, l'anéantissement de leur effectivité, mais le suspens de leur seule suffisance. C'est là, de l'Un, sa libéralité et sa suffisance. Par conséquent il est toujours possible, mais pour des raisons propres au Monde, à l'Histoire, à la Métaphysique, et qui n'ont de pertinence qu'à l'intérieur de ceux-ci, de faire valoir ces derniers comme tels. De toute façon, la dualité (le « dual » » plutôt) de l'Un et de son Autre contingent ne fait pas perdre l'Un qui, n'ayant pas été obtenu par une décision philosophique, ne peut non plus être perdu par une autre décision philosophique.

Tous ces rapports et ces non-rapports peuvent être condensés de la manière suivante :

a) L'Un n'implique pas nécessairement un autre terme — ni par conséquent le dualisme — dont il n'a pas besoin : il n'est pas unitaire, la vision-en-Un ne survole pas la Dyade ou ne lui est pas co-extensive.

b) Mais il est tel, par son essence qui n'est donc pas celle de l'Unité, qu'il ne s'oppose pas de toute façon à une autre donnée. Il la rend possible ou la «tolère» sans l'exiger pour son propre compte — c'est le «dual» — même s'il la réduit ou l'emplace comme «matériau», état que nous appelons alors la «dualité» et que nous distinguons du «dualisme», comme nous distinguons la pensée dualitaire et la pensée unitaire à laquelle le «dualisme» appartient encore.

c) Le passage du dual au dualisme est le fait d'un terme autre que l'Un et de sa revendication comme absolu ou suffisant, passage qui suppose de toute façon l'Un et qui n'annule donc pas celui-ci en se réalisant.

d) Le dualisme est lui-même unilatéral : il a affaire à l'Un, mais n'est pas la philosophie de l'Un, qui ne philosophe pas. C'est un type de philosophie issu de l'effectivité plutôt que du réel, et auquel sont contraints la pensée unitaire en général, mais aussi le Monde, l'Histoire, etc., lorsqu'ils entreprennent de maintenir leur bon droit «en face» de l'Un.

Deuxième dimension de la non-philosophie : sa réalité ou le matériau

Le théorème doit ensuite être interprété directement en fonction de l'Un lui-même. Celui-ci a pour corrélat de représentation le (non-)Un dont le premier pôle immanent est une réduction radicale ou *chôra* qui signifie que la philosophie, comme pôle transcendant, est contingente — incertaine et inutile — pour accéder à l'essence de l'Un. Comme pensée unitaire, elle a toujours prétendu accéder à l'Un, ménager une introduction, gérer une pédagogie, calculer une stratégie... en vue de l'Absolu c'est-à-dire du réel. Le sens de la vision-en-Un, c'est que l'on n'accède pas à l'Un ni que l'on commence par lui, mais que l'on reste en lui : que de toute façon le réel est toujours déjà suffisamment éprouvé pour que la question d'une réactivation, réactualisation, réaffirmation, répétition, etc. de l'expérience (de) l'Un ne se pose pas. La seule question encore pertinente est celle de sa description rigoureuse — c'est-à-dire immanente et scientifique. Ce qui suffit à invalider d'un coup les plus secrètes ambitions de la philosophie. Le paradigme de la vision-en-Un brise le mélange, aux fortunes innombrables, du réel et de la philosophie et dénonce l'apparence de leur alliance. Le réel, à condition de le comprendre ou de le décrire comme déjà déterminé depuis lui-même ou comme Un, est accompagné d'un effet de réduction, ici et d'abord d'emplacement unilatéralisant, et n'est plus la différence du réel et de la philosophie, ni même la différence spécifique de celle-ci. L'Inconstitué, l'Indécidé détermine plutôt en dernière instance la décision philosophique comme non-philosophie et pour cette raison ne forme plus avec elle une manière de cercle ou de détermination réciproque. En déterminant la décision par un vécu irréfléchi ou absolu qui est ici d'abord l'a priori de la *chôra*, on commence à lui donner *une base ou une essence réelle et non plus seulement logico-possible*. Cet irréfléchi n'implique pas de rapport ou de relation — tout ceci est constitutif de la philosophie qui seule pourrait l'élaborer et l'élucider — et l'insertion de la décision dans le réel de la vision-en-Un se fait selon la loi de ce qui n'est plus un rapport (par exemple un «com-portement») toujours quelque peu réversible quelle que soit la manière dont il est travaillé et défait, mais selon une détermination dite «en dernière instance», c'est-à-dire rigoureusement unilatérale ou non circulaire.

L'Indécidé de toute façon ne peut entrer dans aucun *rapport* en général. Son essence irréfléchie est *absolue* au sens plein de ce mot, bien que cet Absolu soit en même temps une expérience transcendantale.

Ce plus-que-retrait de l'Un — son effet de (non-)Un ou d'unilatéralisation sous ce premier mode, *la chôra* —, suffit à invalider les prétentions classiques de la philosophie sur le réel : sa détermination, et sur le savoir : sa fondation, légitimation, constitution, production, etc. L'unilatéralisation appartient à ce type très spécial de «causalité» ou d'efficace : de l'Un «sur» la philosophie, mais de telle sorte que rien de celle-ci ne «revienne» sur celui-là ou ne fasse récurrence. *La «dernière instance» est le mode de la détermination lorsqu'elle est strictement unilatérale et indivisée et que l'effet ne peut en retour déterminer sa cause — lorsqu'elle ne peut se partager entre deux termes*. On ne croira donc pas non plus que nous n'ayons fait que régresser de la catégorie de «détermination réciproque» ou de «réversibilité», si fondamentale pour certaines philosophies systématiques (Fichte, Nietzsche), vers la catégorie de causalité, physique ou non, selon l'une quelconque de ses quatre formes métaphysiques traditionnelles. La causalité philosophique implique toujours, malgré tout, une certaine réciprocité, réaction, résistance, etc. et finalement une *unité* de la cause et de l'effet. La Détermination en dernière instance est le point de vue de l'Un ou de la science ; elle dit que la décision philosophique ne réagit pas sur ceux-ci, qu'elle n'est pas nécessaire pour « définir » — réellement — leur essence : les mixtes de réel *et* de la philosophie sont sinon dissous du moins invalidés. Aussi la non-philosophie elle-même — corrélat de cette détermination — ne prolonge ni ne développe (explicite, commente, reproduit, élucide, etc.), ni d'ailleurs ne « critique » ou ne délimite ces mixtes où elle n'est pas déjà incluse. Elle découle, absolument et sans retour, de l'Un. Elle sera déterminée sans doute à partir du matériau (de la décision philosophique) mais par l'Un seul et sans que cette détermination signifie inversement une intervention de type philosophique dans l'essence de l'Un. L'Un comme vécu immanent ne connaît même pas, on aurait pu l'imaginer, une « procession » sans « conversion », conversion destinée à la soutenir et la retenir auprès de lui. Ainsi la non-philosophie ne sera pas une aliénation ou une dégradation. Le sens est unilatéral, il y a une unique direction de la causalité réelle et non pas deux : la décision philosophique est donc emplacée ou *unilatéralisée* après le réel — mais c'est de cette manière qu'elle devient réelle à son tour pour la non-philosophie. Elle ne peut remonter vers lui, elle est dépourvue de nostalgie et cesse d'être cette opération de « saut » ou de « bond » sur place qui nous permettrait de « correspondre », par exemple, et à un « tournant » près, à l'Un. Il faut tout renverser — ou plutôt : ne plus jamais renverser, même pas renverser le renversement une fois pour toutes. Il faut tout « uni-latéraliser » et penser de manière rigoureusement irréversible. Il n'y a aucune chance de trouver une vraie dualité — c'était peut-être une pensée secrète de Descartes — sans un ordre rigoureux des pensées et qui, justement parce qu'il doit être irréversible, ne peut plus être celui de la raison et de ses raisons. Cet effet général d'uni-latéralisation aura plusieurs modes et sera spécifié en fonction de chaque niveau d'a priori. C'est lui qui assurera la réalité spécifique de la non-philosophie.

La notion de Détermination en dernière instance est maintenant un peu plus précise. La philosophie existe, même le vécu transcendantal absolu de l'Un *peut* la rencontrer avec les lieux où elle gîte d'ordinaire : dans le Monde et sur les bords du Monde ; dans l'Histoire et comme l'ouverture même de l'Histoire ; dans l'histoire de la philosophie et sur ses marges où, à force d'effectivité, elle vient à son tour pousser un interminable dernier soupir. Mais qu'est-ce qui a changé depuis que nous avons cessé d'être un philosophe gréco-unitaire pour penser dans la vision-en-Un ? C'est que l'Un ne la rencontre qu'à l'état « emplacé » de matériau philosophiquement incapable de le déterminer à son tour. L'Un n'interdit pas qu'il y ait de la philosophie et de la résistance, — ainsi le veut celle-ci, qui se présente du moins à nous ainsi, et le Monde et l'Histoire le veulent avec elle —, mais il la détermine comme réelle sur le mode du simple matériau parce qu'il n'est pas une simple « possibilité réelle », mais une essence réelle de part en part et dépourvue pour son compte de possibilité ou de décision. Elle est *l'occasion,* seulement l'occasion, de cette détermination, même lorsqu'elle se veut ou qu'elle éprouve son existence comme un se-vouloir. Mais l'Un détermine la philosophie en dernière instance *seulement*, ce n'est pas lui qui le veut et qui est commandé par la pulsion philosophique, c'est celle-ci qui « arrache » à l'Un sa fonction d'essence transcendantale pour... l'expérience. L'Un est transcendantal d'abord « pour » lui-même, c'est un vécu immanent et concret autant que quelque chose peut l'être, mais il « devient » condition ou base réelle pour la sphère de l'effectivité en général, pour la philosophie en particulier — *à l'occasion* de celle-ci. Il ne « reconnaît » pas pour cela l'effectivité dans ses prétentions spontanées, ce sont l'Histoire, la Métaphysique, le Monde, etc., qui lui résistent dès qu'on le prend pour guide de la pensée, et ce sont eux qui en ont besoin, au sens toutefois où ils doivent être pensés par l'homme, et en tant que celui-ci est inaliénable par définition pour lui-même.

Troisième dimension de la non-philosophie : son objectivité ou le possible

Pour comprendre la possibilité d'une troisième dimension du théorème, on ne s'imaginera pas trop vite que l'Un et la philosophie forment une contradiction qui exige une résolution. Il se passe quelque chose de semblable, mais le deuxième temps, s'il a l'apparence d'une contradiction, ne l'a que d'un point de vue transcendant : l'Un ne voit aucune contradiction, mais seulement un chaos. Sans doute la pensée unitaire, de son propre point de vue qui est celui de l'illusion, est contrainte d'éprouver cette situation comme un déchirement. Il y a alors « contradiction » entre la radicale contingence que l'Un lui inflige désormais — il est vrai sans que ce soit une manière de négation — et sa prétention à tenir d'elle-même non seulement son existence et son droit, mais son essence réelle. Mais le point de vue de la foi philosophique est seulement celui de la résistance, ce ne peut être le nôtre, qui est la vision-en-Un et elle seule. Si bien que la production d'une nouvelle instance à côté du réel (l'Un) et de l'effectivité (la philosophie existante, l'histoire, les relations de pouvoir, etc.), l'instance maintenant du *possible* et des a priori non-thétiques en général, enfin trouvée en tant qu'elle découle irréversiblement de l'Un, ne peut être la résolution d'une « contradiction », pas plus qu'elle n'était le résultat d'une « abstraction ».

Quel est le mécanisme de l'extraction de la non-philosophie ? Rappelons que si nous restions dans l'Un seul (mais le problème ne se pose pas de cette manière extérieure : on ne «reste» pas dans l'Un parce qu'en général on ne peut en «sortir» ou y «rentrer» : il exclut toutes ces opérations par son inhérence (à) soi), le problème ne se poserait pas, aucune philosophie effective n'étant prise en compte. En prendre une en compte, comme c'est toujours possible sur le fond de la *chôra* et de son indifférence à la philosophie ou à n'importe quel événement qui se passe dans la région de l'effectivité, c'est maintenant la considérer comme un matériau inerte : même sa résistance, qui n'est pas détruite, est «emplacée» et stérilisée. Ainsi elle est toujours présente dans son effectivité et c'est de celle-ci, comme «signal», qu'il est tenu compte, pas de la résistance elle-même. Quelle est alors cette nouvelle expérience qui, sans être l'Un lui-même, est aussi irréfléchie en son essence que lui, mais qui contient le principe a priori de la connaissance de l'effectivité ?

Distincte de l'Un et de son immanence radicale, ce ne peut être que celle de la *transcendance* ou de la *décision*, c'est-à-dire de toute espèce de séparation, scission, rupture, écartement, dis-férence, etc. ; que celle de la *position*, c'est-à-dire de toute espèce de plan, de base, d'ouvert, de projet, etc., et que celle de l'*unité — mais libérées de leur forme-mixte*. Dans la philosophie, toutes ces dimensions sont mises traditionnellement au service d'une forme-mixte, forme d'unité, de synthèse, de réappropriation, si bien que la transcendance et la position n'interviennent que comme mélangées ensemble et donc avec l'Un, devenu du coup une simple unité transcendante. L'effectivité est la région des mixtes et la philosophie, comme pensée unitaire, y trouve son lieu, elle est le mélange diversement réglé de l'Un et de la Transcendance (l'Autre), du réel et du possible. C'est seulement lorsque, comme ici, la pensée s'installe «dans» l'Un et pense selon un ordre irréversible, que l'Un agit sur les mixtes et en dégage une transcendance, une position et une unité elles-mêmes irréfléchies : non plus mélangées avec l'Un et entre elles, et pensables sur le fond de leur propre redoublement, mais une extériorité, une base et une unité immédiatement «simples» ou immanentes. Par opposition à la décision et à la position redoublées, dupliquées, qui sont celles de l'effectivité et des événements unitaires en général, on a appelé leur état d'a priori «non-thétiques» ou «non-mixtes», et l'on a usé des expressions de «transcendance non-thétique» (TNT), de «position non-thétique» (PNT) et d'unité non-thétique (UNT).

Leur description est une entreprise difficile. Il s'agit de possibles purs, absolument dégagés de la forme-mélange et pas seulement des formes d'unité, de position, de synthèse ou de corrélation. Ils ne peuvent être libérés de l'effectivité que parce qu'ils sont réels par leur être-immanent. Le possible, pensé rigoureusement, exclut le faux réel de l'effectivité, mais il est réel au sens rigoureux de ce mot par son essence. D'une manière encore très extérieure, c'est vrai, on peut par exemple penser la TNT comme une scission, une rupture mais qui resterait immédiatement en soi sans sortir de soi ou se prolonger, comme c'est ordinairement le cas, dans une continuité, un rapport, une relation ; coupure stérile, qui n'engendre rien, ne relance aucune unité, aucun mouvement ; *dis-* jonction qui s'éprouve immédiatement comme telle sans passer par la médiation de ses effets de jonction ou de synthèse ; extase dépourvue de mouvement de fusion et d'identification ; ouverture qui ne donne lieu à aucun «ouvert», à aucun lieu en général, qui ne produit aucun horizon où elle viendrait se réinscrire et qui se rabattrait sur elle ; rupture inaugurale qui n'inaugure aucun projet, aucune histoire, aucun monde, etc.

Avec cette troisième dimension de l'ordre dualitaire des pensées, nous venons d'achever de conquérir l'élément non-philosophique au-delà de la décision philosophique. Les a priori non-thétiques en général — *chôra* comprise — sont le contenu réel de la décision, mais qui reste définitivement en soi : c'est l'essence de la décision philosophique *avant* ses aventures unitaires et ses mésaventures dans l'effectivité. Nous avons acquis, comme dé-coulant de l'Un, et après la *chôra*, l'expérience d'une décision, d'une position et d'une unité non-thétiques, c'est-à-dire absolues dans leur ordre, aussi «absolues» qu'il est possible de l'imaginer. Ce que l'on appelle la non-philosophie, ce ne sont pas les formes simplement retravaillées ou altérées de la philosophie, c'est ce qui conditionne réellement et objectivement ses mixtes, c'est la décision décrite comme irréfléchie ou stérile, sans effets de mélange, de synthèse ou de relation. La décision qui reste en soi parce qu'elle ne s'est jamais quittée et qu'elle est non-positionnelle (de) soi. Une théorie de la décision philosophique se propose donc, contre les auto-positions vicieuses de celle-ci, de la ramener à ses conditions ultimes d'objet (la *chôra*) et d'objectivité (les trois a priori «objectifs»).

Le code génétique de la non-philosophie

Le paradigme dualitaire offre une expérience nouvelle de la décision philosophique. Il s'agit de décrire celle-ci, mais aussi de la transformer en la réduisant à l'état de matériau pour une pensée d'une autre origine, puis, comme maintenant, en lui imprimant une possibilisation absolue qui consiste dans l'articulation d'une triple dimension *a priori* plus puissante que la philosophie elle-même.

Revenons aux a priori de l'objectivité. Il y a d'une part une ouverture-sans-ouvert, une extase-sans-horizon, une transcendance irréfléchie et qui reste en soi, sans donner lieu à un espace, un horizon, une position, dans lesquels elle viendrait sans coup férir se ré-inscrire et s'inhiber. On peut appeler aussi cette région de l'objectivité *l'Autre non-thétique*. Il s'agit bien de dé-cisions, crises ou coupures, d'extériorités, mais dépourvues de continuité, d'unité, de propriété synthétique de liaison et même de simple association — de production et de reproduction en général. D'autre part une position non-thétique, ou encore non-positionnelle (de) soi — d'une manière générale non-mixte : l'a priori d'un *Etre* ou d'une *Base non-thétiques*. Enfin une *Unité* donnée elle aussi sur le mode d'un être immanent. Ce sont les trois dimensions « objectives » de la représentation ou du (non-)Un corrélatif de l'Un.

Que ces données de l'a priori soient dépourvues des effets transcendants dans lesquels la philosophie tente de les reproduire et de trouver une mince réalité, qu'elles cessent d'être des mixtes pour devenir les noyaux d'un possible sans équivalent dans «le-monde», c'est bien entendu la conséquence de leur détermination en dernière instance par l'Un qui leur communique une essence réelle ou irréfléchie. Celle-ci rend inutile que ces extases « sortent » effectivement de soi ou que ces positions se reposent effectivement elles-mêmes. Par leur essence, les a priori sont libérés du «Monde» et de l'«Histoire» (même s'ils en ont besoin comme «support») et ils reposent toujours déjà dans l'Indécidé lui-même. Ils ne trouvent pas celui-ci en avant et en arrière de soi comme un destin ou une mort, ils ne s'empêtrent pas dans les événements ou les règles qui font le tissu compact du Monde ou de l'Histoire. Ainsi la non-philosophie contient une transcendance, c'est-à-dire une ouverture, si opaque soit-elle en vertu de sa nature irréfléchie, mais aussi une position et une unité d'une phénoménalité tout aussi irréfléchie. C'est une expérience (de) l'Autre, (de) l'Etre et (de) l'Unité qui auraient enfin trouvé leur fondement en l'Un.

Les philosophes, parce qu'ils en appellent à l'Autre comme à une instance périphérique à l'Identité et qu'ils le combinent avec le Même, le réquisitionnent, ainsi que les autres a priori, comme ils réquisitionnent l'Un : se contentant de les faire «fonctionner», de les inclure dans des rapports, laissant indéterminée leur essence ultime. Les déconstructions contemporaines de la «métaphysique», par exemple, rapportent celle-ci à une expérience, elle-même sans rapport, d'altérité, mais qu'elles supposent effectuable, sans rien discerner dans l'Autre que ses effets supposés (rupture, brisure, dissémination, retrait, etc.). On imagine alors soit au pire que la transcendance se fait toujours *par rapport à...* un donné préalable (par exemple une identité quelconque), qu'elle est un retrait *relatif à...* ; soit au mieux qu'elle est un *retrait* ou un Autre absolu, mais combiné toujours inévitablement avec le premier. Ainsi on se donne un terme de départ auquel on assigne des fonctions ambiguës : de support ou de référence du *retrait*, mais aussi de ce qui est brisé, fracturé par l'Autre, descellé de lui-même par ce retrait à la fois interne et externe. Cette deuxième fonction est propre à la pensée unitaire et doit être abandonnée si nous voulons penser l'Autre comme absolu ou comme irréfléchi. Quant à la première elle appartient sans doute aussi au modèle dualitaire, mais à condition d'être repensée comme simple *support* ou *occasion* d'un Autre non-thétique.

Lorsque l'Autre en revanche est fondé comme tel dans l'Un, qu'il cesse d'être requis et utilisé à des fins «critiques» c'est-à-dire encore circulaires et métaphysiques, à tout le moins «unitaires», les conditions sont réunies pour le penser dans sa constitution intime. Si la non-philosophie est une nouvelle expérience (de) l'Autre, (de) l'Etre et (de) l'Unité, en tant qu'ils sont déterminés en dernière instance par l'Un, c'est ici que l'on a quelque chance de saisir les ingrédients réels ultimes de la décision philosophique effective. D'une part bien que ce ne soit pas là, en toute rigueur, une «chaîne» ou une «corrélation», l'ensemble des a priori est l'équivalent d'un véritable *code génétique de la non-philosophie*. L'Autre, l'Etre, l'Unité et la *Chôra* dessinent un contenu spécifique, une variété interne susceptible de description, c'est un code *non-philosophique* de l'expérience en général, du Monde, de l'Histoire, de la Technique, du Langage, etc., et destiné à se substituer au code philosophique. S'il peut être appelé «génétique», c'est à condition de ne pas entendre par là une prétendue genèse réelle du réel lui-même (l'Un) ou bien de l'effectivité (le-monde, l'-histoire, etc.) à partir des possibles ou des essences a priori. C'est une genèse a priorique de la représentation ou de la connaissance non-philosophique et qui n'a de sens que du point de vue de l'Un ou de la science.

Dans leur fonction d'a priori transcendantaux, *ces a priori ne sont pas constitutifs de l'effectivité même des décisions*, mais ils sont à décrire comme la représentation scientifique de la condition ou base réelle de dernière instance de ces décisions effectives. S'ils ne sont pas constitutifs (au sens où les pensées unitaires peuvent comprendre la philosophie comme constitutive du réel), ils restent requis, mais oubliés et déniés par celle-ci comme l'Un lui-même qui permet en dernière instance de les fonder et de les décrire. Par rapport aux systèmes existants dans l'effectivité, ils sont à la fois immanents à ceux-ci qui ne peuvent pas ne pas les supposer pour du moins être pensés rigoureusement; et antérieurs et précesseurs, comme une «dernière instance» d'immanence peut l'être. De ce dernier point de vue, l'élaboration du code non-philosophique est la «critique» unilatéralisante, non-circulaire, de la philosophie unitaire, de la croyance que véhiculent son effectivité et ses formes institutionnelles, etc.

On remarquera que la non-philosophie est l'universalisation (terminale, non génétique-constituante) des diverses régions de l'effectivité; qu'il y a chaque fois plusieurs espèces complémentaires d'a priori; qu'ils déterminent aussi bien les éléments idéaux de toute expérience mondaine-effective que les éléments empirico-ontiques de cette expérience en tant que tous sont inclus dans une unité-de-mixte. L'entreprise de compréhension que mène la non-philosophie est définitivement terminale : non pas en fin de «processus», mais en fin d'ordre des réalités. Elle est donc toujours, plutôt qu'«en retard» sur le réel, postérieure à lui comme aussi, d'une tout autre manière, non essentielle, à l'effectivité. *C'est pourquoi la même raison qui semble priver la philosophie de toute efficace sur le réel, est celle qui lui ouvre le champ de la réalité spécifique de la non-philosophie, et qui fait de celle-ci un ordre particulier du réel, une activité absolue dans son ordre et qui n'a plus de comptes à rendre au Monde, à l'Histoire, à la Politique, au Langage, etc.* En ce sens nouveau de l'autonomie de la non-philosophie — *comme réelle dans son ordre et non plus comme inter-venant dans le réel* — le code a priori est bien un code «génétique». Mais ce qu'il produit, ce n'est pas du réel proprement dit, ni même de l'effectivité, c'est un possible radical, non-thétique et donc absolument réel sur son mode. Le code génétique produit une représentation (du) réel, il n'est pas le réel de «dernière instance», mais précisément l'ordre de sa représentation.

Cette expérience non-philosophique (de) la décision philosophique permettra de retrouver une puissance d'invention et de fiction qui manquait à celle-ci. Non pas d'imagination : il n'y a rien de simplement «fictif» ou d'imaginaire dans cette «opération» des a priori non-thétiques qu'aucun sujet, aucune volonté, aucune conscience ne peut prétendre agencer. La pensée (de) l'Autre peut recouvrer, conquérir plutôt, ce qu'elle n'a jamais eu comme philosophie : une activité de fiction radicale, de création du sens, et d'un sens libéré de ses inscriptions dans les objets, les textes, les représentations, les mélanges du monde «effectif». Ce possible est absolument dégagé de ses mélanges variables avec le réel, il est même dépourvu de toute position, c'est un événement indivisible et nécessairement pluriel.

Une autre interprétation du code a priori peut être trouvée du côté, par exemple, des concepts qui ont reçu un usage en linguistique, mais qui le débordent, en particulier ici par leur contenu réel ou transcendantal. La Transcendance non-thétique est le noyau ultime de transcendance qui définit tout paradigme : la non-philosophie comme pensée (de) l'Autre trouve en ce dernier sa dimension paradigmatique irréductible. De ce point de vue, elle fournit aux systèmes philosophiques unitaires, à la métaphysique gréco-occidentale et à ses déconstructions contemporaines, leur ressource en transcendance, en expérience de l'Autre, en altérité et en hétérogénéité, en différence, en allergie, etc. — leur ressource paradigmatique. Quant au côté de la Base ou de l'Universel non-thétique, il est l'a priori syntagmatique ultime, irréductible, que le code génétique fournit aux systèmes unitaires, c'est-à-dire à leur expérience, mixte et transcendante, de l'Attribut, de l'Etre ou du Général. Enfin l'a priori de l'Unité non-thétique fournit aux philosophies la dimension primitive ou la base réelle de leur auto-position ou de leur auto-factualisation «spéculative».

La méthode de dualyse (l'unitaire et le dualitaire)

Quelle est l'opération qui «analyse» ainsi une décision philosophique quelconque en ses trois dimensions? C'est moins une «analyse» — une décision nouvelle — qu'une «dualisation» : pourquoi ne pas parler d'une «dualyse»? de la fonction dualytique qui est l'œuvre d'une dyade radicale, le dual qui est sans opération de scission? Déconstruction non-unitaire mais dualitaire, elle réduit une décision effective à sa détermination en dernière instance (seulement) par l'Un; à son matériau de mixte qui remplit des fonctions d'occasion et de support; enfin à sa teneur en possibilité non-thétique, en transcendance, position et unité non-décisionnelles et non-positionnelles (de) soi. Ce sont trois ingrédients hétérogènes, inéchangeables, parce qu'ils entretiennent deux à deux (l'Un et l'effectivité, le possible et l'effectivité, l'Un et le possible) des rapports et d'abord, surtout, des non-rapports qui sont caractéristiques du style dualitaire lorsqu'il est fondé sur l'autonomie radicale de l'Un en sa vérité transcendantale et sur la Détermination en dernière instance.

La «dualyse» libère à la fois le réel, qui n'est plus encombré et entravé par la philosophie, et la décision philosophique ou du moins son essence, qui n'est plus empêchée ou inhibée par elle-même et par la foi liée à sa pratique spontanée. Elle enracine en dernière instance la décision comme telle dans un Indécidé et, la réduisant à l'état de matériau, elle l'ordonne à un possible non-positionnel, la destinant d'une certaine manière à la fiction, lui donnant un espace et une respiration qu'elle n'a jamais eus, l'ordonnant malgré tout au réel dans le seul rapport fondé, non illusoire, qu'elle peut entretenir avec lui.

Ce que l'on appelle non-philosophie est une pratique scientifique de la décision philosophique, c'est l'ordre des pensées qui rapporte celle-ci à sa vérité transcendantale, à sa condition ultime dans l'Un et, de là, à ses autres conditions qui sont celles du dual puis de la dualité. Pour trouver quelque chose comme une non-philosophie, il faut avoir été contraint de renoncer à décider philosophiquement de la philosophie, à faire de celle-ci un acte de maîtrise-de-soi-du-réel. La non-philosophie n'est plus un début principiel (*Beginn*), ni n'est appelée dans un commencement (*An-fang*), c'est-à-dire par ce qui bondirait dans le bond (*Satz*) d'un principe (*Grund-satz*) ou dans la différence d'une origine. Elle est plutôt «à la fin», si l'on peut encore s'exprimer de cette manière, parce que l'ordre irréversible de l'économie dualitaire exclut tout processus unitaire, téléologique et récurrent, mais aussi son «interruption». Elle suppose avant elle le réel (de) l'Un et, d'une autre manière, l'effectivité philosophique des événements du Monde, de l'Histoire, des Techniques, etc. Elle a cessé d'être première (*prima philosophia*) et de s'inhiber dans ce qui lui succède et qu'elle contribue à produire. Elle est non seulement une activité de production de possibles, une philosophie-fiction en un sens neuf de ce mot, mais une activité définitive, ultime, *après* laquelle il n'y a plus rien pour venir la recouvrir, la capturer, la limiter : elle est le grand large.

Le nœud unitaire de l'Un et de la philosophie, il nous a donc paru que c'était une illusion et qu'il était déjà tranché par la vision-en-Un. La philosophie *est* déterminée, elle ne se détermine pas et détermine encore moins le réel. C'est la condition pour que la pensée cesse d'être sous-déterminée et compense cette insuffisance par sa surdétermination et son activisme; pour qu'elle soit enfin intégralement et de part en part déterminée comme universelle : faire place d'abord au réel pour faire place aussi à la (non-)philosophie.

La «détermination en dernière instance» permet de libérer la non-philosophie dans la philosophie. Elle aussi est réelle, elle aussi indécidée, mais pas dans un rapport de soi à soi, de mélange de soi et de son essence. Un tel mélange illusoire avec l'Indécidé, voilà ce qui conduit le paradigme unitaire à sa paralysie. On ouvre ici à la pensée un espace précis où elle est libre, où elle est limitée aussi mais sans être entravée par ces limites, sans s'inhiber en elle-même puisque ces deux limites (d'ailleurs très hétérogènes : le réel et l'effectivité) la précèdent. Mieux vaut marcher droit contre le vent du futur, qu'entrer à reculons dans l'avenir ou n'entrer droit devant que dans le passé. Le réel n'est plus limité par les possibilités de la philosophie (on ne dira jamais assez combien, sous prétexte de «critique», la philosophie est une simple opération de freinage, passablement réactionnaire, mais aussi suicidaire), ni par l'effectivité en général. Corrélativement la pensée n'est plus enlisée dans ses effets ou ses œuvres ni dans ce produit par excellence qu'est l'absence de tout produit, l'œuvre =0 comme tendance à la baisse de son rendement. Au lieu d'une simple distinction critique de domaines, décision à la kantienne par exemple, qui implique des délimitations réciproques, toute une économie malgré tout qui vire aux échanges, à la négociation et bientôt aux rapports conflictuels interminables des débiteurs et des créanciers *mutuels* —, on met ici entre le réel et la philosophie une distinction rigoureusement unilatéralisante et pas seulement semi-unilatérale et semi-réversible : une «dualyse» de la philosophie.

En ne prétendant plus légiférer sur le réel, la non-philosophie se rend libre pour d'autres tâches plus inventives. Ce divorce «dual», *antérieur* de droit à son couplage prétendu avec le réel, la prive sans doute des opérations favorites de la décision philosophique : la critique ; le dépassement et le surmontement ; le tournant intériorisant ; la destruction et la déconstruction ; la thérapeutique, le soin et le souci. Mais c'est de cette manière qu'elle devient «réelle» autant qu'elle le peut dans son ordre. Mi-samaritaine mi-pharisienne, la philosophie a distillé le pharmakon de l'auto- et de l'hétéro-critique sans pouvoir ni vouloir aller jusqu'à la seule critique positive : une *dés-hallucination de la décision philosophique, sa dépendance absolue à l'égard d'un réel indécidé*. La dés-hallucination n'est pas le nihilisme par lequel la décision philosophique unitaire s'infecte (d')elle-même. L'Un «en soi» ou irréfléchi ne s'est pas retiré de la philosophie exsangue, abandonnée aux rivages du Monde, il n'a pas produit le possible non-thétique par retrait en soi : cette opération elle aussi est exclue par son essence, et le possible de son côté est suffisant, absolu dans son ordre tel qu'il est, «dépourvu» de tout pouvoir de position, d'unification, de synthèse où il viendrait se ré-inscrire...

«Pourquoi pas la philosophie?» : celle-ci n'est pas, n'est plus, n'a peut-être jamais été réellement nécessaire. Non pas pour notre expérience du Monde, de l'Histoire, du Pouvoir etc., dont elle est co-constituante et où elle est massivement intervenue, mais pour l'homme.

Le réel s'épuise-t-il dans l'œuvre et l'opération philosophiques, ou bien d'emblée la décision a-t-elle été emplacée et unilatéralisée, rendue sans pertinence par une instance qu'elle aurait déniée de manière hallucinatoire pour s'établir sous sa forme unitaire et agonistique ? « Pourquoi pas la philosophie ? », cette formule dit que le passage à la philosophie est sans doute toujours possible, nécessaire même depuis l'Histoire ou le Monde, mais qu'il n'est pas non plus « en soi » nécessaire, qu'il se fait sur le fond d'une radicale contingence. Une telle question suppose qu'on l'abandonne comme point de vue sur elle-même, que l'on renonce par exemple à une décision du type : « non la philosophie ! », toujours quelque peu volontaire, dominatrice, très unitaire et classique, et que l'on entreprenne une science de la philosophie (la vraie critique), science qui sera immanente (la vraie « affirmation » : celle du réel, la Détermination en dernière instance, plutôt que celle de l'effectivité)...

Quelques précisions deviennent possibles sur les termes d'*unitaire* et d'*autoritaire*. *Unitaire* ne désigne plus ici seulement, comme c'est le cas chez les philosophes, les formes d'unité massive (analytique et synthétique) par opposition aux Multiplicités et à la Différe(a)nce ; et en général les décisions antérieures, « métaphysiques » et « représentatives », procédant avec des moyens aussi homogènes que la « substance », la « totalité », etc., par opposition à des procédés plus « hétérogènes ». Toutes ces distinctions sont des modes de la critique philosophique et n'ont donc plus de valeur pour nous qui voulons mener une critique de la philosophie comme telle. *Unitaire* désigne plutôt le type d'unité qui a cours, et qui est en cours, dans n'importe quelle philosophie possible dont elle est l'invariant principal ; toute Unité combinée avec une Dyade et devenue « synthétique » en un sens large, ou acquise par des procédés de scission et d'identification, de décision et de position, etc. Que cette Unité soit celle de la Différence et de l'Hétérogène, des Multiplicités et du Devenir plutôt que de la Substance, ne change rien au problème : elle suppose toujours le recours à des modes mixtes de la décision et de la position — la Transcendance en général ou le mixte de l'immanence et de la transcendance — et c'est toujours une unité « supérieure » et anonyme, une « exploitation » du travail des termes qu'elle met en relation et donc en conflit pour mieux prélever sur eux une plus-value de sens, de valeur et de vérité — d'autorité. L'*unitaire*, le *circulaire* (la détermination réciproque), l'*autoritaire* (la suffisance philosophique) sont strictement la même chose et définissent l'invariant spécifique de la philosophie ; ils sont le philosophique comme tel, plutôt que l'un de ses modes historiques qu'il serait possible de « critiquer » ou de « déconstruire ». La critique philosophique des formes représentatives d'unité reste une critique autoritaire, et la philosophie est le paradigme du style unitaire dans la pensée, même lorsqu'elle approche, comme les déconstructions, d'une pensée quasi-dualiste.

A l'unitaire, on n'oppose donc plus le différentiel, le multiple, l'hétérogène et même le dualiste, qui en sont des espèces, mais *l'unaire* et le *dualitaire*. Des dualismes unitaires que sont les déconstructions, on distingue une pensée authentiquement *dualitaire*, celle que l'autonomie de la vision-en-Un implique nécessairement quant au statut du Monde et de la philosophie. D'une part, l'*unaire* désigne l'Un non-décisionnel et non-positionnel (de) soi, sans commune mesure avec l'Unité à la fois transcendante et transcendantale des philosophes, si ce n'est que celle-ci suppose et dénie la réalité de l'Un, tandis que celui-ci n'a pas besoin de cette Unité qui reste un mixte possible-réel et fonctionnel. D'autre part, le *dualitaire* désigne la primitivité d'une dualité-sans-scission ou statique qui découle irréversiblement de l'Un, sans être issue réellement de lui par une décision et qui ne se réfléchit pas en lui ; une dualité en un sens aussi primitive que l'Un lui-même, si ce n'est qu'elle est transcendantalement fondée en lui, et *fondée pour être conservée comme dualité*, comme antérieure à tout procédé de la transcendance exercé sur une Unité préalable (scission, décision, renversement), comme impossible à résoudre par une identification en cours. Cette dualité est d'abord celle de l'Un et du Monde ou de la philosophie (ce que nous appelons le «dual»), puis celle des a priori non-thétiques résiduels et du pôle de transcendance qui est chaque fois mis hors-réel. Une telle dualité, qui échappe aux opérations philosophiques, est manifestée sous la forme de la contingence ou du hors-réel du Monde ou de la philosophie, qui sont affectés globalement de (non-)Un. Mais ce suspens radical est en même temps ce qui laisse-être la décision philosophique sans prétendre intervenir une fois de plus en elle.

L'expression de «philosophie dualitaire ou minoritaire» est donc ambiguë et doit être en toute rigueur récusée. Elle laisse penser que les «Minorités radicales» — nous appelons ainsi les individus ultimes ou les Un(s) — se sont glissées là où régnait l'Unité, que l'on a introduit le concept de minorité dans la philosophie, à la place à peine déplacée et sollicitée de *Cosmos*, de *Polis*, de *Physis*. Les Minorités ne sont pas plus l'objet (il y aurait une philosophie des minorités comme il y a une philosophie du langage, des sciences, de la technique, etc.) qu'elles ne sont le sujet d'une autre manière de philosopher. Elles sont tout au plus le sujet radical (de) la science puis (de) la non-philosophie. Il n'est même pas sûr qu'il s'agisse d'abord et avant tout d'une *manière* autre qu'unitaire. Il y a bien un paradigme dualitaire ou «minoritaire» de la pensée, mais il est scientifique, il n'y a pas de «philosophie minoritaire». Le déplacement de l'opération philosophique, littéralement une déduction et une dérivation irréversibles, est absolu : c'est l'em-place primitive, transcendantale, qui l'affecte enfin. Le projet n'est donc pas de retrouver le dualisme *dans* la philosophie (unitaire : il existe chez Platon, Kant, etc.) mais, bien plutôt, de *mettre la philosophie à l'épreuve de la dualité, la non-philosophie comme preuve du «dual» de l'Un et de la philosophie.*

Pour la même raison, il ne peut s'agir d'une philosophie de l'Un, voire d'une «philosophie première», puisque l'Un est ce qui, par sa propre existence, condamne la philosophie première à être emplacée et déplacée. L'Un est sa condition réelle de dernière instance, mais non réciproquement. Celle-ci agit dans/comme le Monde et l'Histoire, mais on refuse ici de conclure avec elle de son effectivité à son essence réelle, et même à sa condition *réelle* (l'Un) de *possibilité* (le possible non-positionnel (de) soi).

Chapitre III
La mutation « non-euclidienne » dans la philosophie et la fondation scientifique de la non-philosophie

La pratique scientifique ou « non-philosophique » de la philosophie

Des critiques d'elle-même, la philosophie en connaît autant que de systèmes. Elle investit une grande part de son énergie dans son propre examen, qui est aussi bien celui du Monde et de ses objets, de la culture et de ses valeurs, des savoirs et de leur encyclopédie. Récemment, par une ultime torsion, elle a même prétendu renoncer à faire sa propre critique pour s'offrir à l'efficace de l'Autre et s'abandonner à l'altérité. Jusqu'au dernier moment toutefois, elle se sera arrangée, explicitement ou implicitement, pour rester maîtresse de ce risque et le tourner en jeu. C'est l'âge de la philosophie, âge sans âge qui n'aura peut-être pas de fin.

Ce n'est plus de cela qu'il est ici question et pas davantage d'« en finir » avec la philosophie. Après Wittgenstein, après Heidegger et Derrida, il est devenu urgent de poser le nouveau problème auquel ils ne nous auront pas conduits. Non pas : que faire de philosophique encore ? mais : que faire globalement de la philosophie ? Malgré certaines apparences contraires qui résultent d'une analyse insuffisante de ses ruses, cette question n'a jamais pu être réellement posée par la philosophie, même dans ses auto-critiques les plus retorses. Comment aurait-elle pu seulement *s'isoler globalement comme telle*, elle qui a toujours prétendu qu'elle était incontournable pour toute pensée possible? Qu'il s'agisse de la vouloir ou de déconstruire ce vouloir, elle a toujours soutenu qu'elle était nécessaire, que l'homme ne pouvait l'éviter, qu'il devait l'assumer et s'identifier à elle quand ce ne serait que pour pouvoir la déconstruire. Cette croyance ensorcelante, qu'elle a su si bien mettre dans la tête des hommes, et dont aucune pensée qui se réclame encore de la philosophie comme de son horizon ultime ne peut se débarrasser, nous l'appelons le *Principe de Philosophie suffisante* (PPS). Il dit que la philosophie suffit au réel et à la pensée du réel, qu'elle est donc indépassable comme le réel lui-même. Aussi s'agit-il maintenant de ce problème plus crucial : la philosophie est-elle la Nécessité ou le Destin qui fait sa part à l'homme? Ou bien est-ce l'homme qui doit et peut lui faire sa part? Et *qui* est l'homme : celui de la philosophie ou bien celui qui n'est pas né d'elle et que celle-ci en réalité n'a jamais connu, l'homme que l'on peut maintenant déclarer être l'Un même et par conséquent, la vision-en-Un étant l'essence de la science, le sujet (de) la science? *Homo sive scientia* : la découverte de leur unité radicale ou immanente dans la vision-en-Un nous rend possible enfin d'affirmer que la décision philosophique est globalement contingente, qu'elle existe sans fondement réel pour l'homme le plus humain et que c'est à celui-ci, sinon à se la «réapproprier», du moins à la traiter dans un esprit de liberté et sans les prudences de l'affranchi qu'il manifeste presque toujours devant elle.

Mesurées à la pratique que cet homme-là peut encore mener de la philosophie, les récentes déconstructions de Wittgenstein, de Heidegger ou de Derrida apparaissent comme des tentatives restrictives vouées encore à la suffisance philosophique parce qu'intérieurement elles ont voulu cette ultime soumission au PPS. Après elles — si tant est qu'il s'agisse d'un après et que cette logique historico-ontologique ait la moindre signification ici — ne sont plus recevables que la thèse suivante et sa fondation : la philosophie n'est pas seulement une illusion, localisée dans l'un de ses secteurs, la «métaphysique», la «représentation» ou le «langage», elle est de part en part une hallucination — transcendantale, certainement pas empirique —, du moins lorsqu'elle est mesurée à un autre paradigme qu'elle a toujours refoulé, celui de la *pensée* qu'est aussi la science. Libérée de ses interprétations empiristes et de ses réappropriations philosophiques et épistémologiques, fondée dans la posture de la vision-en-Un qui n'est certes pas son tout mais son élément, la science fait reconnaître qu'elle est, elle aussi, une pensée autonome, qui possède une vérité transcendantale qu'elle tire d'elle-même, mais une pensée plus primitive par sa simplicité que la philosophique. Ce séisme dans l'économie générale du savoir ne laisse pas la philosophie intacte : elle ne peut qu'être globalement «remise à sa place» par la science, son autorité et ses prétentions sur le réel invalidées, le PPS levé ou suspendu. On radicalise ainsi quelques tentatives apparentées dans l'histoire de la philosophie (Kant, Marx, Husserl, le Cercle de Vienne) mais restées encore à l'intérieur du PPS.

C'est dans cet écart, si profond qu'il ne s'est jamais creusé, dans cette faille si obscure que la lumière du *logos* ne peut l'éclairer ou qu'elle n'éclaire que pour la recouvrir et la faire disparaître à nouveau, que peut se développer une pratique nouvelle, désormais «non-philosophique», de la philosophie. Restaurée dans sa consistance de pensée et dans sa prétention transcendantale à connaître primitivement le réel, la science peut fonder un tel usage nouveau de la philosophie. La «non-philosophie» est la pratique positive, mais la seule pratique qu'il nous reste, de la philosophie une fois la science mise à sa place, la «première», et la philosophie remise à la sienne, la seconde.

Cette pratique se définit, entre autres choses, comme une généralisation de la pensée au-delà de la décision philosophique. Si la science elle aussi a réellement un pouvoir transcendantal de vérité distinct du philosophique, c'est-à-dire de manifestation du réel et pas seulement de production technicienne de connaissance, elle doit alors se présenter avec une capacité de généralisation ou d'universalisation spécifique et supérieure à celle de la philosophie. Et comme elle aussi contient en elle-même, en tant que vision-en-Un, une expérience de l'Autre, de l'Etre, de l'Unité sous la forme des *a priori non-thétiques*, comme elle aussi connaît en particulier l'altérité (sous la forme où elle entend l'extériorité de son objet, qui n'est plus du tout maintenant l'objet philosophique), elle se présente devant la philosophie avec un pouvoir d'altération plus général que celui dont est capable celle-ci. *La non-philosophie est la pratique scientifique ou «généralisée» de la philosophie, le non- exprimant ici la positivité de cet Autre que connaît la science et qui a son être-immanent dans l'Un*. Ainsi pour prendre cet exemple qui nous occupera plus tard longuement, la déconstruction de la philosophie qui se fait encore dans les limites du Principe de suffisance devra être dès lors caractérisée comme *restreinte*; et celle qui se fait par le moyen de la science, et qui est la véritable hétéro-déconstruction, sa critique réelle par l'épreuve de l'Autre non-thétique, on l'appellera *généralisée* ou, par exemple, «non-heideggerienne». De ce point de vue un peu extérieur, la non-philosophie est cette pratique d'une déconstruction généralisée de la décision philosophique, à condition par conséquent que cette généralisation soit celle dont la science fournit le modèle, qui est tout à fait différent du modèle philosophique.

Par rapport à cette non-philosophie, qui est une entreprise aussi positive dans son ordre que le «non-euclidien» l'est dans le sien et qui doit être interprétée dans cet esprit, les philosophies, y compris les déconstructions, peuvent être saisies désormais comme des cas particuliers d'une pensée plus radicale et, sous cette condition, plus générale : la philosophie est à la non-philosophie ce que le «restreint» est au «général», si du moins la science, saisie comme vision-en-Un, nous impose son concept et sa pratique de cette généralisation qui réduit une pensée antérieure à être un cas plus restreint ou plus élémentaire. A la *réappropriation* philosophique de la science, on opposera la *généralisation* scientifique ou non-philosophique de la philosophie. Elle seule fait apercevoir que le prétendu commencement de la pensée sur le mode de la philosophie fut en réalité une fermeture — sa fermeture gréco-philosophique — et qu'une autre expérience plus large en est tout à fait possible.

Puisque les philosophes sont les victimes consentantes d'une apparence qui les a prévenus : *l'Apparence philosophique objective*, qui est l'illusion transcendantale propre à la pensée unitaire, la seule lutte possible contre cet ensorcellement exige de prendre les choses dans leur ordre réel; de s'installer dans la posture scientifique de la vision-en-Un, c'est-à-dire dans *l'Identité* de l'objet que l'on veut décrire et que l'on doit se donner dans son identité et sa réalité avant toute division philosophique; puis de la décrire, en prenant son immanence pour fil conducteur; et, sur cette base seule, de décrire les rapports qu'elle peut entretenir aux données contingentes comme le sont maintenant les philosophies, rapports qui ne sont plus premiers mais seconds, qui ne sont plus circulaires mais unilatéraux. La science décrit ainsi *le contenu réel de ce qu'il faudrait appeler des «superstructures»* en-deçà ou au-delà — mais ces termes expriment mal la mutation non-philosophique — de leurs auto-interprétations qui sont toujours unitaires.

La tâche, plus importante que toute nouvelle «décision», est donc de redécouvrir d'abord la grande méconnue de l'épistémologie et de la philosophie : *la science dans sa veritas transcendantalis*, dans son être-immanent qui est la vision-en-Un, dans sa précession par conséquent sur la Transcendance ou la décision philosophique. Si l'introduction du style non-philosophique dans la pensée correspond à un besoin de «généraliser» les possibilités de la décision, ce besoin ne peut pas être lui-même d'origine philosophique, car la philosophie, en un sens, tire toujours à chaque instant toutes ses conséquences, produit les effets qu'elle peut produire, manifeste toutes ses virtualités. Ce pouvoir de généralisation ne peut avoir son origine lointaine que dans une tout autre expérience de la pensée : dans l'expérience immanente selon laquelle la science ne tient pas sa consistance transcendantale de la philosophie, mais la puise dans son propre fonds et, pour cette raison, loin d'être encore soumise à l'autorité de celle-ci, la précède et s'avère plus originaire qu'elle. La conséquence de cette remise en ordre n'est pas seulement l'extension de la science (sous la forme d'une «science transcendantale») à la décision philosophique elle-même : c'est une nouvelle pratique de celle-ci. Pensée sous cette optique, regardée comme un simple matériau contingent et soumise comme tout autre objet aux structures de l'«objectivité» scientifique qui la transforme — objectivité de type non-philosophique, c'est évident en vertu de la thèse initiale —, voilà ce que l'on appelle la non-philosophie.

C'est là en effet la seule chance de transformation réelle ou immanente de la décision philosophique. Réelle et pas seulement effective ou intérieure au Monde et à la philosophie. Il convient de distinguer soigneusement ces deux types de transformation en fonction de la vision-en-Un ou de la science. Réelle, cela veut dire plusieurs choses : en vue de la science; par ses seuls moyens («objet réel» et «objet de connaissance»); au-delà de toute auto-application ou intervention circulaire de la philosophie; sans aucun des procédés ou des opérations de celle-ci (Décision et Position; Renversement et Déplacement); enfin sans aucune finalité ou téléologie, mais par l'homme lui-même comme sujet-Un (de) la science. L'élaboration du matériau effectif en fonction des a priori non-thétiques transforme la décision philosophique en simple occasion puis en simple représentation scientifique de la décision comme objet réel à décrire. Renonçant à intervenir dans les structures effectives de la philosophie, elle laisse être celle-ci et ne produit avec ce matériau de nouveaux effets qu'au-delà de sa validité et de son usage «suffisants».

La science de la philosophie procède globalement à ce qu'il est possible d'appeler une «déconstruction transcendantale» de celle-ci en fonction du sujet absolu (de) la science ou de la vision-en-Un. Elle se borne à décrire son essence réelle. Mais, en inscrivant la décision dans l'objectivité de type scientifique, elle l'inscrit dans un ordre nouveau, hétérogène à la philosophie qui n'est plus constitutive (du) réel c'est-à-dire, en l'occurrence, des états-de-chose réels qui sont à la base de la décision. Celle-ci — ses énoncés, son langage — sert ainsi à se représenter, ou plutôt à *être* représentée ou décrite par elle-même, mais de manière non-constitutive désormais, comme représentation non-thétique (de) soi, en dehors de tout rapport de co-détermination ou de co-constitution. De ce fait est ouverte à la philosophie la possibilité de cette pratique réelle qui est celle de la connaissance de type scientifique. Elle est non seulement, pour l'homme le plus humain, la dé-logicisation de la pensée et la destruction de son apparence fétichiste, mais son insertion dans un usage différent, hétérogène à son usage spontané et suffisant, et qui rend possible sa rectification continue. Un usage nouveau de la décision inaugure ainsi sa transformation illimitée en vue de l'homme, ainsi que la critique des rapports circulaires, auto-interprétatifs et «philocentriques» qu'elle entretient d'habitude au réel et à elle-même.

La fermeture grecque de la pensée : le postulat unitaire ou héraclitéen

La philosophie n'est pertinente que pour un type limité d'expérience : le *supposé donné* ou le donné sur le mode de la transcendance. C'est lui qu'elle réfléchit, analyse, synthétise, interprète, transforme. Elle n'a aucune validité pour une autre expérience, transcendantale, réelle, immanente ou non-thétique (de) soi, et donnée plutôt que supposée donnée. Sur la première expérience, sur le Monde, l'Histoire, le Langage, l'Art, etc., elle décide a priori. Il n'est donc pas étonnant qu'elle ne découvre à peu près rien et qu'elle se consacre à commenter interminablement sa propre activité de décision, à la déplacer, à la critiquer, à l'investir et à la capitaliser. Son intérêt pour elle-même, son philocentrisme est identiquement ces jeux dans lesquels elle se reproduit de manière finalement limitée. Qu'ils s'acharnent sur des problèmes, des textes, des apories, des différences et des multiplicités, des réseaux et des échanges, qu'ils déconstruisent leur tradition, les philosophes le font dans le respect d'une clôture plus forte encore que celle de la «Représentation» ou du «Logocentrisme», la clôture unitaire ou l'Unité-de-la-Dyade, qui est la même chose que le principe de suffisance au réel. Les pratiques traditionnelles de la philosophie, l'histoire de la philosophie, le travail textuel et philologique, mais aussi l'invention de nouvelles décisions philosophiques (jeux de langage, déconstruction et schizo-analyse) restent, de ce point de vue nouveau et de lui seul, enfermées en elles-mêmes, enroulées et comme enkystées autour du postulat fondamental qui définit la pensée gréco-occidentale et sa limitation la plus interne. Ce postulat inaperçu des philosophes, du moins dans son essence réelle et sa contingence, est dit «unitaire» ou encore de l'«Unité divisée». Il signifie que l'essence du réel, que celui-ci prenne la forme de la subjectivité, de l'Autre ou toute autre figure, possède nécessairement *une et une seule structure : celle de l'Unité coextensive à la Dyade, unité qui procède par division d'elle-même et par couplage de contraires*. Ce postulat définit l'ouverture, le peu d'ouverture, de la pensée gréco-occidentale sur son mode «philosophique». Il est tellement profond et recouvert par ce qui fut fondé sur lui, que les philosophes ne sont philosophes — déconstructeurs compris — que pour autant qu'ils travaillent dans l'espace ouvert par lui et qu'ils l'ignorent dans son essence réelle. Pour eux, ce n'est pas un postulat contingent, c'est le sol ou le fondement qui les tient debout dans la pensée.

Les philosophes se contentent alors nécessairement de faire fonctionner une machine qu'ils ont trouvée toute montée. Ils peuvent varier le régime, accélérer ou ralentir le mouvement, lui donner de nouvelles matières premières et lui faire produire de nouveaux objets; ils peuvent la compliquer, lui ajouter des pièces qui retardent et diffèrent la nécessité de la production. *Mais ils respectent tous le diagramme de son fonctionnement spontané, le système de l'Un et de la Dyade simultanés.* Ils modifient la machine sans modifier son fonctionnement le plus général. Leur activisme vient de là, un fonctionnement tellement enfermé dans les limites de ses présuppositions grecques qu'il en est aveugle. Il faudrait, *un instant* — mais c'est impossible —, arrêter de faire fonctionner cette machine pour observer, sinon modifier, les présuppositions les plus cachées de son régime; elles se concentrent toutes dans le «postulat unitaire», la même chose que le PPS ou que l'existence même de cette machine. Les conséquences de cette limitation interne sont innombrables. En voici deux. D'une part elle explique qu'on n'a jamais fait que de la «philosophie appliquée» — c'est cela la fermeture grecque de la pensée. Appliquée à la fois à des problèmes dits «concrets», politiques, scientifiques, esthétiques, etc. qui viennent la déterminer en retour, et à elle-même qui prétend venir déterminer le réel — auto-appliquée (archive, histoire, déconstruction). Ces deux usages vont toujours ensemble, il faudra leur opposer son usage dés-appliqué, de représentation scientifique du réel plutôt que d'application aux sciences. D'où la possibilité d'une «fiction» ou hyperspéculation qui mettra fin à cette restriction de la philosophie aux limites de l'expérience transcendante. D'autre part les philosophes supportent mal leur multiplicité, qu'elle soit de fait ou de droit et même lorsqu'ils en font l'objet d'une affirmation. Une pulsion unitaire les contraint à vouloir s'intégrer et se hiérarchiser mutuellement. Les couples de la vérité et de l'erreur, de l'authentique et de l'inauthentique, du déjà et du pas encore, du noble et du grégaire, de l'affirmation et du nihilisme, etc. servent à organiser ces hiérarchies innombrables.

De là cette guerre impitoyable qu'ils mènent les uns contre les autres, ces stratégies longuement préparées, ces affirmations triomphales et, pour les plus subtils d'entre eux, ces revendications d'échec et de sobriété. L'enfermement de la philosophie sur elle-même et dans sa propre multiplicité polémologique ou unitaire l'oblige à s'exploiter comme un fonds supposé inépuisable mais foncièrement rare. Il y a une rareté de la décision, qui tient à son unité ou à sa circularité, à son auto-référence ou à son auto-suffisance : *toutes les philosophies — le divers de la Dyade — se partagent l'unique butin, indivisible en lui-même, de l'Unité, et cette rareté est identique à la guerre qu'elles se mènent réciproquement*. Toute rareté implique une surexploitation, et celle de la philosophie suffisante la conduit — et pas seulement dans ses formes actuelles — à se sur-utiliser ou se sur-requérir. De là une baisse relative de sa productivité, relative à la rage croissante qu'elle met à s'exploiter. En ce sens, l'«histoire de la philosophie» est la pratique dominante où toutes les philosophies se réconcilient un instant par le besoin qu'elles ont de faire la paix en vue de leur commune auto-exploitation.

L'auto-description de la vision-en-Un a montré de fait la contingence de la philosophie renvoyée à son emplacement unilatéralisant dans le (non-)Un. Nous pouvons poursuivre cette démonstration d'une manière plus précise, en isolant une conséquence fondamentale du postulat unitaire et en montrant sa contingence pour la pensée. En effet la matrice la plus élémentaire de la décision philosophique, le couplage unitaire de deux termes ou le système de l'Un-de-la-Dyade, se manifeste d'abord sous l'angle de la Dyade comme dominante. Par conséquent la philosophie est fondée de manière plus précise sur ce postulat évident et jamais remis en cause qu'*à tout terme = x correspond un et un seul autre terme ou type de terme, et un terme relatif, opposé ou bien contraire, peu importe*. La pensée gréco-philosophique tient *tout entière dans ce postulat «héracliéen» qui dit qu'à un terme donné correspond un terme contraire et un seul*, postulat qui, de toute façon, n'est pas sans quelque lointaine analogie avec l'esprit du cinquième postulat d'Euclide sur les parallèles. De ce postulat héraclitéen nous allons prouver la limitation ainsi que la possibilité de le suspendre pour ouvrir de manière radicale la pensée.

Le suspens du postulat unitaire ou héraclitéen

Nous avons le sentiment — mais peut-être n'est-il plus d'origine philosophique — que l'auto-polémologie qui fait la vie «unitaire» de la philosophie n'assure à celle-ci qu'une histoire étriquée, qu'une atmosphère confinée, qu'une respiration de plus en plus difficile; que sa pratique traditionnelle depuis son invention grecque, si diversifiée soit-elle, n'est qu'une possibilité parmi d'autres, que ce que nous appelons son « postulat unitaire » en fait une pratique restreinte ou restrictive, un simple cas particulier d'une pensée plus universelle. Qu'elle ne se sache pas telle, rien que de nécessaire : elle souffre d'un tel excès d'autorité sur elle-même et de suffisance qu'elle ne peut apercevoir combien elle ne suffit pas, combien elle in-suffit à cette autre pensée plus universelle et plus primitive qu'elle, la vision-en-Un comme pensée (de) la science, la « pensée-science ». La perception du malaise philosophique est donc un effet. L'exténuation de la philosophie surexploitée, fatiguée et lente à réagir à ce qui se passe en dehors de la référence à sa tradition, est sans doute un symptôme inquiétant pour son avenir en régime de « suffisance » où elle investit une énergie de plus en plus considérable sur un matériel rare et sur des outils aux faibles possibilités théoriques. Mais pourquoi fait-elle cela et pourquoi le fait-elle sans le savoir, son aveuglement étant la même chose que sa suffisance, il n'est possible de le savoir et de découvrir là des effets plutôt que des causes, que depuis une autre expérience de la pensée qui fait apercevoir que la suffisance de la philosophie n'est que l'une des possibilités particulières de la pensée et que d'autres pratiques en sont possibles ; qu'elle repose en particulier sur une présupposition-d'unité qui, en assurant à la philosophie sa suffisance, marque aussi pour elle une limitation plutôt qu'une ouverture ; une condamnation à la rareté et à la guerre ; enfin l'impuissance de la toute-puissance plutôt que la liberté.

Ce postulat, il n'est possible de le remettre en question qu'avec la découverte de la vision-en-Un qui ne repose pas sur lui et qui le rend contingent, sinon inutile. Comme celle-ci forme la substructure de la pensée scientifique dans sa différence irréductible à la philosophie, la science est par excellence le mode de pensée qui n'a pas besoin de ce postulat et qui fait apparaître comme transcendante cette exigence de l'Unité divisée, de la Scission identifiante, du Couplage réversible des contraires, de l'Un et de la Dyade comme simultanés, avec la restriction à un unique terme relatif. Il est non seulement « possible » de penser rigoureusement sans ce postulat, mais l'essence la plus réelle de la pensée exige son exclusion comme transcendant, non-originaire et particulier. Avec la vision-en-Un, nous avons les conditions qui font « sauter » cette auto-limitation de la pratique philosophique en régime de PPS et qui permettent de lever l'autorité de celui-ci sans détruire la décision elle-même. En imprimant à cette dernière une ouverture radicale ou « non-philosophique » qui lui ôte toute possibilité d'auto-référence, elle lui communique non seulement une multiplicité d'usages unitaires (ce qu'elle fait déjà par elle-même), mais une dualité d'usages (sous le PPS et «sous» la science) si hétérogène que cette multiplicité en prend une tout autre portée. De cette multiplicité ou de cette généralisation non-unitaire de ses usages, les pratiques gréco-actuelles, si variées soient-elles, ne sont qu'un cas de figure ou même qu'un moyen, et le PPS est une illusion liée à une pratique encore restreinte de la pensée. C'est peut-être un cas fondamental pour traiter certains problèmes du Monde ou de l'effectivité historique, politique, linguistique, esthétique, etc., mais ce n'est à coup sûr qu'une possibilité de pratiquer la philosophie parmi d'autres qui forment toutes ensemble une expérience plus vaste de la pensée. Ce n'est surtout pas la Représentation, la Présence, l'Identité qu'il faut une nouvelle fois critiquer : ces concepts ont été produits *ad hoc* dans un but qui reste auto-critique. Plus profondément que la Représentation en général, il y a cet élément invisible du PPS dans lequel se meut la décision philosophique depuis ses origines. Son rôle, sa nécessité prétendue, son action au sein des opérations internes de la décision qu'il enferme en elle-même, voilà ce qu'il faut remplacer par une présupposition plus libératrice. On ne perdra pas son temps à ré-examiner les finalités ou les opérations de la décision philosophique, c'est globalement celle-ci qu'il est devenu nécessaire de suspendre, afin d'examiner cette présupposition universelle à l'œuvre dans chacune de ses opérations.

S'il y a une ouverture réelle ou dualitaire de la décision philosophique par opposition à ce qu'il faudra bien se décider à appeler sa *fermeture grecque*, elle ne pourra donc être l'activation de son ouverture actuelle, l'effervescence de ses altérations unitaires. Le problème ne peut être posé que de manière radicale : le nouvel espace offert à la décision doit être absolument libéré, libéré sans reste, du PPS. La décision n'étant pas elle-même détruite, c'est son autorité qui l'est lorsqu'il s'agit de l'expérience de la pensée-science et de l'homme.

On comprend peut-être mieux pourquoi l'expression de «non-philosophie» doit être interprétée avec l'intention qui distingue par exemple le style «non-euclidien» du style «euclidien» en géométrie. Cette formule n'est pas plus métaphorique que celle de «révolution copernicienne». Et peut-être l'est-elle moins si l'on admet que, à cette enseigne, il ne s'agit plus d'un simple transfert, analogique et mono-paradigmatique, d'une révolution scientifique à l'intérieur de l'autonomie supposée de la philosophie, comme c'est le cas chez Kant qui trouve, sinon la métaphysique du moins la philosophie, encore bien «suffisante». Plutôt qu'un tel transfert qui garde intact le postulat grec le plus profond, il s'agit d'affronter directement l'essence unitaire de la philosophie à l'essence non-unitaire de la vision-en-Un et de la science; la philosophie à son «Autre» ou plutôt à ce qu'elle ne peut ressentir et rejeter que comme son Autre. S'il y a un transfert, *il a lieu dans la seule science*, d'une forme particulière de celle-ci, les géométries «non-euclidiennes», à son essence de science. Et tous comptes faits, métaphore pour métaphore, nous aurions besoin, plutôt que de la copernicienne, d'une métaphore «lobatschevskienne» et riemannienne, elle aussi scientifique, mais qui serait plus qu'une vague analogie, qui exprimerait une réelle mutation scientifique. La pensée gréco-actuelle, c'est-à-dire la «philosophie», est pour ainsi dire «euclidienne» parce qu'elle est fondée sur une supposition d'unité, d'unicité et de suffisance qui lui paraît évidente mais qui ne l'est plus pour nous, et qui limite sa pratique. A cette limitation euclidienne ou héraclitéenne en l'occurrence, nous pouvons donc opposer une mutation non-héraclitéenne, celle d'une «non-philosophie» ou de pratiques plus universelles de la philosophie. *De n'importe quel phénomène, on devrait pouvoir proposer une multiplicité d'interprétations équivalentes, une multiplicité qui ne soit plus seulement unitaire mais « dualitaire » et telle qu'elle échappe au Principe de philosophie suffisante; une infinité de décisions philosophiques équivalentes pour un même phénomène à interpréter.*

L'essence de la science implique donc une ré-évaluation radicale du sens et de la vérité de la prétendue «ouverture grecque» de la pensée que les philosophes ne cessent de célébrer dans l'aveuglement le plus têtu à la pensée réelle de la science. Fondées sur ce postulat unitaire, qu'il est devenu possible de limiter sans pour cela détruire la pensée, ce sont toutes les pratiques philosophiques (dans l'Université ou hors d'elle, ce clivage n'est plus ici pertinent), puisqu'elles sont contaminées et restreintes par lui, qu'il s'agit non pas de supprimer mais de libérer de leur prétention unitaire à épuiser l'essence de la pensée.

La vision-en-Un comme généralisation de l'opération métaphysique ou de l'Autre

Pour suspendre concrètement le postulat unitaire et définir une pensée «non-héraclitéenne», nous devons isoler les deux opérations philosophiques fondamentales qui devront être transformées en fonction de la vision-en-Un qui nous sert de fil conducteur et généralisées depuis celle-ci plutôt que depuis elles-mêmes.

La décision philosophique est un supplément d'articulation au langage ordinaire et dont l'articulation linguistique a besoin pour produire au-delà d'elle-même du sens, de la vérité et de la valeur. Mais, à la manière de celle-ci, cette articulation supplémentaire du langage sous la forme d'un *logos* ou d'une ouverture ontologique est aussi une double articulation. Que le *logos* soit une double articulation du langage naturel, cela se comprend par la structure même de la décision philosophique. Celle-ci est un mixte, un espace à double coordonnées, l'abscisse de la Transcendance, l'ordonnée de l'Immanence. Chaque niveau d'articulation fait intervenir les deux dimensions chaque fois ou, plus originairement encore, leur mixte, mais la première fois *plutôt* sous l'angle de la Transcendance, qui est alors dominante, et c'est *l'articulation métaphysique* (le «Renversement») ou la Dyade; et la seconde fois *plutôt* sous l'angle de l'Immanence, qui est alors dominante, et c'est *l'articulation transcendantale* (le «Déplacement») ou l'Un. Ces deux articulations font système, elles sont inséparables et représentent ensemble l'usage-de-logos du langage, usage qui se veut constitutif du réel et dont on a déjà distingué un usage scientifique, descriptif ou de «reflet non-thétique».

L'articulation métaphysique articule le langage empirique et les a priori philosophiques; les significations ordinaires et les catégories; la signification et le sens, etc., et découpe des a priori qu'elle isole. L'articulation transcendantale articule ces structures universelles et des structures unifiantes ou unitaires; les effets de transcendance produits par la première articulation et les règles d'immanence qui sont l'objet propre de la deuxième; elle articule donc l'Autre et l'Un. Tandis que la première produisait l'Autre ou était le discours de l'Autre, la seconde produit ou reproduit l'Un et forme le discours de l'Un. La décision philosophique complète est ce double et unique discours de l'Autre ou de la Dyade (et) de l'Un, qui réquisitionne et sur-détermine le langage ordinaire qui lui sert de vecteur.

Qu'est-ce alors que généraliser la décision non plus à partir d'elle-même mais en mode non-philosophique? C'est reprendre chacune de ces opérations ou articulations[1] et modifier dans un sens *non-unitaire* la première, généraliser son expérience de l'Autre sur le modèle scientifique de l'objectivité fourni par la vision-en-Un; et modifier dans le même sens la seconde, son expérience de l'immanence ou de l'Un sur le modèle scientifique de l'immanence fournie également par la vision-en-Un. On prendra donc d'abord l'opération méta-physique de dégagement des structures universelles ou a priori de l'expérience pour en modifier le concept; puis la seconde opération, également dans le but

---

[1] Dans cette description, on simplifiera le problème en supposant seulement deux a priori non-thétiques (la Transcendance ou l'Autre ou l'Universel — identifiant donc la TNT et la PNT — et l'UNT avec son prolongement dans la Totalité).

de substituer, à l'Un de la décision, l'Un plus radicalement immanent de la science. Dans les deux cas, on aura fait sauter l'ultime limitation interne de la décision philosophique et ce qui l'empêchait de devenir non-philosophie. On aura fait apparaître le gréco-philosophique comme une «fermeture» originaire de la pensée. C'est à ce double travail que nous allons maintenant procéder.

Soit le postulat «héraclitéen» tel que nous l'avons formulé plus haut. Bien entendu, le terme opposé qui correspond à un terme $= x$ peut être multiple, mais il ne sera multiple qu'à l'intérieur d'un genre, d'une espèce, d'une généralité. Il faut donc reformuler le postulat héraclitéen afin de lui donner la plénitude de son sens : à un terme $= x$ correspond un et un seul terme universel ou un universel d'un seul type, une altérité d'un unique genre. Les multiplicités philosophiques restent unitaires ou incluses chaque fois dans un seul genre d'universel. L'opposition ou la transcendance à un terme $= x$ contient la possibilité d'une multiplicité d'opposés singuliers, mais ils appartiennent chaque fois à un unique plan. Appelons *plan-de-transcendance* cet universel unique qui est opposé chaque fois (par chaque décision singulière) à un terme $= x$ et qui contient unitairement une multiplicité virtuelle sinon de philosophies, du moins de modes d'une unique philosophie. Qu'il y ait un unique plan-de-transcendance pour un phénomène quelconque $= x$, c'est-à-dire une seule interprétation philosophique, voilà le postulat héraclitéen qui donne sa cohérence à la décision philosophique, mais qui la limite aussi de manière interne.

On objectera peut-être qu'il ne faut pas considérer une seule philosophie, mais le divers historique des décisions qui sont sorties de ce postulat ou qu'il n'a pas empêché de naître. De ce point de vue, autant de plans-de-transcendance que de décisions. Chacune de celles-ci a sa pratique de l'articulation métaphysique, son expérience de l'Autre, son énergie mise à la transcendance, sa conception de l'universel. Si donc l'on considère la diversité des décisions dans l'histoire et que l'on se donne le droit un instant de poser celles-ci comme indifférentes les unes aux autres, on pourra imaginer que la philosophie la plus concrète est celle qui pose cette diversité de types qualitatifs d'universels. Tandis que Spinoza et Nietzsche usent d'une infinité d'attributs, mais univoques et qui manifestent donc le même type d'opposition ou de transcendance à un terme $= x$, la considération de la sphère entière de l'histoire de la philosophie *comme une seule décision philosophique* pourrait nous donner le sentiment d'un sur-spinozisme ou d'un sur-nietzschéisme : à n'importe quel phénomène à interpréter correspondrait enfin une infinité de plans-de-transcendance ou d'attributs qualitativement hétérogènes, non seulement dans leur genre mais dans leur mode de transcendance par rapport à ce phénomène. Au lieu de l'univocité de l'Etre ou de l'Attribut qui se dit en un seul sens de donné, il y aurait ainsi une plurivocité radicale du sens lui-même, de l'universel ou de l'attribut comme tel. La limitation grecque (à chaque chose correspond un seul type d'universel, un unique plan-de-transcendance) et même l'ultime limitation, spinoziste et nietzschéenne (à chaque chose correspond une infinité de plans-de-transcendance ou d'attributs du même type) seraient enfin levées. Ce serait non seulement poser *toutes les philosophies* comme une seule philosophie, mais les poser comme cas particuliers d'une sur-philosophie qui les contiendrait toutes à titre de possibilités. Celles-ci étant chacune fondées sur l'idée qu'il y a un seul type d'attribut ou d'opposition, elles ne verraient que le leur, et, à travers lui, se mèneraient mutuellement une guerre inconsciente. Mais il y aurait aussi une généralisation philosophique possible de la décision philosophique. Ainsi Héraclite, Platon, Aristote, Kant, Hegel, Nietzsche, Heidegger, etc. ont chacun pris à part ceci de commun qu'à un même point = x ontique de la réalité, ils font correspondre un et un seul type d'universel ou d'attribut ; et même s'il se monnaie en une pluralité, celle-ci reste du même type ; la Dialectique, l'Opposition réelle, la Différence, etc., c'est toujours l'univocité de la syntaxe. Ici au contraire, on lèverait enfin le postulat grec de l'unicité de la syntaxe ou du sens. Il y aurait pour tout point réel possible une multiplicité infinie de syntaxes ou d'oppositions hétérogènes, de type d'universels. Chaque terme serait muni non pas d'un type d'universel, non pas d'un plan, mais d'un universel de plans universels, d'une multiplicité radicale de décisions philosophiques.

Cette multiplicité de plans-de-transcendance vaut-elle toutefois réellement mieux que celle des points singuliers dans chaque plan ? Un seul fait suffit à indiquer que non : ces divers plans-de-transcendance ne sont pas en fait équivalents ou indifférents les uns aux autres, comme on feignait un instant de le croire, mais immédiatement en conflit. Et si *une* philosophie (un plan-de-transcendance) engage *la* philosophie tout entière chaque fois et sans reste, il est impossible de conjurer réellement la contradiction et la guerre. Celle-ci signifie de nouveau une réduction unitaire des plans-de-transcendance eux-mêmes. *Il est impossible à la décision unitaire ou suffisante d'admettre de droit une multiplicité indifférente de décisions, c'est-à-dire de plans-de-transcendance.* Il lui est impossible de faire correspondre à un terme = x une infinité radicale d'interprétations équivalentes, mais une seule qui implique la guerre entre toutes et entre les autres et elle-même. Ou bien on considère toutes les décisions philosophiques comme une seule décision, et la multiplicité des attributs pour un même phénomène n'est plus indifférente mais est réduite à une unique interprétation et tourne à la guerre ; ou bien on prend en compte cette opposition entre les plans, cette multiplicité des interprétations, mais elle reste limitée, c'est une multiplicité d'attributs à l'intérieur d'un unique sur-attribut. La décision philosophique oscille de l'Un (-multiple) au Multiple (-Un) et ne peut parvenir à *reconnaître pour un phénomène quelconque* = x *une infinité indifférente ou une équivalence des décisions*.

L'introduction réelle d'une multiplicité de plans ou d'attributs équivalents pour un même phénomène à interpréter impliquera, c'est maintenant évident, une transformation de l'essence de la transcendance, sa libération en particulier du carcan unitaire. Les modes de la transcendance ne peuvent devenir réellement infinis et équivalents que si celle-ci est libérée de la scission et du type d'unité qui lui est attaché. Une transcendance intrinsèquement multiple doit avoir pour essence autre chose que *l'Unité divisée*, que la *Dyade unitaire* qui est le requisit ultime des systèmes philosophiques. Comment libérer la transcendance et l'Autre ?

Le passage philosophique à l'a priori est toujours fondé sur l'Autre, c'est lui le moteur et le ressort de l'opération : l'a priori est l'Autre de l'empirique. Mais cet Autre est ordonné à l'universel, mélangé plutôt avec lui ou est thétique et donc unitaire. Non seulement il est ordonné à l'Unité qui viendra le ressaisir dans la seconde opération — unité transcendante —, mais il est inséré entre deux positions. La solution ne peut donc consister seulement à faire comme les contemporaines déconstructions de la métaphysique, *à renverser la hiérarchie de l'Unité et de l'Autre, et à dédoubler l'Autre, à mettre l'Autre aussi hors-Unité* ; à affecter celle-ci de celui-là comme Autre à la fois ordonné à elle et hors d'elle. Car cette solution, si intéressante soit-elle, est désespérée et conserve le système de l'Autre thétique, de la transcendance comme faisant corps indécidablement avec la position. Au contraire, *l'Autre devrait être d'emblée une multiplicité de transcendances non-thétiques ou d'attributs universels mais non-positionnels, équivalents sous cet angle et correspondant à un terme* = x. C'est toute la différence entre une déconstruction restreinte de la métaphysique et une ouverture radicale de celle-ci ; entre une ouverture philosophique ou une décision et une ouverture réelle ou scientifique.

La solution, nous la connaissons depuis la vision-en-Un. Elle consiste à ne plus penser du tout dans la matrice de la Dyade unitaire ou du couplage des contraires qui exige pour tout terme = x un contraire et un seul. *Mais à libérer d'abord, paradoxalement avant l'Autre lui-même, le terme x de sa relativité latente au terme qui va lui être opposé.* A penser en termes plutôt qu'en relations, et à partir d'un terme absolu ou réel = x, l'Un lui-même, qui n'a pas besoin qu'on lui oppose un contraire pour qu'il soit lui-même déterminé; à se le donner déjà déterminé en soi avant sa mise en relation aux autres. La philosophie ne peut commencer ainsi, elle commence par définition *dans* un couplage ou *dans* un entre-deux, elle est condamnée — c'est le même postulat limitatif — à ne donner qu'un seul universel à x. Sur cette base nouvelle de l'Un anté-dyadique en revanche, le problème de la transcendance peut se poser de manière radicalement ouverte.

Si le terme = x est d'abord autonome et en soi comme le réel même (l'Un non-thétique (de) soi), que devient en effet l'Autre, que doit devenir la transcendance pour qu'elle continue à « correspondre » d'une certaine manière à x, tout en libérant en elle une multiplicité indifférente, l'équivalence d'une infinité d'universels réellement hétérogènes? *L'autonomie supposée maintenant radicale du terme = x rend contingents, donc équivalents dans cette commune contingence, non seulement les décisions philosophiques, mais tous les modes de l'Autre.* Leur contingence par rapport à l'Un signifie que leur multiplicité radicale vaut de fait. Mais elle implique aussi que l'essence de l'Autre ou de l'attribut/universel soit à son tour la même que celle du terme-Un, qu'elle soit dégagée de la scission et de la relation (de la relativité), de la décision et pas seulement de la position, qu'elle soit, comme pour le terme = x ou l'Un réel, l'être-immanent. La transcendance ou l'universel cesse alors d'avoir la forme du *plan* ou de la *position* mixtes et d'être limitée à un type déterminé chaque fois et qui définit une décision philosophique particulière. Ainsi on ne peut donner à un terme = x une multiplicité d'interprétations — de descriptions — plutôt qu'une seule, qu'à la condition de changer d'abord notre expérience de l'essence du terme = x et ensuite seulement de l'Autre (et de ce que la vision-en-Un a démontré être les a priori non-thétiques en général); de quitter radicalement le terrain grec de la pensée. Sur ce terrain, les apories de l'Unité et du Multiple, leur entr'empêchement continuent à limiter de manière interne la pensée et la contraignent à rester dans la forme de la décision philosophique. Puisqu'il s'agit de la première articulation du *logos*, celle du « méta-physique », on peut formuler la solution encore autrement. On ne peut libérer le *méta-* (physique) de sa limitation métaphysique, ou l'Autre de ses contraintes unitaires, et multiplier à l'infini les « métaphysiques » équivalentes possibles et les a priori correspondants comme descriptions d'un même phénomène, que si ce phénomène est suffisamment réel pour ne plus être relatif à l'Autre lui-même et que si celui-ci reçoit à son tour une essence «unaire» — un être-immanent — plutôt que «planaire».

Le méta-physique en régime grec est toujours unique, plus exactement unique-comme-multiple et multiple-comme-unique ; ce qui n'est pas très différent que de dire : à n'importe quel phénomène, on ne peut faire correspondre qu'un seul plan ou qu'une seule philosophie chaque fois. Il n'y a donc pas de sortie continue hors du paradigme grec, de transitions ou d'aménagements internes : c'est à l'essence même de la décision philosophique qu'il faut s'en prendre si l'on veut pouvoir se donner une infinité d'interprétations ou de possibles (de *descriptions*) équivalents pour un même phénomène réel.

La vision-en-Un comme généralisation de l'opération transcendantale : la fondation de l'ouverture radicale de la décision philosophique comme «non-philosophie».

La décision philosophique, on l'a dit, est le *logos* comme double articulation. La seconde articulation distingue et unit, mais unit principalement la transcendance et l'immanence, l'Autre et l'Unité. Elle est l'Unité et, de là, la Totalité supérieure qui ressaisit la transcendance à l'œuvre de manière dominante dans la première articulation et qui la ré-unit à elle-même dans une identification ultime. C'est le devenir-Unité, devenir-immanent ou devenir-transcendantal de la transcendance (de la scission, de l'a priori encore relatif à l'expérience), le passage de l'universel déterminé ou du général au total. Ce mécanisme est celui de la décision philosophique au stade supérieur de son processus. Cette Unité supérieure qui s'unit à la scission, qui se réconcilie avec l'Autre ou l'universel, Unité dont nous disions qu'elle était unitaire, c'est elle qui agit maintenant explicitement.

En vertu de son unité avec l'Autre, on conclura : autant de modes de l'Autre thétique ou philosophique, autant de modes de cette Unité. L'aporie unitaire est ici simplement reconduite un peu plus haut : de ces Unités ou Totalités supérieures dans lesquelles se condensent les décisions philosophiques «complètes», on dira aussi qu'elles sont chacune unique-comme-multiple, et multiple-comme-unique. L'Unité et la Multiplicité ici encore s'entr'empêchent et ne peuvent pas être libérées l'une de l'autre ou rigoureusement identiques. A un phénomène quelconque on pourra faire correspondre une et une seule décision complète ou Totalité. Et si l'on veut lui faire correspondre une multiplicité de décisions de Totalité, celles-ci devront être comprises unitairement comme des modes, des parties, des degrés, etc. de celle-là, mais jamais comme des Totalités en nombre illimité et équivalentes de droit.

Si maintenant, au contraire, on part du résultat obtenu dans la généralisation de la première opération et si l'on se donne une Transcendance non-thétique plutôt que décisionnelle et positionnelle comme est celle de la décision philosophique, quel type d'Unité puis de Totalité peut-on obtenir ? Elle ne peut plus être de toute évidence du même type que cette Unité-scission, cette Unité-Autre qui fait la décision philosophique ou le régime grec de la pensée. Celle-ci enveloppe en elle-même la multiplicité restreinte de la Dyade des contraires, d'origine aporétique et peu positive ; elle reste liée par ses tenants et ses aboutissants au mélange de la décision (la transcendance) et de la position (inséparabilité grecque de l'Unité et de l'Etre). Ici encore la solution qui consisterait à poser toutes les décisions philosophiques de Totalité comme une seule décision ou même comme ses modes, resterait désespérée et se contenterait de reconduire la limitation interne que représente le postulat héraclitéen. Ce serait passer d'une Unité à une Sur-unité, d'une Totalité à une Sur-totalité, dans un effort incapable de faire éclater les contraintes unitaires. Cette dernière tâche n'est possible que par *la fondation, comme telle, de l'Unité puis de la Totalité comme ouverture radicale, qualitativement infinie par son caractère non-mixte*. C'est évidemment ce qu'à propos de la vision-en-Un nous avons appelé l'a priori de l'Unité-non-thétique (UNT) et l'*Univers non-thétique*. On ne confondra pas l'Un lui-même avec cette Unité-Totalité que nous cherchons comme effet ultime d'une généralisation «non-héraclitéenne» de la pensée. Il y a de toute façon l'Un réel, celui de la vision-en-Un. Il fonde une multiplicité de Transcendances hétérogènes mais équivalentes. Il y a de plus maintenant l'UNT comme autre a priori de la représentation ou mode du (non-)Un. L'Un — comme l'a montré la description de la vision-en-Un — la fonde elle aussi comme a priori ultime, et unifie les apriori sous forme de Totalités multiples et équivalentes qui ne manifestent plus aucune efficace restrictive ou unitaire sur les Transcendances non-thétiques (les a priori ne s'entr'empêchent plus de leur mélange).

La vision-en-Un comme équivalence des décisions philosophiques et des a priori de la décision

A chaque point du réel = Un doit pouvoir correspondre de droit — en vertu de l'Un lui-même et de son indifférence — une multiplicité infinie et hétérogène de Transcendances, d'Universels, d'Unités et de Totalités équivalents et non pas un seul exemplaire de ces a priori en conflit avec les autres. Il y a une positivité radicale des Transcendances et des Totalités, une multiplicité essentielle des Autres et des Unités (dont l'Autre et l'Unité uns-comme-multiples de la décision philosophique ne sont que des cas particuliers). Ils ne sont plus intelligibles dans le cadre gréco-occidental : cette multiplicité des types de Transcendances, d'Universels, d'Unités et de Totalités ne peut plus être expliquée en effet par la transcendance comprise unitairement comme décision (et donc ayant partie liée à une position). Il y a bien, dans la philosophie, une multiplicité-par-division et une unité-par-totalisation, mais ce sont justement des phénomènes unitaires qu'aucune décision philosophique ne peut dépasser. Nous avons au contraire, sur la base de l'Un, une multiplicité non-décisionnelle des Transcendances, des Universels, des Unités et des Totalités qui n'ont pas été obtenues par scission et totalisation, c'est-à-dire par des procédés qui renvoient à l'Unité unitaire. Ce qui n'est possible que si nous avons une donation immédiate (à) soi des Transcendances ou des Autres, des Unités, des Totalités : un être-immanent qui n'a pas besoin lui-même d'être affecté de l'Autre c'est-à-dire, ici, d'une scission, ou bien d'une Unité réfléchie en elle-même c'est-à-dire, ici, d'une totalisation.

Multiplicité apriorique radicale, non empirique ou empirico-rationnelle : elle ne peut dériver de la pluralité des a priori ou des universels thétiques de la philosophie. Il est évident que l'ouverture absolue des possibles au-delà des décisions, nous n'irons pas la chercher dans la considération empirique des décisions existantes dans l'histoire et supposées toujours être, précisément, des couplages décisionnels-positionnels. C'est la nature même, l'expérience même de la pensée qu'il faut «changer» pour briser le règne de la pensée «héraclitéenne» et pour accéder à cette multiplicité et à cette équivalence de droit des possibles aprioriques et, de là, des descriptions du réel.

Les Grecs ont mis dans un rapport trop restreint, c'est-à-dire réversible, deux termes et seulement deux : l'immanence et la transcendance, l'unité et la scission. Ce type de simplification des données de la pensée ne pouvait conduire qu'à des complications et des retors infinis. Pour généraliser le problème d'une expérience «non-grecque» de la pensée, il a fallu ceci : plutôt que de faire correspondre chaque fois à un terme = x un unique autre terme (par exemple : un type de transcendance) dans des rapports unitaires, réciproques ou de simultanéité de l'Un et de la Dyade, on fera correspondre à un terme = x ou à l'immanence une multiplicité de Transcendances, d'Universels, d'Unités et de Totalités donnés enfin comme équivalents, *ce qui n'est possible que si l'immanence est suffisamment réelle pour rendre tous ces termes non seulement équivalents par leur essence dans l'Un, mais contingents, donc équivalents de nouveau mais cette fois-ci au regard de l'Un. Ce n'est plus un couplage unitaire à la grecque, puisque enfin les Transcendances, les Universels, les Unités et les Totalités vont supposer l'immanence mais sans réciprocité.* La solution consiste à briser dans le principe ou à «dualyser» l'axe grec de l'Un/Multiple qui supporte l'onto-théologie, mais qui, ici, reçoit un tout autre sens. Tandis que dans l'onto-théo-logie il était comme refermé ou noué en lui-même et supposé unique (le discours sur l'Un-comme-Multiple est supposé unique-comme-multiple, donc toujours unitaire), ce cercle est ici brisé de la manière la plus définitive. Il est plus qu'ouvert : remplacé par une multiplicité-sans-scission de Transcendances non-décisionnelles, de Positions non-positionnelles, de Totalités non-totalisantes. L'ensemble est fondé dans un «Un» qui ne contraint pas celles-ci, qui n'est plus cette immanence idéelle que connaît la philosophie, mais une immanence réelle qui laisse être pleinement cette multiplicité des a priori non-thétiques et de la représentation scientifique. Aussi bien cette multiplicité doit-elle précéder à son tour et sans retour les décisions philosophiques pour pouvoir les ouvrir de si primitive façon et les rendre équivalentes, ce que d'elles-mêmes elles auront toujours refusé.

Une pensée «non-» philosophique est certainement la même chose qu'une pensée «non-»thétique ou «non-»mixte. Ces deux «non-» ont le même contenu phénoménal ou réel, et celui-ci, le (non-)Un, provient, plutôt que de la décision ou de l'Etre qui ne le connaît pas, d'une instance de réalité qui témoigne d'une autre expérience de la pensée : l'Un non-thétique (de) soi.

Pour pouvoir fonder cette indifférence d'une multiplicité d'a priori équivalents, il faut disposer ainsi d'une expérience, par exemple de l'Autre comme sans-scission ou «refente»; ou de la Totalité sans «totalisation» — donc aussi sans unité «unitaire»; qui ne soient plus ce qu'ils sont dans la philosophie, c'est-à-dire un Autre-d'Autre à l'infini et mélangé avec l'Unité, ou bien une Totalité-de-Totalité et auto-englobante. Cette multiplicité «simplifiée» des a priori suppose à son tour pour essence un être-immanent radical, qui ne se mélange justement pas avec elles et qui puisse être par exemple l'essence de l'Autre sans former lui-même un mélange avec l'Autre.

Nous l'appelons l'Un comme expérience transcendantale irréfléchie ou comme vision-en-Un, il forme le fondement absolu de la pensée scientifique et l'être-immanent ultime de la généralisation non-philosophique.

Finalement la condition nécessaire pour augmenter de manière illimitée le nombre des dimensions de la pensée, au-delà de l'unique dimension d'altérité et de totalité qui fait la décision, ne réside pas dans l'ajout de dimensions du même type ou de la même essence, mais dans une autre expérience, non-thétique (de) soi, une autre essence de la pensée. Si l'on trouve ainsi la raison positive qui définit l'Autre ou la Totalité et les a priori de la décision philosophique en général, dans une multiplicité plus hétérogène que celle de la décision elle-même, mais équivalente, et qui ne corresponde plus à une scission et une totalisation mais à un être-immanent, alors on dispose d'une expérience de la multiplicité et de l'hétérogénéité des possibles qui offre à la pensée une ouverture que sa fermeture grecque lui avait d'emblée interdite. Elle a son «siège» hors de la philosophie, elle n'est plus négociable par celle-ci. Son siège est la science, en tant qu'on lui restitue son essence et sa «vérité transcendantale». La véritable ouverture «de» la philosophie consiste ainsi à la fonder sur une expérience pré-unitaire de l'être-immanent de la pensée. *Seule la science en tant que fondée dans la vision-en-Un peut ouvrir radicalement la décision philosophique et la faire sortir de sa pratique spontanée. Seule elle peut faire apercevoir la philosophie qui s'est pratiquée naïvement comme un cas particulier d'un système de pensée plus vaste qui légitime une multiplicité illimitée de droit de possibles : la non-philosophie.*

Le style non-philosophique, cette infinité équivalente des décisions et des a priori de décision pour un même phénomène, est le contenu concret du *Principe d'équivalence de toutes les décisions philosophiques*. Nous en poursuivrons un peu plus tard la description en l'exemplifiant sur le cas des «déconstructions». Nous allons terminer ce chapitre en examinant le cas des pratiques non-philosophiques spontanées qui existent déjà dans l'histoire, leur insuffisance et la condition nécessaire pour leur donner un fondement scientifique.

Les pratiques non-philosophiques spontanées de la philosophie et leur fondation scientifique

Il y a toujours eu des pratiques non-philosophiques de la philosophie. Pour en saisir la portée, qui reste limitée, plusieurs distinctions préliminaires peuvent être faites :

1. Dans la pratique philosophique spontanée, celle où la pensée unitaire se veut comme telle, le philosophique et le non?philosophique sont déjà et de toute façon mêlés. Il y a toujours du non-philosophique : un point de vue, une perspective, un matériau, une donnée, etc.,

livré à son aveuglement empirique ou à son non-sens grégaire, quotidien, vulgaire, etc. Mais c'est du non-encore-philosophique, il aura à-devenir-philosophique, à être ré-intériorisé, signifié, vérifié, relevé, critiqué, déconstruit, etc. et ceci de toute façon. Si bien que ce non-philosophique n'est postulé ou toléré que pour être soumis en dernière instance à l'autorité et à la parousie du devenir- ou de l'enfin-philosophique. Il ne travaille pas pour son compte, mais pour la ré-affirmation de la philosophie comme telle, il répond sans jamais faire réellement faux-bond à l'appel du Principe de philosophie suffisante. Il y a ainsi, à l'état de tendance, un idéalisme absolu propre à la philosophie, c'est un invariant et chaque penseur peut le varier et le réaliser à sa manière. Cet usage moyen du non-philosophique tolère deux variantes : l'une supérieure, l'autre inférieure à lui.

2. La variante supérieure de cette tendance est récente : entre le non-philosophique et le philosophique, il y aurait presque une dualité, un quasi-dualisme. Le non-philosophique reçoit une positivité spéciale qui le rend un peu plus autonome que précédemment par rapport à sa ré-affirmation finale. Toutefois, c'est le caractère limité de ce projet, celle-ci n'est jamais détruite ou absente. Sans doute n'est-il pas entièrement intériorisable ou négociable par elle, et lui résiste-t-il jusqu'à la transformer pratiquement dans de certaines limites. Mais ces tentatives succombent, après un certain retard ou un délai qui leur paraît suffisant, au Principe de philosophie suffisante. La foi philosophique est ici toujours agissante, la différer n'est pas encore faire sa critique réelle. C'est qu'il y a au départ une certaine faiblesse à déterminer réellement et rigoureusement le contenu phénoménal propre du «non-» du non-philosophique. D'une part cette altérité, cette expérience-d'Autre est encore imprégnée de négativité ontologique et n'a pas acquis sa forme la plus positive. Elle reçoit sans doute un contenu positif qui exprime une certaine altérité ou qui en est le symptôme : *le* politique par exemple, la «prise de parti» ou la «lutte de classes» étant son essence non-empirique. Mais celle-ci en général reçoit tantôt un masque empiriste, unique et particulier qui *bloque* l'altérité de la «lutte»; tantôt une multiplicité illimitée de masques ou de guises qui, à la manière philosophique, *généralise* le symptôme : Retrait, Impensé, Non-dit, Différence, Outre-clôture, Reste, etc.; l'empiricité est alors exclue de la positivité de l'Autre, mais celui-ci reste d'autant plus indéterminé. D'autre part, ceci faisant système avec cela, un cercle, même brisé et différé, subsiste entre le *non-* et le philosophique qui se déterminent encore réciproquement. Le PPS aura été sollicité, il n'aura pas été détruit.

3. La tendance générale à la soumission philosophique du non-philosophique tolère également une variante inférieure : tous les usages empiristes et techniques de la philosophie par les spécialistes (physiciens, théologiens, scientifiques, poètes, écrivains, etc.), mais aussi par l'histoire de la philosophie, par sa réduction langagière ou textuelle, sont des modes réifiés de cette expérience unitaire du non-philosophique. Moins encore que les précédents, ils tendent la décision vers son point de rupture. Ils lui restent ordonnés en dernier ressort, la décision étant plus puissante qu'eux. Ce sont encore des *possibilités* (extrêmes) de la philosophie et comptables devant sa suffisance.

La plupart des usages de ce type restent dans l'obédience des Autorités philosophiques et n'entament celles-ci qu'avec leur consentement ou leur arrière-pensée. Ces solutions doivent être éliminées, en particulier : 1) celle qui laisse indéterminé le *non-* ou qui croit le déterminer en le rabattant sur le divers historico-empirique des tentatives avortées ou refoulées de «philosophie populaire», de «philosophie à l'usage de...»; 2) celle qui croit le déterminer par l'idée de la pratique politique — pratique politique et donc «non»-philosophique de la philosophie — et qui ne fait alors que le sous/sur-déterminer par une philosophie d'importation ou de contrebande qui ne parvient de toute façon pas à lui donner une essence réelle et positive; 3) celle qui identifie ce projet à une déconstruction de la décision philosophique ; le *non-* étant alors un Autre-qui-*n'est*-pas, une puissance d'altérité absolue (-relative) qui affecte la clôture de la maîtrise philosophique mais qui continue à supposer celle-ci comme fondamentalement incontournable. C'est dire qu'elle aussi laisse l'Autre ou le *non-* indéterminé, lui refusant toute essence positive et recevant cette transcendance à son tour sur le mode de la transcendance, c'est-à-dire de manière vicieuse et redoublée. Ces trois types d'usage non-philosophique de la philosophie sont programmés par celle-ci. Tels qu'ils sont régulièrement pratiqués, ils relèvent de la foi ou de la spontanéité unitaires. Bien entendu le principe scientifique d'équivalence des décisions philosophiques s'appliquera à ces usages aussi : ils auront autant de valeur, du moins pour le sujet (de) la science, que les usages «durs» de la philosophie ou «en vue de» celle-ci *comme telle*. Mais ils n'auront pas non plus davantage de vérité que la philosophie «comme telle» ou que, par exemple, son usage universitaire et historisant. Il faudra dégager un quatrième type, tout différent, de pratique non-philosophique pour pouvoir lui accorder une valeur scientifique.

Toutes ces solutions sont philosophiques sur des modes divers, parce qu'elles attribuent au *non-* et à la critique une priorité et une primitivité de type métaphysique ou «philosophie première». Toute critique philosophique (de la philosophie) est *critique première* et, du coup, ne peut que se fonder sur un non-être ou un Autre qu'elle *suppose donné*, qu'elle laisse indéterminé dans son essence réelle et qui la voue à concentrer toute son activité sur la résistance à ce non-être qui la mine originairement. La philosophie est une foi : comme telle, elle est pulsion permanente de survie contre son intime inessentialité. L'autorité philosophique tolère certains usages de ce type, mais à condition de compromettre déjà unitairement la notion *d'usage* qu'elle commence par diviser : un usage extra-philosophique, un usage encore philosophique. Elle accepte même de se diviser entre une autorité inférieure, «métaphysique», «grégaire», «logocentrique», etc. qui doit être perturbée, et une autorité supérieure intacte qui continue à surveiller et régler partiellement l'opération. La philosophie s'est ainsi toujours exercée à travers du non-philosophique de ce type, mais ce n'est plus de cela qu'il s'agit maintenant. Le problème des Autorités philosophiques n'a plus guère d'intérêt dès qu'il est traité avec la philosophie, avec ses opérations et la prétention qu'elle leur attache ; tant qu'il n'aboutit pas à une dualité radicale soumettant la philosophie à la science, dualité qui ne dérive plus d'un Autre supposé donné et d'ailleurs inintelligible et inessentiel, mais du réel ou de l'Un. Si la philosophie requiert du non-philosophique partout et toujours, le problème est ailleurs : ce qui compte n'est pas le contenu empirique de cette altérité, *ni même celle-ci comme telle* puisque la philosophie décide encore, dans un geste supérieur, de celle-ci. C'est l'origine réelle de cette altérité, sa provenance dans l'être-immanent de l'Un ou bien seulement dans la trancendance du Monde. Si elle reste indéterminée et première, alors elle fait système avec la maîtrise philosophique et toutes les nuances sur ce coefficient d'altérité n'ont aucune importance *réelle*.

Les usages non-philosophiques de la philosophie n'auront quelque chance de se multiplier et de se rendre positifs, de n'être plus les traces d'un corps auto-supplicié, que s'ils cessent de découler de la critique de la philosophie pour découler d'abord de sa science. Le *non-*, avant d'exprimer une puissance auto-critique ou même hétéro-critique, toute la guerre inter-philosophique, doit exprimer le (non-)Un, l'indifférence du réel aux décisions, l'équivalence de toutes les décisions dans la *chôra* plutôt que leur conflit de hiérarchie. Et l'équivalence des philosophies doit se prolonger dans celle de leurs usages.

Qu'est-ce qui fait communiquer le pluriel des usages — par opposition à l'usage philosophique unique, malgré tout, de la philosophie —

et le *non-* du «non-philosophique»? Ce *non-* doit immédiatement recevoir un contenu phénoménal positif ou immanent. C'est le (non-) Un, la Détermination en dernière instance qui est ce contenu phénoménal rigoureux. Si bien que ce *non-* cesse enfin d'être facteur d'indétermination et de guerre comme c'est le cas lorsque c'est la philosophie qui le pose comme «néant», «néantir», «non-être», etc. en fonction encore de l'Etre ou de la volonté philosophique plutôt que de l'Un. A ce *non-* ne correspondent donc plus les différentes formes, quelles qu'elles soient, de non-être, de non?être, de néant ou de néantir, mais la *chôra* et l'ensemble des a priori non-mixtes. Ils se fondent directement dans l'Un sans le co-déterminer en retour, échappant ainsi définitivement à la circularité philosophique. Le *non-*(philosophique) peut alors affecter le philosophique en extériorité irréversible ou en régime d'hétéronomie. Entre le réel et la philosophie, il n'y a plus alors cette équation, cette identité plus ou moins perturbée que celle-là posait comme étant elle-même ou la forme supérieure d'elle-même. Désormais, sans être encore un «côté» ou un terme dans un couplage, le réel reste inhérent (à) soi sans s'aliéner et du coup l'équation de la philosophie passe de l'autre côté, plus exactement «de côté», du *seul* côté possible, elle s'inscrit dans le (non-)Un comme dans l'Uni-côté des choses qui découle de l'Un. Ce sont toutes les syntaxes philosophiques et les jeux auxquels elles donnent lieu qui sont expulsés et qui libèrent des «termes» libres, termes désormais sans relation *réciproque* ou *unitaire* avec le réel. C'est à ce titre, dans cette dualité que peuvent être fondés des usages non-philosophiques de la décision.

Nous pouvons alors généraliser l'idée *d'usages non-philosophiques de la philosophie*, à condition de la fonder en toute rigueur. Ce ne sera plus un trait empirique accidentel, ni une diversité historique ou un continuum spatio-temporel de la philosophie, ni un programme de déconstruction de celle-ci. Mais un projet systématique fondé dans la précession de la science sur la philosophie. *Un champ de possibilités pragmatiques nouvelles, fondé dans la positivité de la Détermination en dernière instance, s'ouvre et libère une multiplicité peut-être infinie de nouvelles pratiques non-philosophiques de la philosophie.* Ce ne sont pas de nouvelles variétés philosophiques, de nouveaux systèmes obtenus par variation, greffes, intercessions, etc. sur les invariants de la décision. Ce sont de nouveaux *usages* — sous les codes de la science — des philosophies, existantes ou non. Il aura fallu mettre à jour — sous le nom de vision-en-Un et de ses structures — les données phénoménales ultimes du non-philosophique, celles que vit de manière immanente le sujet (de) la science, pour qu'il devienne possible de fonder sur elles tous ces usages, sinon étriqués et timorés, et qui, désormais, ne seront plus ré-intériorisables ou relevables par le *logos*, ne feront même plus système avec lui au sein de la foi philosophique.

Nous appelons pragmatique « universelle » ou « ordinaire » celle qui, n'étant plus un sous-produit ou un sous-ensemble de la décision, est fondée sur la science, dérive d'elle seule et laisse-être comme son objet — objet de type scientifique — la philosophie comme telle. Plutôt que de généraliser philosophiquement et ad hoc la pragmatique (elle ne pourrait pas en fait être étendue à la philosophie sous peine de prétendre illusoirement constituer une méta-philosophie), elle est ainsi replacée sur la base réelle de ses données phénoménales ou sur l'infrastructure de la science. C'est lui ouvrir la dimension d'un futur radical, d'un futur-sans-logos ou sans-horizon, d'une représentation sans fermeture positionnelle. De là *une pratique radicalement expérimentale de la philosophie, et étrangère à son cercle ou à son philocentrisme.* Les conséquences humaines sont évidentes : seule une science de la philosophie peut triompher réellement des prétentions illusoires de celle-ci, et s'il y a un moyen de rendre la philosophie à son tour sujet non-thétique (de) soi, d'en procurer des usages de cette nature et de la ramener dans les limites de la finitude humaine la plus radicale, il est ici. C'est une renaissance de la philosophie dans l'esprit de la science.

Exemple de l'archive : les illégalismes de la pratique philosophique

A titre d'exemple — mais ce n'est qu'un exemple — on peut prendre le cas de l'archive et tracer le trajet qui va de l'archive dans la philosophie à la philosophie comme archive.

1. L'histoire de la philosophie, sous toutes ses formes, même les plus normalisées, est encore une manière de pratiquer la philosophie et, de toute façon, peut toujours être ré-interprétée et engendrée comme une possibilité de la décision philosophique. Si l'on veut « travailler » celle-ci, il est de toute façon possible de faire ce travail sur l'archive.

2. L'archive est un matériau qui témoigne de plusieurs façons de philosopher. Non seulement par les textes, les inscriptions ou les documents qu'elle véhicule et auxquels elle sert de support. Mais en elle-même, dans sa matérialité de support, qui lui permet d'être traitée comme *monument* et pas seulement comme *document* (Foucault). Mais sa matérialité n'est pas une propriété neutre ou inerte : chaque philo-

sophie a sa manière de « décider » de son type de matérialité. Celle-ci risque d'apparaître toujours, au sein d'une philosophie, comme du *non-philosophique* (de l'objectivé, du réifié, du déchu, du déficient, de l'archéologique, etc.). Mais toute décision est justement capable d'inclure ce moment de non-philosophique qu'elle intériorise, relève, déconstruit, etc., et dont, simultanément, elle fait la généalogie. C'est pourquoi, de toute façon, l'archive a une place dans la philosophie : il suffit de se donner les moyens de faire une « philosophie de l'archive ».

Quelle est alors la place de l'archive dans ce projet qui, lui, traite globalement la philosophie comme un matériau et justement, à la limite, comme une « archive » d'un type nouveau ? On distinguera deux points de vue.

3. Les archives nous intéressent d'abord par ce dont elles témoignent et ce qu'elles rapportent (soit par l'inscription, soit par elles-mêmes) des éventuelles pratiques périphériques, marginales, populaires, délirantes, etc. de la philosophie. De ce point de vue, elles sont un matériau nécessaire, et leur pratique est incluse dans le projet le plus général d'un traitement expérimental de la philosophie. Elles sont nécessaires pour l'inventaire des formes « illégales », non-normatives, de production, de distribution et de consommation des énoncés philosophiques ; formes, disons-le de manière indicative, qui ne tombent pas immédiatement dans l'auto-référence historisante propre aux pratiques universitaires. L'archive peut fournir des suggestions, fonctionner comme réservoir de modèles pratiques « non-conformes » de la philosophie. Du travail d'exhumation des usages périphériques, minoritaires ou refoulés de la philosophie, on peut attendre des incitations théoriques et pratiques.

4. Le second usage est plus difficile à mettre en œuvre mais plus novateur. Il consiste à prendre les résultats du premier comme *matériau pour un certain travail* (sur le contenu de l'archive et peut-être aussi sur elle comme telle, s'il est possible, ce n'est pas sûr, de distinguer les deux) et à augmenter au maximum la distance non-objectivante ou l'indifférence non-thétique au terme de laquelle on pourra traiter ces usages non-normés comme un matériau absolument quelconque et indéfiniment transformable, en dehors de toute référence ou obédience aux codes et à la rigueur propres de la philosophie. Cette distance existe déjà dans ce que présentent les archives, où la philosophie est souvent traitée de manière hétéronome ou hétérodoxe. Mais on tenterait ici de radicaliser cet écart ; de *fonder en réalité et en positivité, et*

de manière définitive, la possibilité de droit de ces traitements les plus hétérophilosophiques de la philosophie, où sa pratique homophilosophique ne serait plus qu'un cas particulier de sa pratique hétérophilosophique...

« Accentuer l'écart », le « fonder en réalité et en positivité », cela veut dire, de toute façon, que la décision philosophique — sous archive ou pas — ne serait plus traitée de manière « objectivante », c'est-à-dire à partir encore d'elle-même et sous son autorité ultime puisque l'objectivation est une fonction structurale de la décision. Si la science, à la différence de la philosophie, n'use pas principalement ou essentiellement de l'objectivation, si au contraire elle peut « laisser-être » la décision, alors elle seule peut fonder un nouveau statut, non-objectivant (non-réifié, non-déchu) de la philosophie-comme-archive et de son traitement le plus hétérodoxe. On ne peut que procéder expérimentalement, en prenant le risque de multiplier les formes apparemment *déviantes* de la pratique philosophique ; mais avec la certitude de départ qu'il est possible de le faire, que ce droit peut être fondé et qu'ainsi on supprimera les accusations de déviance portées à l'encontre de ces usages.

Il ne s'agit pas ici de déconstruire *après coup* l'usage dominant, universitaire, style « les Grands philosophes », de la philosophie, par le moyen de ses usages marginaux auxquels on l'ouvrirait. Il y a bien aussi un effet de ce type. Mais d'une part on ne procède plus ici après coup, mais en postulant d'entrée de jeu la pleine validité et réalité de ces usages (ils ne sont donc plus « marginaux ») dont la philosophie « normalisée » des philosophes n'est alors qu'un cas particulier sans validité spéciale. D'autre part, on radicalise les effets « déconstructeurs » portés sur le corps philosophique officiel en plongeant l'ensemble de ces pratiques dans l'équivalence de la *chôra*. On justifie non seulement qu'il y ait une multiplicité de positions et d'interprétations philosophiques « reconnues » pour un même phénomène à interpréter, mais qu'il y ait aussi et de droit une multiplicité de reformulations, de remplois, de variations opérables sur « la » ou « une » philosophie. Par exemple sur un énoncé paradigmatique ou emblématique comme « je pense donc je suis », il doit être possible en droit d'opérer des séries de variations qui donneront lieu à autant de philosophies et surtout de non-philosophies possibles. Que devient un tel énoncé — pas seulement du point de vue de son sens, mais dans sa formulation même, dès que les pratiques opérant sur lui cessent d'être codées et normées par les usages « philocentriques » et l'autorité du Principe de philosophie suffisante ?

Science de la philosophie, non-philosophie, pragmatique

Une science de la philosophie permet ainsi de *fonder le droit des usages non-philosophiques de la philosophie*. Il y a déjà, on l'a dit, des usages non-orthodoxes ou non-normés de celle-ci, en quelque sorte ses *illégalismes*. Mais ces usages non-philosophiques de fait, qui restent aussi, à plus ou moins longue distance, sous l'autorité de la suffisance philosophique, doivent être fondés en rigueur et en réalité, la science (en son sens transcendantal) étant seule capable de radicaliser comme réel un tel *usage* non-philosophique. On appelle ainsi des opérations qui peuvent être exercées depuis la science et en particulier depuis les *a priori non-thétiques* sur le matériau de la philosophie, mais l'ensemble aussi de leurs résultats. C'est lui qui met en place les concepts de «philosophie expérimentale», «philo-fiction», «déconstruction généralisée», etc., dont elle est la systématisation et la fondation.

La non-philosophie est une discipline qui combine science et philosophie d'une manière inédite. Elle dérive de la posture-en-Un de la science sur laquelle elle est fondée, mais elle a la philosophie pour objet. C'est donc la pointe extrême ou l'effet global d'une science de la philosophie et ce qui peut renouveler les traditionnelles pratiques de celle-ci. Tandis que ses pratiques spontanées la rapportent à elle-même et en font un auto-exercice ou un automatisme de répétition, une science se la rapporte à soi et représente un changement de base dans notre rapport à elle. La catégorie de «non-philosophique» est donc scientifique plutôt que philosophique; elle est d'une positivité phénoménale absolue et représente une généralisation — généralisation de type scientifique, ici «lobatchevkien» — *de la décision philosophique au-delà de ses usages auto-référentiels ou restreints*. Elle ne relaie pas une philosophie par une autre en continuant à honorer le PPS, elle porte la philosophie à sa forme rigoureuse, *au sens toutefois où elle l'insère dans une science au titre de son objet*. Cette mutation de la philosophie implique l'invention de nouvelles expressions, pratiques, écritures, possibilités de cette manière spéciale de penser. C'est là un changement global de perspective sur ses finalités et ses fonctions, l'abandon de son auto-exercice spontané pour son insertion dans une représentation scientifique. Ce que l'on appelle aussi, mais d'un autre point de vue, comme on le spécifiera, l'«hyper-spéculation».

Ceci n'est possible que si évidemment cette instance réelle de la science implique de manière immanente, comme on l'a montré à propos de la vision-en-Un, un autre usage spécifique du langage en général et du langage philosophique en particulier. Cet usage du *logos* ne sera plus lui-même un *usage-de-logos*, usage auto-logique du discours et des énoncés philosophiques (mais pas seulement d'eux). Si cette instance apporte avec soi, a priori ou de manière immanente, la réalité d'un usage positivement non-philosophique du logos, usage descriptif en dernière instance plutôt que constitutif, alors la réalité d'une pragmatique non-philosophique est acquise une fois pour toutes.

Cet usage scientifique du langage est le seul moyen de briser radicalement le PPS. Plutôt que son usage littéraire ou bien que sa déconstruction, c'est son insertion dans les structures transcendantales de la science qui vient à bout de son autorité et qui est la suprême « expérimentation ». Car l'usage du langage en vue de la science est le plus primitif, usage du point de vue du réel plutôt que de l'effectivité. Si la levée du PPS se fait par la science, celle-ci peut faire un autre usage de la philosophie, et c'est lui et lui seul qui est le vrai contenu de l'idée d'expérimentation philosophique. L'Autre, la transcendance, qui instaure la fiction dans le *logos*, est alors généralisé et peut donner lieu par exemple à une déconstruction généralisée et positive.

Etant donné leur origine, les règles de la non-philosophie sont en elles-mêmes absolument universelles : la « grammaire » de la non-philosophie englobe celle de la philosophie comme un cas particulier, mais au sens où une science peut comprendre ces rapports du « généralisé » et du « restreint ». Elle fonde la distinction de la décision philosophique réduite à l'état de simple matériau, et du PPS qui, lui, est levé. Et elle peut s'expliciter ou se manifester par son travail sur le langage philosophique sans que, par ce biais, elle retombe sous l'autorité et sous le fantasme de toute-puissance du *logos*. Ainsi l'expérimentation scientifique de la philosophie, sa pragmatique, sa critique enfin ne sont pas séparables : c'est exactement la même chose. Cette généralisation est même le seul contenu réel de ce que l'on peut entendre par « expérimentation philosophique ». Elle revient à tirer les conséquences de la généalogie (seulement « réelle ») de la décision depuis les a priori non-thétiques, généalogie qui, ici encore, n'a pas de sens philosophique, mais un sens seulement scientifique.

Le vrai clivage n'est plus *à l'intérieur* de la décision philosophique, entre la représentation et l'Autre, mais entre la philosophie et la science. Ce n'est donc plus une délimitation, c'est une déconstruction généralisée qui trouve d'autres procédés que celui de la limitation. La constitution d'une science de la décision philosophique est identiquement la manifestation de la résistance philosophique comme telle et donc sa dénonciation fondée où la philosophie advient enfin comme vécu immanent de l'homme ou du sujet (de) la science. La philosophie doit advenir sur les positions de la science et sa résistance être ainsi manifestée et emplacée. Ce qui veut dire que les textes produits n'ont plus de valeur philosophique, mais ont une valeur pour le sujet (de) la science. C'est la seule manière dont l'homme comme tel ou comme «homme ordinaire» peut pratiquer et recevoir la décision philosophique. Aussi bien le discours ainsi produit, s'il n'a pas de sens pour le philosophe en tant que soumis au PPS, en a un pour tout homme, *et donc aussi pour le philosophe en tant que sujet (de) la science.*

Ce programme en rappelle d'autres : il fait surgir des apparences kantiennes, marxiennes, husserliennes, wittgensteiniennes, etc., mais à condition de se débarrasser, comme Husserl le demandait à propos de Descartes, de tout le contenu philosophique — décisionnel et positionnel, et pas seulement doctrinal et dogmatique — de ces philosophies, ou de ne conserver leur résidu qu'à travers leur vision-en-Un. La science est quelque chose comme la base ou l'infrastructure réelle de la décision philosophique : ce qui à la fois fonde, emplace, déplace et enfin varie qualitativement les jeux de logos, libérant la philosophie de son enlisement interminable dans ces jeux, lui ouvrant un avenir réellement illimité parce que non-«horizontal». Cette infra-structure réelle ne peut être acquise, nous le savons de la chose même, par une Révolution, une Conversion ou une Reversion, un Retrait ou une Déconstruction, qui restent des opérations promues et gérées par les Autorités philosophiques. La philosophie, malgré son délire idéaliste quant au réel, n'a pas besoin d'être remise sur ses pieds : elle reste ce qu'elle est. C'est l'homme en revanche et lui seul, le sujet de la pragmatique universelle qui doit être replacé en lui-même comme dans sa propre assise, désensorcelé ou désenchanté afin de pouvoir user de la philosophie en fonction de lui-même. L'invention scientifique de la philosophie est devant nous, qui n'avons jamais été inclus en elle ni conclus d'elle.

Chapitre IV
Les procédures de la pragmatique non-philosophique

Les six procédures de base de la pratique non-philosophique

Une description rigoureuse, c'est-à-dire, ici, une science «empirique» en général, que ce soit celle de la décision philosophique ou une autre, comprend trois aspects intimement imbriqués, qui n'apparaissent comme tels que lorsque sa portée transcendantale (valoir du réel lui-même), plutôt que simplement empirique, lui est reconnue : un aspect théorique et descriptif ou «scientifique» proprement dit ; un aspect critique (analyse d'une résistance au nom du réel) ; un aspect pratique ou «pragmatique» de transformation réelle ou non-philosophique. On se bornera ici au premier et au troisième points : l'inventaire des procédures théoriques ou descriptives, les règles de la non-philosophie en général.

Le style non-philosophique exige un travail précis ou réglé sur le matériau philosophique. Loin d'être arbitraire et de signifier une confusion des genres, il a ses propres procédures comme tout procès de production de connaissances. On distingue six stades, successifs de droit, mais qu'il est peut-être possible — sous réserve de la difficulté technique — de mener simultanément dans la ré-écriture non-philosophique du matériau. Pour rappeler ce sur quoi ces règles travailleront, il faut se souvenir qu'à l'intérieur de la pratique philosophique, et sur ses marges encore, le langage et la pensée ne se réduisent plus au sens langagier supposé commun. Ils sont surdéterminés et reçoivent un sens, une vérité, une valeur supplémentaires qui les font entrer dans le royaume et sous les lois de la discursivité philosophique. Un supplément : pas seulement de sens rationnel, mais aussi de sens ontologico-catégorial, ou bien existential, ou bien dialectique-positif, etc., c'est selon la décision philosophique qui s'empare d'eux et les met à son service. Une véritable *exploitation* — à tous les sens du mot, technologique et capitaliste — du langage et de la pensée par la décision philosophique, voilà l'entreprise qui se cache sous la «raison» *Logos*. Elle procède par des redistributions permanentes de ce supplément selon les syntaxes, les expériences, les problématiques philosophiques qui viennent se greffer sur l'organisation grammaticale et significative supposée spontanée avec laquelle elles font d'ailleurs système.

C'est donc l'ensemble de ces syntaxes et de ces décisions philosophiques, celles qui font autorité sur la langage «commun» et sur son secteur déjà philosophiquement structuré, qui est remplacé, et pour le moins inhibé (précisément dans la *chôra*), par les «syntaxes» nouvelles de la non-philosophie. Le problème n'est pas de savoir s'il y a ou non une couche de signification langagière spontanée et pré-philosophique — c'est peut-être encore là une thèse philosophique —, mais d'engager, au simple titre de «matériau» ou d'«occasion», toutes les significations possibles, tous les usages du langage, en tant qu'ils sont potentiellement interprétables par une décision philosophique, dans un processus défini par des règles d'usage non-philosophiques. Ces règles ayant une source seulement immanente, elles imposent au langage et à la pensée un usage «abstrait» tout à fait distinct de son usage transcendant ou «figuratif».

Tableau des règles de procédures

Règle préliminaire. — Du choix et de l'enrichissement du matériau philosophique. Elle formule un certain nombre de procédures dites «empiriques» ou «naïves», c'est-à-dire intra-philosophiques ou qui expriment encore l'autorité de la philosophie sur elle-même.

Ensuite, les procédures proprement dites de cette reformulation ou ré-écriture, qui consiste à traiter le vocable ou l'énoncé choisi comme matériau, comme ce dans quoi se formulent les structures de la vision-en-Un. Ce sont donc chaque fois des modes du (non-)Un ou des dualités statiques, qui sont caractéristiques de la *représentation* (de) l'Un.

Règle 1. — Redescription réciproque de l'Un et du matériau, celui-ci devant être identifié à l'Un ou à l'Identité subjective radicale, mais en dernière instance seulement, donc à l'Unité-non-thétique = UNT puisque ce devenir-sujet du matériau, pour radical qu'il soit, reste dans les limites du (non-)Un ou de la représentation (de) l'Un.

Règle 2. — Suspens radical de l'autorité de la décision sur elle-même et des codes transcendants à la science et à l'essence réelle de la décision à travers lesquels cette autorité s'exerce. C'est la règle de constitution a priori du matériau philosophique comme philosophiquement inerte, où est maintenant incluse la prétention de la philosophie comme Illusion transcendantale. Elle assure le « passage » à l'équivalence réelle des décisions et procède ainsi à ce que l'on appelle la « défactualisation » et « défétichisation » de la philosophie. Règle dite encore de la *chôra* ou du chaos des décisions philosophiques, elle consiste à décrire en fonction de la *chôra* ou de l'emplace uni-latéralisante le donné philosophique transcendant qui est ainsi réduit et qui apparaît tel quel comme matériau. Inversement l'a priori de la *chôra* doit être lui-même redécrit à travers ce matériau.

Règle 3. — Redescription réciproque de l'a priori de la Transcendance non-thétique = TNT dans le langage du matériau philosophique et de ce matériau dans la forme-TNT. Elle prescrit, comme toutes ces règles, un double travail : ici sur les aspects décisionnels ou de transcendance qui sont ceux du matériau et qui doivent être suspendus pour dégager ou manifester la TNT qui lui correspond ; mais aussi sur celle-ci qui doit être reformulée dans le langage spécifique du matériau.

Règle 4. — Redescription réciproque de l'a priori de la Position non-thétique = PNT dans le langage du matériau et de celui-ci dans la forme-PNT. Même règle que la précédente, mais elle prescrit de suspendre les aspects positionnels et universels du matériau, comme de redécrire la PNT en fonction de celui-ci.

Règle 5. — Redescription réciproque de la fonction de « support » que vient d'assumer le matériau de la *chôra*, comme a priori non-thétique = F(S), et du langage du matériau. Mais elle prescrit d'abord de reformuler cette fonction du matériau, plutôt que le matériau lui-même, comme étant à son tour un a priori non-thétique et d'insérer ensuite cette fonction support dans la fonction UNT que programmait la première règle. La règle 5 est en réalité l'unité immédiate des règles 1 et 5 et ne peut se comprendre que par la première. L'UNT inclut un rapport nécessaire à un support fourni par la philosophie comme matériau.

Règle 6. — Redescription des résultats des règles 2, 3, et 4 en fonction des règles 1 et 5 qui forment maintenant système comme précédemment la fonction-support (règle 5) était décrite par le moyen de la règle 1. Le résultat est ce que l'on peut appeler la *Totalité* ou *l'Univers non-mixte* ou *non-thétique*. Ou encore : la connaissance comme *Reflet non-thétique*. Etant donné que cette règle enregistre toutes les précédentes sans exception dans une synthèse où même le matériau est compris, l'Univers non-thétique et le matériau se redécrivent réciproquement de manière automatique.

L'ensemble de ces procédures forment le procès d'une science non-philosophique de la philosophie.

Avec les Règles 1 à 5, nous avons l'ensemble des structures a priori proprement dites de la vision-en-Un et par conséquent de la non-philosophie : *chôra*, TNT, PNT, UNT, F(S) aussi. C'est son premier côté, il consiste en une dualyse de la décision philosophique, c'est-à-dire en la description des dualités a priori que contient la vision-en-Un et dont l'un des pôles est réel ou immanent, et l'autre pôle hors-réel ou transcendant. La règle 1 est la plus importante parce qu'elle décrit le pivot de toute l'opération : elle commande cette analyse de la résistance et elle amorce déjà l'autre opération qui est de rapporter ces structures a priori non-thétiques à la philosophie et de les faire fonctionner dans les limites de celle-ci : non plus de sa suffisance ou de sa prétention mais de son état de matériau ou de langage philosophiquement inerte (la *chôra*). D'une certaine manière ces deux opérations sont déjà menées simultanément dès qu'à chaque étape il est recommandé, comme ici, de décrire *réciproquement* l'a priori et le matériau. Mais en toute rigueur l'opération n'est menée à terme qu'avec la règle 6.

Puisque la non-philosophie se passe dans la représentation (du) réel et non dans le réel où elle a son être-immanent seulement, puisqu'elle a son lieu dans la Dyade originaire ou dans le (non-)Un plutôt que dans l'Un lui-même, une certaine circularité, mais un minimum de circularité, est inévitable. Mais elle est réduite à la fonction-support, c'est-à-dire à une dualité-sans-scission entre les a priori et le matériau qui se redécrivent «réciproquement». C'est pourquoi la règle 1, qui décrit la reformulation réciproque de l'a priori du (non-)Un comme UNT ou sujet de la représentation et du matériau philosophique réduit, commande en un sens toutes les autres règles (nous l'avons mise en tête) mais, en même temps, pourrait très bien n'apparaître qu'à la suite des a priori de la chôra, de la TNT et de la PNT et avant l'Univers non-thétique.

Dernière précision terminologique : ce qu'autrefois nous appelions déjà *Transcendance non-thétique* (TNT) désignait le total des a priori de la vision-en-Un sans différencier encore ceux-ci. Cette simplification résultait d'une analyse insuffisante et témoignait d'une certaine emprise de la philosophie. Il faut donc réserver le terme et le sigle de TNT pour l'un des a priori réels de l'objectivité.

Règle préliminaire : de la constitution du matériau philosophique dans sa spécificité

C'est la règle du choix du matériau ou de la donnée-«occasion», et de son «enrichissement» en vue de sa transformation future.

1. Elle prescrit d'abord de choisir et de constituer une décision philosophique particulière (certains de ses énoncés, de ses objets, de ses problèmes, etc.) dans les fonctions de «matériau», en élaborant et en exhibant, de manière encore naïve ou intra-philosophique, les structures décisionnelles et positionnelles spécifiques de ces énoncés (etc.). N'importe quel énoncé, quelle problématique, quel objet peut toujours être «travaillé» en vue de le réduire aux invariants qui font une décision philosophique (Décision et Position, Renversement et Déplacement, etc.). Ces invariants sont par définition susceptibles de variations singulières et tout le problème est alors de les formuler dans le langage particulier qui est celui du moment : formuler par exemple en langage cartésien les structures de la décision qui apparaissent plus ou moins déguisées chez Descartes par un matériau extérieur, mais que l'on *doit* faire apparaître explicitement. Il s'agit de faire se manifester les structures invariantes de la décision au sein du langage particulier de telle ou telle philosophie.

C'est là encore une procédure empirique nécessaire mais préparatoire : pas encore une procédure spécifiquement scientifique et transcendantale. C'est l'étape de la *préparation* du matériau philosophique. Peut-être celui-ci peut-il être utilisé de manière immédiate ou brute ; mais l'on risque de ne pas apercevoir alors en quoi agit ici une décision et quelles sont les structures spécifiques qui la distinguent de tout autre objet dans le Monde et dans l'Histoire. La décision doit être comme telle mise en relief, puisque c'est une science de celle-ci plutôt que de la philosophie «en général». Une science ne peut pas prendre pour objet un donné immédiat ou les *représentations* illusoires de ce donné ; encore faut-il une élaboration de son objet spécifique, une définition de ce que l'on veut expliquer ou décrire, etc. Ici ce ne sera pas telle ou telle variation philosophique singulière et historique, ni même la structure logique et systématique d'une philosophie, qui n'est que l'une de ces variations. La description des philosophies en termes de logique ou de mathématiques par exemple, l'exhibition de leur corps de règles accessibles à une logique formelle ou même matérielle, est sans doute possible, mais c'est arrêter trop tôt l'analyse et ce n'est pas cela que nous appelons une «décision». Un tel système de règles suppose justement une décision implicite et une position qui s'ignorent alors elles-mêmes ou se dénient comme telles. On doit exhiber d'abord ce qu'il y a de plus fondamental dans une philosophie et ceci du point de vue même de celle-ci : ce n'est pas la logique à laquelle elle peut se référer et qu'elle peut toujours intérioriser, mais la manière dont elle se l'approprie, les opérations «transcendantales» tout à fait originales par lesquelles elle l'intériorise. La théorie intra-philosophique consacrée aux invariants de la décision pourrait s'appeler la «théorie naïve de la décision philosophique» et servir de préparation à la science transcendantale de celle-ci ; on n'en dira rien ici.

En revanche, il paraît important de ne pas abandonner le langage et le traitement particuliers de ces invariants, et de formuler explicitement ceux-ci dans l'idiome de telle ou telle décision. Même lorsqu'ils semblent nier eux-mêmes qu'il y ait, par exemple, de tels invariants et que quelque chose comme une décision existe.

2. La règle prescrit ensuite l'enrichissement du matériau, opération qui reste encore sous l'autorité du PPS comme toute la première règle. Elle consiste à enrichir expérimentalement la production et la reproduction des mixtes philosophiques. Les philosophies contemporaines, celles de la Différence et celles de la Déconstruction, ont su varier les invariants de la décision, mais sans épuiser encore tous les procédés de variation possible.

Il n'est pas absolument nécessaire, pour la non-philosophie elle-même, de procéder à ces variations, mais il est intéressant de lui livrer un matériau complexe qui aura subi le maximum de déformation et d'enrichissement qu'il est capable de supporter, sans être détruit, à l'intérieur des contraintes qui tiennent à sa nature de décision et dans les limites de sa «résistance». Les contraintes imposées par la résistance du matériau philosophique sont celles de la décision comme *mixte* de transcendance et d'immanence, mais ce mixte peut être lui-même compliqué de manière structurelle ou essentielle, comme il l'a été récemment, c'est un exemple, par Heidegger et les formes restreintes de la Déconstruction, d'un couple ou d'une structure nouvelle qui est venu le surdéterminer et se combiner avec lui : la distinction de l'idéal (-réel) et du réel, par exemple sous la forme de la distinction d'une transcendance idéale (-réelle) et d'une transcendance réelle (finitude, retrait, réserve, différance, etc.); d'un logos se voulant maître de soi et d'une altérité réelle hors-logos, etc. L'espace philosophique n'est plus alors simplement à deux coordonnées, mais à quatre dimensions si l'on peut dire, la transcendance idéale se prolongeant d'une transcendance réelle et l'immanence idéale se prolongeant d'une immanence réelle. La réduction philosophique de l'information quelconque est une quasi-nécessité pour faciliter le travail de la phase suivante, mais elle n'exclut pas l'enrichissement «expérimental» des invariants.

3. Il est possible de combiner plusieurs décisions philosophiques s'exerçant par exemple sur un unique énoncé dont elles sont des interprétations; ces variations intra-philosophiques détermineront ensuite autant de variations correspondantes dans chacun des stades suivants — où elles se conservent au titre de «support» — qui, eux, seront proprement non-philosophiques. On peut inversement user d'une seule décision sur des énoncés hétérogènes qu'elle ré-interprétera de manière univoque : on aura tout intérêt alors, pour assurer l'économie et la distribution la plus diversifiante du matériau, à utiliser une décision de nature «sérialisante» (les pensées contemporaines qui ont introduit le sérialisme dans la philosophie).

4. Touchant l'introduction de techniques autres que philosophiques dans le matériau philosophique, technique de la création picturale, poétique, musicale, architecturale, techniques informatiques etc., plusieurs possibilités peuvent être dégagées dès maintenant :

a) le matériau philosophique peut être travaillé par ces techniques sous la réserve que celles-ci ne soient pas transférées à la philosophie de manière naïve, comme un transfert sauvage de technologie, mais pré-adaptées à ses lois ultimes, c'est-à-dire soumises à la circularité auto-affectante qui est l'essence de toute décision, ou à la simultanéité de l'Un et de la Dyade;

b) ces techniques peuvent être utilisées aussi de manière naïve comme support de présentation ou d'inscription du matériau philosophique et aussi du produit fini «non-philosophique». Mais alors elles resteront dans leur naïveté d'origine et ne subiront aucune transformation, ni philosophique ni non-philosophique;

c) elles peuvent aussi être transformées à l'aide de décisions, puis traitées à leur tour comme un matériau-autre-que-philosophique à l'aide de règles qui seraient pour ce matériau l'équivalent de la non-philosophie pour la philosophie. Il s'agirait d'imaginer sur ce modèle une «non-informatique» ou une «non-poésie», etc. et par ce moyen de capitaliser le maximum d'effets du type : poésie-fiction, logique-fiction, religion-fiction, etc. symétriques de l'aspect de philo-fiction que produit prioritairement la non-philosophie. Pour qu'il y ait une véritable « création philosophique » comme il y a une création dans l'art et les sciences, toutes les procédures techniques de ces domaines peuvent être de droit introduites dans le matériau philosophique, mais sous la réserve de leur traitement par la décision, par son « auto-affection » ou « auto-référence », et par les a priori non-thétiques de la non-philosophie qui, par leur universalité, valent de tout matériau.

Cette règle est finalement complexe :

a) choix du matériau philosophique (ou respectivement : autre-que-philosophique) ;

b) choix de son type d'enrichissement par d'autres matériaux ou d'autres technologies sous la réserve de leur « affection » par une décision philosophique ;

c) choix d'une ou de plusieurs décisions organisatrices, équivalentes et simplement juxtaposées, qui imposent une première transformation au matériau.

Pour résumer le sens de ce moment préliminaire :

1. Un matériau quelconque capable d'affecter les a priori non-philosophiques, est nécessaire en général : il répond à une fonction « occasion », puis à une fonction « support » elle-même a priori, du procès de non-philosophie.

2. Le contenu philosophique de cet a priori du matériau est contingent ; il peut être quelconque, mais il est plus intéressant de choisir le matériau philosophique le plus complexe et qui aura été enrichi dans le respect des contraintes de cohérence de la décision.

3. Tout matériau qui n'est pas philosophique d'origine a tout intérêt à subir une première réduction aux structures décisionnelles et positionnelles (transcendance et immanence) qui font la décision, procédé qui n'exclut pas, au contraire, la « déconstruction » réciproque — c'est-à-dire encore philosophique — par exemple d'énoncés de la philosophie et de textes de la littérature.

4. Si cette première règle est empirique et naïve par le type de travail qu'elle programme et qui reste à l'intérieur du PPS puisqu'elle élabore le matériau du seul point de vue de son sens et de son autorité philosophiques, elle est déjà scientifique-et-transcendantale par son origine puisqu'elle autorise un choix philosophiquement indifférent de décisions. Il faut un matériau « occasionnel » de données philoso-

phiques empiriques, cela est exigé par la science ou la vision-en-Un, mais il peut être philosophiquement quelconque ou n'être plus guidé par des «positions» qui exigeraient au contraire que l'on choisisse une et une seule décision à l'exclusion des autres et que l'on s'y tienne comme à un «factum» absolu. Des raisons de prégnance ou de saillance peuvent guider le choix, mais celui-ci est libre de toute contrainte ou autorité philosophique.

5. Toutefois si les décisions sont déjà supposées équivalentes dès cette règle, elles conservent encore leur identité respective. Il faudra attendre la Règle 1 pour admettre ou rendre *transcendantalement acceptable* un authentique «chaos» des philosophies, la radicale dissolution du PPS étant seule capable de lever définitivement toute autorité de la philosophie sur elle-même, de quitter la sphère des représentations de soi que se donne le matériau lui-même et de rendre ainsi possible le procès non-philosophique.

Règle 1 : de la description réciproque de l'UNT et du matériau

Les six règles élémentaires forment un «quasi-système» et toutes doivent être en principe mobilisées progressivement ensemble. Cependant la première est symboliquement plus importante que les autres et distingue immédiatement le style non-philosophique du style philosophique. Elle les condense toutes ou les rend réelles dans l'ordre de la représentation comme l'Un de son côté rend réels les a priori. Elle enregistre leur universalité hyperphilosophique ou hyperspéculative. Il est utile de la poser clairement au seuil de la pratique non-philosophique (encore que la règle 2 soit la plus importante du point de vue du matériau ou de l'objet).

Elle dit qu'*un vocable peut et doit être d'abord décrit, mais à la dernière instance près, comme un vécu immanent ou comme un mode de l'Un — plus concrètement : comme un sujet humain radical*, même si c'est seulement et nécessairement sur le mode d'un sujet dans l'élément de la représentation du réel plutôt que dans le réel. Un texte de non-philosophie est construit autour d'un mot, d'un énoncé, d'un texte philosophique : ce terme-conducteur doit cesser de fonctionner comme unité hiérarchisante et ontologique et pas seulement comme pôle d'unification thématique. Ce n'est possible que s'il est décrit d'abord comme identique, en dernière instance seulement, à une essence humaine ou à un vécu radical, comme un être-immanent *extrait* du Monde et même antérieur à lui. Le sens de cette première règle est le suivant : la représentation (du) sujet réel ou de l'Un doit être elle-même traitée comme intégralement subjective, bien qu'elle ne soit que la *représentation* (du) réel; la Dyade du (non-)Un est aussi subjective que l'Un lui-même, mais elle l'est sur le mode du (non-)Un.

C'est là la condition pour que ce vocable passe par le cycle complet des phases qui lui impriment chacune un statut différent du point de vue «transcendantal» ou en fonction du réel. La destruction du thématisme, de l'objectivisme, plus profondément encore de l'auto-factualisation et de l'auto-référentialité ontologique du langage est acquise ou donnée sans retour dès la première phase, mais ne peut pas encore apparaître ou être manifestée telle qu'elle (elle le sera dans la phase suivante). Cette première règle, qui résume tout de la non-philosophie sans encore le manifester explicitement, est conservée et explicitée par les suivantes. Commencer par la «subjectivation radicale» du vocable, plus exactement par sa description comme subjectivité immanente quoique sur le mode du (non-)Un, le décrire ou le reformuler comme s'il était déjà un sujet-Un sans avoir besoin d'une subjectivation supplémentaire, c'est s'éviter l'opération transcendante d'un «renversement» unitaire de hiérarchie, et c'est la condition pour qu'il puisse passer par de nouvelles reformulations et descriptions et recevoir un usage sans entraves ou limitations philosophiques. Tout se noue ici: l'impouvoir du langage à constituer l'Un, son essence unaire cependant ou subjective mais comme représentation, cette liberté de l'invention, la possibilité d'une multiplicité illimitée de descriptions sans effet sur leur «objet», mais que cet objet détermine sans réciprocité. Il suffit de respecter l'ordre de la Détermination en dernière instance entre l'Un et le (non-)Un à travers les six règles de la non-philosophie, pour que celle-ci ne soit rien d'autre que la description en dernière instance de l'Un ou des états-de-chose réels qui sont à la base de la décision philosophique et en particulier de celle qui s'exerce dans les énoncés pris comme matériau.

Cette règle spécifie ensuite, étant donné l'impouvoir du langage quant au réel, que *n'importe quel vocable peut être en droit traité ainsi* (et donc aussi être réduit à l'état de matériau inerte). N'importe quel terme ou quelle décision qui s'en empare: étant donné l'équivalence des décisions philosophiques qu'implique le (non-)Un et qu'il tient de l'Un lui-même — et aux difficultés techniques près de traiter ainsi parfois certains termes qui auraient un statut grammatical qui les rendrait rebelles à leur exploitation philosophique préliminaire et par trop éloignés du nom et de l'attribut. Un vocable comme celui de «substance» par exemple, peut être inséré sous les règles de l'usage non-philosophique et rien, du point de vue de l'Un, n'empêche qu'il soit décrit comme un mode en dernière instance du vécu radical qui est l'essence de l'Un, qu'un être-immanent lui soit reconnu par ce biais et qu'il soit alors traitable aussi comme un matériau inerte, puis comme un mode des autres a priori réels et du Reflet non-thétique — arraché ainsi à son usage fétichisant de «concept» ou de «catégorie» qui est le sien en régime philosophique. Au lieu d'être élaboré sur une base déjà factuelle et transcendante, base empirique et a priori ou ontologique, il est immédiatement rapporté aux conditions de son apparition vécue immanente dans le (non-)Un et dans l'Un. De cette manière, et en tant que (non-)Un ou représentation, il reçoit enfin un contenu phénoménal ou d'indivision, un état-de-chose réel que décriront en dernière instance ses autres usages en fonction des phases postérieures.

Cette possibilité de traiter tout le langage comme matériau non-philosophique, c'est-à-dire comme réel mais en dernière instance seulement, signifie, sans encore le manifester comme tel, que sont brisées les clôtures, les démarcations, les décisions philosophiques qui spécialisaient un certain vocabulaire dans les fonctions de «concepts», «catégories», «transcendantaux», «existentiaux», etc. et qui hiérarchisaient unitairement les usages du langage. La mise hors-réel des décisions et la *mise-en-chôra* du langage et de la formation philosophique découpée sur lui, et même de la textualité ou de l'écriture où langage et décision philosophique sont censés s'entre-appartenir, est l'inévitable conséquence encore implicite de cette première règle. Les vocables seront libérés de la tâche hallucinatoire non pas de représenter le réel, mais bien de croire le constituer par cette représentation même. Radicalement subjectivés ou réalisés, ils ne pourront, toutefois, se référer au réel qu'en dernière instance seulement. Libérés de toute référence ou intentionnalité objective, ils seront disponibles pour des aventures non programmées par la norme des normes philosophiques, la croyance en réalité restrictive à la constitution langagière du réel. Dès qu'il s'agit de l'Un fonctionnant comme dernière instance, avant même qu'interviennent les a priori réels ou non-mixtes, leur traditionnel usage de *logos*, leur fonction décisionnelle et positionnelle est implicitement levée et remplacée par une fonction de description «en dernière instance» seulement.

Règle 2 : du chaos des décisions philosophiques et de la réduction du matériau aux fonctions de support

1. C'est la première règle à manifester comme tel l'effet suspensif du (non)-Un, c'est-à-dire à décrire le suspens immanent, donc déjà achevé, du PPS et de l'autorité de la décision sur elle-même. Une règle qui stipule l'indifférence des décisions au regard de l'Un ou leur

équivalence pour la science. Elle équivaut à une véritable défétichisation ou défactualisation de la philosophie.

Celle-ci, en effet, on l'a suggéré, identifie continûment toute décision à une *Apparence philosophique objective*, elle se perçoit et se reçoit spontanément sous la forme d'un *fait* a priori incontournable. Non seulement d'une donnée transcendante, mais d'un fait rationnel et nécessaire pour elle-même, d'un «fait métaphysique» ou «logocentrique», ou d'une «Tradition», d'un «Telos infini», d'un «Destin» ou «Envoi» par le moyen desquels elle se suppose «incontournable» quelles que soient les entames ou les entailles qu'elle supporte de se voir faire : à travers son existence de fait, sa nécessité et son avenir, son passé et sa répétition sont déjà dessinés à l'état virtuel et programmés. Il s'agit d'une véritable «auto-factualisation» ou «auto-fétichisation» dont elle ne sépare pas son exercice, qu'il soit critique ou dogmatique, massivement logocentrique ou plutôt déconstructeur. Elle ne peut pas ne pas se présupposer — plus profondément que toute «présupposition» qu'elle peut critiquer ou déconstruire — comme réelle; elle conclut inévitablement de son effectivité à sa réalité et, c'est une conséquence nécessaire, à son droit à légiférer sur le réel. Ce ressort secret de la «foi philosophique» est la même chose que son fétichisme transcendantal. Cette croyance spontanée, cette hallucination transcendantale est plus «résistante», plus profonde et étendue que celle de l'«attitude naturelle» ou que celle du «logocentrisme», puisque ces croyances-ci et l'idée même de «logocentrisme» par exemple, sont encore posées par des décisions à l'intérieur de l'auto-fétichisation ou de la croyance-à-soi-comme-au-réel. C'est pourtant cette résistance extrême que le (non-)Un a déjà suspendue en la manifestant comme telle et en la rejetant comme transcendance, tout en gardant la décision comme «matériau» et en faisant «repasser» la philosophie de l'état de «factum» à celui de simple «datum», mais de *donnée* qui n'a plus désormais la forme ou l'une des formes du «fait». Comment concevoir cet état de «donnée radicale» ou de «matériau» où est réduite la décision?

2. Ce premier effet, négatif et positif, du (non-)Un, cette structure de la représentation, nous l'avons appelé du vieux nom, ici fondé par la posture de la science, de *chôra* comme emplace uni-latéralisante de la décision. Comme suspens transcendantal, déjà achevé, le (non-)Un ne nie pas ni ne détruit en quoi que ce soit la décision; il ne suspend que le PPS. Le résidu encore transcendant ou hors-Un, mais dégagé transcendantalement, est précisément ce que nous appelons la «donnée radicale» ou le «matériau quelconque». Traiter la philosophie comme

un matériau quelconque, ce mot d'ordre trouve son origine ici, dans ce suspens qui fait apparaître le philosophique enfin comme « tel quel » ou le matériau comme « quelconque » au sens où il est dépourvu de toute signification ou fonction philosophique explicite ou virtuelle. La *chôra* est ce qui réduit la philosophie à être simple matériau pour une représentation (du) réel. En elle flottent indéterminées toutes les décisions comme équivalentes ou philosophiquement inertes. Cet espace est en un sens très précis un chaos des décisions, une juxtaposition non-positionnelle loin (de) l'Un, dans le lointain comme tel, lointain non-thétique (du) réel. Il est ce qui, sans la renverser et la déplacer du prétendu lieu qu'elle serait pour elle-même, donne enfin à la philosophie sa première place réelle, l'Emplacement primitif qui succède à son absence de place et qui répond à ce qu'ailleurs nous avons appelé l'unilatéralisation. La philosophie, qui croit spontanément qu'elle est son propre lieu et un lieu pour les sciences, ne peut être tirée de cette illusion ou de cette auto-fétichisation qu'en étant jetée dans le premier lieu qui lui est destiné, dans la *chôra* qui l'uni-latéralise enfin « loin » (du) réel. Ainsi la non-philosophie suppose le chaos transcendantal des décisions philosophiques devenues indifférentes à l'Un mais du seul point de vue de leur prétention philosophique plutôt que de leur effectivité elle-même qui est impliquée par la science comme simple matériau destiné, ainsi dépouillé ou rendu stérile, à servir de support ou de signal au dégagement des a priori suivants et à être transplanté dans la forme-connaissance ou dans la forme-Univers.

3. En tant qu'elle découle de l'Un où elle a son être-immanent et qu'elle perd son aspect mythique pour être fondée dans la posture scientifique, la *chôra* est le fond abyssal, le réservoir sans paroi où règne, plutôt que le mélange, toujours réglé par le mélange supérieur ou le couplage de l'Un et la Dyade, le chaos anté-dyadique d'un divers qui a perdu la loi supérieure du mélange et jusqu'à celle du couplage. Tandis que la philosophie (Platon, Descartes, Kant, Nietzsche, Husserl) ne se sert du chaos que comme d'un argument stratégique, sans l'avoir élucidé dans son essence de dernière instance — chaos par simple privation de la raison ou de la philosophie —, et d'un argument d'intimidation pour qu'on lui accorde sa prétention à légiférer et qu'on lui reconnaisse son autorité, la science voit « en-Un » sa nécessité et son origine transcendantales comme (non-)Un. Elle s'interdit ainsi de le mélanger philosophiquement avec le Cosmos — amphibologie illimitée du « chaosmos » — puisqu'il est plutôt ce qui abîme ou unilatéralise le Monde, l'autorité cosmo-philosophique sur les choses et pas seulement le « concept cosmique » (Kant) de la philosophie.

On saisit mieux la portée d'une fondation transcendantale rigoureuse du chaos si l'on sait qu'il « correspond » à ce qui, à l'intérieur de la décision, fonctionne comme *Autre* (plus ou moins re-marqué) et comme opération de *Renversement* des hiérarchies duelles ou des dyades. Le chaos philosophique est précisément cette opération encore transcendante de renversement d'un certain ordre local limité, par et au profit d'une nouvelle hiérarchie reconstituant l'ordre philosophique ainsi qu'on le voit dans les déconstructions. Au contraire de cet Autre, toujours pris entre décision et position, le (non-)Un ne résulte pas d'une décision, c'est une dyade-sans-scission qui peut donc suspendre toute hiérarchie possible, toute décision et position, sans en reconstituer une autre. Ce n'est possible que s'il a renoncé à renverser, s'il a suspendu plutôt le Renversement lui-même et le Déplacement qui en découle. Le (non-)Un conjugue le minimum d'abaissement de la décision philosophique avec le maximum de suspension de ses prétentions. Il représente l'universalisation scientifique ou réelle du Renversement philosophique qui, lui, est toujours lié à une scission et à une hiérarchie — au mélange de l'Un et de la Dyade. Une science ne fait pas comme la philosophie : elle ne renverse pas les hiérarchies, ce qui reviendrait à les entériner, les multiplier et les affirmer. Elle suspend plutôt l'esprit de décision ou de hiérarchie qui n'est rien d'autre que cette auto-factualisation ou auto-fétichisation par laquelle une décision s'assure de soi. La *chôra* vue-en-Un se distingue ainsi aussi bien du chaos grec, ou renversement relatif (-absolu), que de la création judaïque, ou inversion absolue.

Aussi est-il absolument nécessaire, pour ne pas confondre ce concept du chaos qui est scientifique et descriptif (le matériau quelconque ou tel quel) avec son concept philosophique, et pour ne pas éprouver un sentiment d'inintelligibilité, de se replacer dans l'immanence de la vision-en-Un d'où il tire, et de là seulement, sa pertinence. On n'oubliera pas que la vision-en-Un est le côté opaque ou ultra-réaliste de la pensée scientifique, mais le côté qui lui assure sa rigueur propre, et qu'il ne doit pas être confondu avec une absence de conscience ou de réflexion, ou une privation de « monde » et de « logos », etc.

4. Sur quoi exactement porte le (non-)Un, sur quel moment de la philosophie ? Sur les phénomènes qui manifestent l'auto-fétichisation et le PPS. La science exigeant une donnée extérieure ou un « objet », tout ne sera pas détruit dans la décision ; seule sa forme-de-mixte, combinant depuis elle-même l'Immanence et la Transcendance, la Position et la Décision, est levée. Cette forme (la corrélation circulaire Un-Dyade) étant ce qui organise ces deux « termes » et ce qui leur

impose des rapports réciproques d'identité et de différence (eux-mêmes variés selon les décisions), son suspens libère une matière d'énoncés, d'opérations ou de problématiques, toute une matérialité de la philosophie qui admet d'être ensemble au sein de la *chôra*. Ce divers n'est pas indifférent à lui-même du point de vue syntaxique et sémantique, mais seulement du point de vue où il était précédemment différencié et distribué en fonction des lois de la forme-mixte. Le suspens de celle-ci contrairement à ce que suggèrent les philosophes, ne supprime pas l'organisation syntaxico-sémantique, mais en procure une autre expérience qui est, plutôt que celle du «sens commun» ou de la «conscience commune», ce que nous appelons la pensée «ordinaire» et la science. L'essentiel est la levée non pas des buts, des finalités et des objets étrangers à la décision, mais plutôt de celle-ci même en tant que point de vue théorique sur soi. Car la décision, la forme-mixte n'est pas à proprement parler détruite mais suspendue comme point de vue ou autorité «théorique» et conservée comme matériau quelconque désormais à côté des «termes» au sein de la *chôra*.

La forme-mixte est la même chose que les phénomènes de réciprocité unitaire et de circularité, d'auto-référence, de détermination réciproque et de répétition, de pli et de scission, de doublure et de redoublement, etc. Aussi rangera-t-on aussi parmi eux les syntaxes et les hiérarchies philosophiques minimales (comme la partialisation de l'objet et la sérialisation deleuziennes), et pas seulement les formes de synthèse ou de liaison «identitaire» les plus dogmatiques et les plus substantialistes : d'une manière générale toutes les économies philosophiques de l'expérience commune et de la philosophie. Le (non-)Un les unilatéralise et les renvoie définitivement à leur transcendance au-delà de la *donnée radicale* nécessaire à la science. Bien entendu, ici encore c'est leur autorité de point de vue théorique qui est suspendue, elles subsistent à l'intérieur de la *chôra* au titre de matériau quelconque dont on cherche les lois et, à cette fin, elles sont destinées à servir de signal au dégagement des a priori de l'objectivité (règles 3 et 4). La *chôra* est en effet un a priori non-thétique, mais qui fournit le matériau ou l'objet; elle sera suivie des a priori non-thétiques qui donnent la forme-objectivité à ce matériau.

Ainsi n'importe quel énoncé philosophique, même apparemment simple, peut être traité comme un divers philosophiquement inerte de «données», ou lui-même comme une telle donnée. Inversement plusieurs énoncés d'origines philosophiques hétérogènes peuvent être traités ensemble et combinés en un texte unique : du seul point de vue, bien entendu, de leur réduction à l'état de matériau pour une science. Car si le chaos du matériau est une exigence scientifique immanente (même si elle est inaperçue des scientifiques dans leur pratique quotidienne, c'est une postulation transcendantale de leur pratique) qui d'ailleurs ne concerne que l'acquisition du matériau, évidemment pas les «lois» qui décriront celui-ci, et qui a le sens limité d'un suspens des représentations qui l'accompagnent, il peut toujours être éprouvé par la résistance philosophique comme un simple fatras. Il faut distinguer entre la nécessaire mise-en-chaos des décisions par la science et la résistance philosophique qui ne verra dans cette règle qu'une tentative contradictoire de subversion et de provocation.

5. Le suspens de la forme-mixte (formes-objet/fait, etc.), la défactualisation de la décision libère donc un divers du matériau. Divers d'origine transcendantale même si c'est celui du phénomène transcendant, il est exigé par la science plutôt qu'imposé à celle-ci par le Monde ou la philosophie. Ce moment de scepticisme est radical, au sens où il tire son origine de l'Un lui-même. Scepticisme immanent plutôt que mondain ou lié à un exercice transcendant de la raison ou de la sensibilité; scepticisme de dernière instance et scientifique plutôt que philosophique. Il prend la forme de l'exhibition d'un divers anté-factuel ou anté-empirique qui n'est plus le corrélat d'une idéalité: divers d'une Transcendance ou d'un Lointain uni-latéralisant qui «saute» hors de la décision empirico-rationaliste, en général hors des couplages de contraires, et qui est plus opaque que l'«empirique» encore intelligible de droit. Les contraires dont est tissée la philosophie flottent désormais à l'état dispersif pur dans la *chôra* et cette dispersivité n'est plus elle-même un contraire — l'Un déjà est sans contraire. Avant le divers des a priori non-thétiques, il y a la «multiplicité» spécifique de l'Un et la dispersivité propre à la *chôra*, celle qui naît du suspens des seules formes-d'unité philosophiques et qui réduit celles-ci, même les plus partialisantes ou les plus différenciantes, à l'état de données radicales pour la vision-en-Un.

L'effet de la règle 2 est ce que nous appelons *la dis-location transcendantale de la décision philosophique*. Dans la sphère de la philosophie et sous l'autorité du PPS, des tentatives de dislocation ont eu lieu par le moyen d'une introduction systématique d'un supplément d'altérité à celle qui appartient «naturellement» à toute décision en tant qu'elle est une amphibologie instable et forcée. Toutefois la dislocation philosophique est première comme la décision elle-même et donc limitée, c'est une *auto*-dislocation qui confirme son unité et sa résistance par sa distension, qui s'affirme dans le côtoiement du plus grand danger, celui qu'elle s'impose à elle-même et dont elle garde la conduite et l'ultime maîtrise. Si une science postule la dislocation de la décision, elle le fait avec des moyens et des intentions d'une autre portée. D'une part, c'est une authentique dis-location : la décision est chassée de son prétendu lieu et même de sa topologie. D'autre part, elle reçoit un lieu enfin réel, celui de la *chôra* qui a la structure de la dispersivité la plus radicale, celle qui n'est pas obtenue par une simple dis-tension des contraires, mais par une réduction de tout «contraire» à l'état de divers anté-dyadique ou solitaire, identique à l'emplacement par la transcendance uni-latéralisante. Enfin cette dislocation de la décision n'est efficace que parce qu'elle n'est plus «première», mais seconde et qu'elle découle du réel lui-même, comme un effet de l'Un. Plutôt qu'une discordance ou une incohérence qui ferait système avec la cohérence, ou une dissémination qui ne pourrait «se passer» de la stabilité du logos et de la présence, la *chôra* impose à la décision une dis-location hétéronome (mais d'origine transcendantale) qui achève de la reduire aux fonctions de «matériau quelconque».

6. Ainsi réduit, le texte philosophique est désormais «manipulable», du moins en fonction des règles a priori de la science plutôt qu'en fonction d'une technologie quelconque. Il devient répétable à l'intérieur de ces règles et sous la condition de sa dislocation chaotique — plutôt que sous les conditions philosophiques. Il faut inventer une répétition qui enregistre et confirme la destruction du style philosophique de la répétition, du développement, de la linéarité du «récit» philosophique (tous phénomènes qui expriment l'auto-factualisation/ fétichisation). Si les déconstructions réduisaient déjà le fait métaphysique à un factum textuel ou une archi-écriture qui le défactualisait partiellement dans une sorte de matériau textuel, il convient de poursuivre plus loin cette réduction et de traiter le fait «textuel» lui-même comme un matériau stérile à côté du fait «métaphysique», conformément à l'équivalence des décisions. Ce dernier principe signifie donc plus généralement que sont utilisables, de manière équivalente, toutes les techniques philosophiques d'indifférenciation, de scepticisme et de réduction, pourvu qu'elles aussi soient à leur tour traitées comme un simple matériau réduit et ordonnées à la *chôra*. De ces instruments philosophiques de la *chôra* non-philosophique, on peut dresser une première liste très partielle : 1. les techniques du nihilisme (le nivellement, l'égalisation, l'indifférence, l'équivalence, etc.) ; 2. les techniques et les arguments du scepticisme (les contradictions et les déformations, le doute, le suspens, la réduction, etc.) ; 3. les techniques descriptives de la *chôra* et du lieu (topos, topologie, fond, abîme,

etc.) ; 4. les procédés de la tautologie, de l'accumulation, du fatras et de la répétition exacerbée, etc.

Ces techniques, et d'autres bien connues des philosophes, sont donc destinées à disloquer le matériau philosophique, c'est-à-dire à suspendre d'abord toutes les formes de l'auto-référence et de la circularité (et pas seulement de la centralité et de la présence). Mais elles ne sont pas utilisables naïvement : encore doivent-elles être à leur tour « réformées » en fonction de la *chôra*, privées de leurs tenants décisionnels et de leurs aboutissants positionnels et de toute forme transcendante de position, d'extériorité et de stabilité.

Règles 3 et 4 : de la redescription réciproque des a priori de l'objectivité et du matériau

1. Avec ces deux règles symétriques, commence l'élaboration du sens proprement « objectif » de la non-philosophie dont la règle 2 aura fourni le matériau. Celle-ci était déjà au-delà du travail de la philosophie sur elle-même, travail qui correspond à la couche théorico-technico-expérimentale des sciences. L'une des thèses de la description non-épistémologique des sciences est que cette couche « épistémologique » ou « empirique » n'épuise pas l'essence de la science — la vision-en-Un, qui seule nous intéresse — et qu'elle doit recevoir son sens de cette essence et d'elle seule. C'est ce sens scientifique, dans lequel doit venir s'insérer comme simple matériau le travail de la philosophie sur elle-même, que nous décrivons sous le nom de « non-philosophie ». Cette description a commencé avec le suspens du sens philosophique de ce travail et se poursuit par l'insertion de celui-ci dans les structures a prioriques propres à l'objectivité.

Ces structures a prioriques, dites elles aussi, comme la *chôra*, « non-thétiques » d'une manière générale, nous les connaissons donc. Ce sont la forme-extériorité ou TNT et la forme-stabilité, forme-« être » ou PNT ; l'Autre et la Base universelle sous leur forme non-mixte.

Comme on l'a déjà remarqué, la notion des a priori de l'objectivité, à la différence de la *chôra* comme a priori du matériau qui imprime à la transcendance, dont il n'a besoin que comme d'une « occasion », une contingence plus forte, suppose un donné nécessaire comme signal — signal plutôt qu'occasion — pour que puisse en être « extraite » ou « séparée » la forme a priori de son objectivité qui sera par ailleurs rapportée à son essence de dernière instance dans l'Un. Ici encore — c'est l'un des effets de l'Un comme essence — au lieu que l'a priori soit une sorte de redoublement ou de duplication vicieuse et encore spéculaire de la transcendance du matériau «perçu», il apparaît plutôt comme sa simplification. La forme-mixte ou philosophique de la transcendance suppose que celle-ci est comme redoublée, divisée en elle-même, dupliquée ou pliée, c'est le doublet du transcendant et de la transcendance par lequel la philosophie «fait» de la transcendance avec des choses transcendantes. Au contraire la TNT est rien-que-transcendante, non-décisionnelle ou positionnelle (de) soi, sans chose transcendante pour se réfléchir en elle et la réfléchir en soi. Les mêmes remarques doivent être faites pour la PNT. La philosophie n'a pas un concept réellement simple et «économique» de la position ou du thétique, mais un doublet de la position et du posé et fait de la position avec du posé. La science au contraire «économise» ou simplifie la position, l'empêche d'être divisée d'une transcendance, et redoublée, réfléchie en soi ou spéculaire comme la décision l'est toujours aussi de son côté.

C'est ce travail d'extraction et de simplification, cette mise hors-réel de la circularité et du mixte, non plus en général comme dans la règle 2, mais sur les cas précis de la décision et de la position, que stipulent les règles 3 et 4. Cette extraction des a priori est toute différente, on le voit, de l'abstraction rationaliste et «analytique» d'une forme universelle hors d'un donné d'expérience (méthode qui reste à l'intérieur du mixte et sous l'autorité de la philosophie). Plutôt qu'une abstraction, toujours unitaire, c'est ce que nous appelons une méthode de *dualyse* ou de *dualysation* de la décision et de la position : entre la forme-mixte d'un donné = X et sa forme simplifiée, non-thétique ou plus exactement non-mixte, elle fait passer nécessairement autre chose qu'une ligne critique ou de démarcation, — toujours mixte ou unitaire —, autre chose qu'une décision. Précisément : la dualité statique, sans scission, de l'essence (a priori compris) et du matériau contingent, le (non-)Un comme pôle immanent (et) comme pôle hors-réel ou transcendant.

Aussi les règles 3 et 4 programment-elles cette «extraction» des a priori de l'objectivité, c'est-à-dire de la forme non-mixte de la transcendance et de la position. La TNT est dégagée comme l'état de choses réel qui est à la base de la forme-mixte ou philosophique de la transcendance. Elle-même n'a plus cette forme-mixte, c'est une transcendance non seulement non-positionnelle, mais d'abord non-décisionnelle ; plus exactement : privée de son *mélange* ou de son couplage avec la position. On dira la même chose, symétriquement, de la PNT qui n'est pas seulement non-décisionnelle, mais d'abord non-positionnelle, plus exactement : privée de son mélange avec la décision et de la forme limitée et transcendante que ce mélange lui donne. Pas plus ici que précédemment, il s'agit du tout de prétendre nier ou détruire le matériau lui-même, mais seulement ses aspects de forme-mixte. Or le suspens de la forme-mixte n'équivaut pas nécessairement — on reviendra sur ce point à propos de la règle 5 et du support — à la mise hors-jeu des ingrédients de la décision philosophique, c'est-à-dire de la transcendance et de l'immanence, de la décision et de la position, de l'unité aussi. Ces ingrédients, non seulement subsistent à l'état de matériau quelconque à décrire de manière scientifique, c'est-à-dire dans leur réalité de dernière instance, mais nous savons que, de plus, ils servent de signal nécessaire de toute façon au dégagement de ces a priori de l'objectivité.

2. Concrètement la procédure consiste, après avoir relevé dans le matériau les formes, les objets ou les fonctions qui représentent l'instance de l'Autre ou de la transcendance (quel que soit leur mode) d'une part, celle de la position, attribut ou universel d'autre part, à redécrire réciproquement les a priori en question dans le langage de ces instances et celles-ci en fonction de ceux-là, à travailler les aspects décisionnels et positionnels du matériau et à les suspendre, plus exactement à suspendre la forme qu'ils ont dans leur mélange philosophique. Les fonctions a prioriques non-thétiques servent de guide immanent pour ce travail, mais la thématique et la conceptualité, la systématicité et le régime d'énoncés de la décision qui sert de matériau doivent être pris en compte dans la reformulation de ces fonctions elles-mêmes. On redécrit le matériau en gardant ses ingrédients de transcendance et d'immanence, de décision et de position si l'on veut, mais en «niant», en suspendant plutôt l'aspect redoublé ou circulaire de ces fonctions, leur forme-mixte pour tout dire. La mise hors-réel de la forme-mixte, répétons-le, à la différence du sens de la règle 2, sur laquelle celles-ci semblent «revenir», mais en restant en fait à l'intérieur de sa sphère d'efficace suspensive, n'est pas ici la mise hors-jeu de toute transcendance et de toute immanence possibles, c'est au contraire la condition de leur dégagement ou de leur manifestation comme a priori.

Le résultat ou l'effet de cette production, les a priori de l'objectivité, c'est en quelque sorte une image transcendante et universelle mais non-thétique (du) matériau. Le point de vue et l'objet sont bien la TNT/PNT, mais celles-ci sont décrites comme si elles se réfléchissaient dans le matériau et ses particularités. Dans la phase suivante, c'est le matériau qui sera le point de vue ou l'objet et il sera redécrit depuis l'immanence de la TNT/PNT. Toutefois, dès cette phase elle-même, on peut considérer que le matériau philosophique subit déjà indirectement une idéalisation et une universalisation non-thétiques. Le texte philosophique primaire est ré-écrit ou « rectifié » dans le langage du « non-thétique » qui élimine toutes les références à une décisionnalité (coupure, saut, transcendance, néant, néantir, volonté, etc.) et à une positionnalité (projet, ouverture, horizon, référence, monde, plan d'immanence, totalité, etc.). Il est neutralisé en discours par exemple de l'événement pur ou non « doublé/plié », de l'extériorité non-redivisée en elle-même et non-insérée dans une position ou un universel ; et traité aussi, avec tous les procédés possibles, et parmi eux des procédés rhétoriques et littéraires, comme étant désormais un tel événement. Même la position ou l'Etre peuvent être décrits, une fois suspendue leur auto-référence, comme la fulguration de possibles non-thétiques (de) soi. Ce traitement, bien entendu, est déjà « non-philosophique » et suppose lui-même un usage du langage qui n'est plus un usage unitaire de « logos ». C'est pourquoi il est possible, au moins en droit, de décrire par exemple la position comme un événement non-positionnel, en utilisant le langage philosophique de la position, il est légitime et rigoureux de décrire l'Etre comme un événement non-ontologique ou non-thétique en recourant au langage ontologique.

Ainsi partout où se montrera la structure d'une décision, on procédera à sa réduction par la TNT/PNT ; on décrira, avec l'aide de son langage particulier, son essence phénoménale, c'est-à-dire ce par quoi elle est expérience d'un Autre-sans-horizon, d'une Extériorité-sans-position et d'une Position-sans-décision, d'une position « simplifiée ». L'élément de variation est ici constitué par la thématique, la conceptualité, les modes syntaxiques particuliers du matériau utilisé en vue de décrire le moyen de production, particulier lui aussi. Seul le langage du matériau contingent peut offrir une chance de variation. Par exemple l'essence du « lieu » est « atopique », celle de la « position » est « apositionnelle » mais tout cela doit pouvoir donner lieu chaque fois à des variations rendues possibles par le matériau. On combine ainsi une rectification continue du discours, d'origine scientifique, et une variation des langages, objets et syntaxes d'origine empirique. Il est possible de parler uniformément de « PNT », mais cette expression est déjà l'usage d'un certain vocabulaire particulier. « Extériorité non-positionnelle (de) soi », « Transcendance non-extatique » etc., de telles formulations supposent justement des matériaux philosophiques de départ très différents, même s'ils désignent la même expérience phénoménale que fait, de l'objet, le sujet (de) la science. Ce qui change d'un objet à l'autre, c'est le « langage », en un sens large, maintenant utilisé pour décrire (sans le constituer) *l'objet réel* lui-même.

Règle 5 : de la fonction «signal» ou «support» du matériau, et de son sens transcendantal

1. Le matériau est une chose — on vient d'énoncer les règles de son usage par les a priori et de sa transformation — sa fonction comme telle de matériau en est une autre et exige d'être examinée pour elle-même. Il y a une histoire interne et «scientifique» du matériau, mais il y en a une aussi de sa fonction de support [abrégée en F(s)].

Récapitulons le premier point. Dans la règle 2, la forme-mixte ou forme-philosophie, qui est précisément le matériau direct d'une science de la philosophie, voit son autorité théorique mise hors-jeu par une première intervention du (non-)Un. Mais elle-même subsiste dans son effectivité, comme forme-mixte «telle quelle», comme «matériau quelconque» d'une science de la philosophie. Réduite à l'état de matériau «stérile» par la *chôra*, elle est *ce dont* la science repart, au sein même de la *chôra* qu'en un sens elle ne quittera jamais. Mais elle n'en repart que pour dégager les données phénoménales réelles ou de dernière instance de l'objectivité qui est à la base de cette forme-mixte. Ces données phénoménales, nous le savons, sont celles des structures a prioriques qui conditionnent la décision. L'extraction dont il s'agit est donc celle de la transcendance et de la base, de l'Autre et de l'Universalité réduits ici à l'état de simples a priori de la science et ne fonctionnant plus en régime philosophique. Cette extraction consiste à les séparer par le moyen de leur «simplification», on l'a dit, hors de la forme-mixte qui est donc *cette fois-ci mise hors-jeu non plus seulement comme point de vue théorique, mais comme effectivité du matériau* — celui-ci passant de l'état de matériau inerte à l'état de signal. Cette extraction ou manifestation des a priori est bien une «réduction», mais c'est en un sens une réduction plus faible que la *chôra*, car elle met hors-réel ou hors-immanence la forme-mixte non plus dans son auto-référence ou auto-position pseudo-scientifique (règle 2), mais dans son effectivité de matériau inerte. C'est pourtant bien une suspension en ce que, loin de nier celui-ci, elle lui assigne une fonction nécessaire, quoique limitée, à l'intérieur de la science. Il n'y a pas de science qui ne soit obligée de prendre en compte un «objet» et ses propriétés internes : c'est ce que nous appelons reprendre le Monde, non pas comme point de vue ou autorité en général, mais dans l'autorité qu'il ne possède plus que comme objet réduit désormais à l'état de «donnée». Cette autorité de l'objet réduit n'est évidemment plus celle de ses représentations spontanées ou de son auto-position et si le Monde, c'est-à-dire la forme-philosophie, ré-intervient, c'est dans de tout autres fonctions, celles qui sont exigées et tolérées de lui par la science.

Quelles fonctions ? Précisément, après celles d'occasion, celles de *signal* pour l'opération d'extraction dualysante des a priori de l'objectivité (UNT comprise). «Signal» signifie qu'un donné quelconque a été nécessaire pour l'expérience et l'élaboration descriptive des a priori ; que ceux-ci, à la différence de l'Un lui-même, c'est-à-dire de leur essence, ne peuvent pas être manifestés sans référence à une donnée transcendante. Thèse qui ne fait que décrire une nécessité à laquelle le kantisme par exemple a dû se plier : les a priori sont de toute façon et toujours en vue de l'expérience et pour elle. Reste à préciser leur degré de dépendance à l'égard de l'empirique, et l'on se doute que, sur ce point, le kantisme est de la nature d'une décision philosophique, qu'il a procédé lui aussi non pas tant à une extraction qu'à une abstraction empirico-rationaliste, unitaire et circulaire, profondément empiriste encore, de l'a priori à partir de l'expérience (en l'occurrence psycho-anthropo-épistémo-logique). C'est là le deuxième point : *la fonction-signal, après celle d'occasion, signifie aussi une limitation radicale de la fonction de l'expérience transcendante dans la manifestation de l'a priori. Si elle dit qu'une «référence» est nécessaire, c'est pour la réduire à l'état de simple signal de l'opération de dualyse, qui extrait les nouveaux a priori hors de la forme-mixte où ils sont inclus et par laquelle ils sont informés.*

Le résultat des règles 3 et 4, nous le connaissons : c'est une nouvelle description de la TNT et de la PNT elles-mêmes, c'est-à-dire de ce qui tient lieu de «moyen-de-production». Cette procédure de la non-philosophie correspond sans conteste au moyen-de-production et non pas au matériau comme point de vue. Le moyen est sans doute déjà donné ou a priori, mais il est reformulé concrètement en fonction du matériau qu'il travaille. En idéalisant non-thétiquement le matériau, il se reformule ou se ré-écrit en utilisant le langage de celui-ci : si la TNT et la PNT sont en un sens toujours-déjà-là du point de vue de leur réalité ou de leur «possibilité» transcendantale, puisqu'elles découlent de l'Un qui est leur essence, elles ont aussi leur «signal» ou leur condition «négative» d'existence — non circulaire toutefois — dans l'effectivité, et ne s'actualisent que s'il y a un matériau transcendant pour prétendre affecter l'Un. *La fonction-signal ne réintroduit pas de cercle, parce que toutes les expériences non-thétiques en général, l'Un surtout, mais les a priori aussi à leur manière qui est plus faible, précèdent, sur un mode qui n'est plus le mode logico-historique ou ontologique, le matériau de l'effectivité, ici la décision et son langage, et même si elles recourent à ce langage philosophique.*

2. Cependant l'occasion puis le signal sont des fonctions locales du matériau. Lorsque la dualyse parvient à ce dont en réalité elle est partie, le (non-)Un comme sujet (l'UNT) qui représente en dernière instance l'Un lui-même, elle ne peut que décrire l'inclusion, dans ce *sujet (non-)Un*, du rapport nécessaire quoique limité que ce sujet et que les a priori entretiennent avec le matériau : on appelle F(s) la dimension apriorique de ce rapport ou incluse dans l'UNT. La F(s) signifie le minimum possible d'intervention ou de rôle de l'expérience dans l'opération qui dégage un a priori de type non-thétique. Le minimum, c'est-à-dire une intervention nécessaire mais qui n'équivaut pas du tout à une détermination réciproque ou une division unitaire (dont l'abstraction est un mode) des deux «côtés» en présence, de l'expérience transcendante et de l'a priori. Cette dualyse ne libère pas l'a priori de sa référence à l'expérience, de sa validité pour celle-ci et limitée à elle, mais de la menace de l'amphibologie unitaire, de la «rechute» dans l'empirique qui est inévitable dans la philosophie. Ce n'est possible que parce qu'elle est une opération seconde ; qu'elle découle de l'essence réelle ou de l'Un ; qu'elle succède à la manifestation de l'immanence transcendantale au lieu — comme c'est le cas chez Kant et dans toute décision — de la précéder. La manifestation de l'a priori scientifique et sa déduction transcendantale étant ici rigoureusement la même chose, relevant de la même opération, l'a priori est d'entrée de jeu «sauvé» de sa rechute dans l'empirique, dans la confusion-division unitaire ; mais la causalité propre de l'expérience est aussi, du coup, réduite aux fonctions de simple signal — de «support».

Concrètement, on ne confondra pas le matériau, ce qu'il devient lui-même à travers sa reformulation depuis les a priori ou ses usages dans la F(s) qu'il remplit, avec la F(s) elle-même qui est une structure apriorique de la science. Le rôle rempli par le matériau comme support reçoit après coup un sens transcendantal et la fonction qu'il représente est elle-même reformulée ou redécrite, en même temps que le matériau est reconnu et décrit comme assumant cette fonction. Elle est nécessaire en général, quel que soit son contenu : c'est un a priori et cette fonction de support, en tant que fonction, n'est pas elle-même effective et transcendante, mais reçoit la forme non-thétique ou est vécue dans la «récurrence» de celle-ci. C'est donc une fonction non plus empirique, mais «objective» et transcendantale, que se voit assigner le matériau philosophique et qui légitime partiellement son existence.

Il n'y a là aucun cercle de type philosophique. Telle qu'on l'a décrite dans sa seule essence, la science suppose la contingence radicale de son matériau (de son «objet» au sens de donnée) : elle le «laisse être» mais en même temps le rend contingent. Toutefois elle a besoin de cette contingence : pas de science sans un matériau particulier, sinon les structures transcendantales resteraient vides et virtuelles, et une science «transcendantale» doit être elle aussi «empirique». La différence, le jeu entre cette contingence radicale et cette nécessité de l'objet fait que celui-ci remplit cette fonction de support qui est exigée ou déterminée transcendantalement par la science. Cette fonction élimine par exemple — ce n'est qu'un exemple — celle de «choc» que Kant et Fichte avait formulée dans le contexte particulier, encore transcendant plutôt que rigoureusement transcendantal, de la mécanique et de la dynamique comme interprétation générale de la science ; et dans le contexte de la Détermination réciproque, c'est-à-dire d'une décision philosophique.

Après la description des a priori comme «moyen-de-production», description qui utilisait le langage de la décision mais sous de nouvelles conditions non-philosophiques, on décrira donc maintenant la fonction-support qu'assume le matériau en question, dans le langage acquis dans la procédure précédente et qui avait pour objet la description «en situation» de la TNT/PNT. Mais on ne confondra pas cette règle 5 où c'est la F(s) elle-même qui est phénoménalement exposée, objet d'une exhibition non-thétique ou de dernière instance, et les règles 1, 3 et 4 où ce sont les a priori qui sont exposés sur la base du matériau-support, mais dont la fonction-support n'a pas encore alors été élaborée comme telle.

Règle 6 : de l'Univers ou du Reflet non-thétique (du) réel

1. Nous avons acquis définitivement l'*objet réel* (OR), la décision philosophique comme objet scientifique. Mais le parcours du procès non-philosophique n'est pas encore terminé. Il faut maintenant passer de l'*objet réel* à l'*objet de connaissance* (OC) et inscrire le résultat précédent dans l'élément du «Reflet-non-thétique» (=RNT) qui est la représentation scientifique complète du réel. C'est alors que l'usage de la philosophie comme objet de science et non plus comme logos est accompli, pointe ultime et issue de la non-philosophie dont le fondement est la science et le matériau la décision.

Dans les précédentes étapes, toute la décision avait été en quelque sorte suspendue : les aspects décisionnels, positionnels et unitaires avaient été «réduits», du moins en tant qu'ils étaient donnés sur la base du mixte indissoluble qu'ils formaient. Toutefois c'était précisément là le côté réduction ou dualyse : la description d'un côté résiduel ou immanent et d'un côté réduit ou transcendant. Mais à présent la science repart du (non-)Un comme sujet non-thétique (de) la représentation et, avec lui, avec l'UNT/F(s), c'est la réalité de la connaissance qui entre en scène. L'UNT se confond avec les a priori de l'objectivité mais aussi avec l'«objet de connaissance» (OC) qui se distingue de l'objet réel. La science exige un objet réel ou une objectivité d'un certain type, mais elle exige aussi une représentation qui a la particularité de ne pas être une partie de cet objet réel. C'est pourquoi l'objet de connaissance est obtenu par une «synthèse» de tous les a priori et par l'efficace, sur les a priori eux-mêmes, d'un pouvoir de suspension supérieur encore à celui des a priori : c'est encore évidemment le (non-)Un, mais comme sujet non-thétique propre à la représentation.

2. L'OC correspond à l'ultime transformation de l'objet réel (OR = l'unité des deux formes aprioriques de l'objectivité et du matériau dans son contenu théorico-technico-expérimental en général). Transformation discontinue, car si l'OR et l'OC ont le même contenu «empirique», au point d'être de ce point de vue indiscernables, et même si celui-ci contient l'OR lui-même par le biais de l'efficace des a priori sur le matériau, toutefois ils ont un statut transcendantal absolument différent. Tous deux, comme toutes choses, ont sans doute en l'Un leur essence au sens de ce qui les détermine en dernière instance. Mais tandis que l'OR est acquis sur la base d'une relative dépendance à l'expérience transcendante et contient donc, sinon la forme-décision ou mixte, du moins encore ses ingrédients a prioriques réels sous la forme d'une TNT et d'une PNT, l'OC, qui dépend certes encore du matériau de la forme-mixte, n'en dépend plus naïvement et extérieurement, mais a priori : c'est la F(s). Ce qu'il subsiste de naïveté empirique dans la dualyse est levé ou suspendu dans l'OC. Le statut et l'autorité des a priori comme tels ou spontanément dégagés sont mis hors-jeu par l'OC, et par ailleurs ils sont aussi conservés en lui mais sous un autre état transcendantal. Quel état? celui précisément de la représentation ou du Reflet non-thétiques (du) réel.

Cet état de la «simple» représentation, plus simplifiée encore que les a priori eux-mêmes, correspond à une radicale stérilisation de l'OR lui-même, de ses ingrédients de transcendance et de position, d'extériorité et de stabilité. Ceux-ci ne subsistent plus qu'à l'état de représentations non-thétiques ou non-mixtes (du) réel. Ils n'ont pas perdu leur fonction d'a priori pour l'expérience ni leur rapport à celle-ci, mais elle se trouve maintenant fondée dans le (non-)Un comme sujet incluant la F(s). Ce que nous appelons OC ne correspond pas du tout, on l'a dit, au concept, à l'abstrait, au rationnel, à l'idée, etc. des épistémologies, dialectiques ou non. OR et OC ne se distinguent surtout pas comme le concret et l'abstrait, l'expérience et le concept, etc. — ce qui relèverait d'une nouvelle décision. Mais plutôt comme ce qui n'a pas encore subi le suspens le plus radical et qui est encore lié à la transcendance, c'est-à-dire l'*a priori* simplement exposé ou exhibé — et ce qui a subi cette épreuve et qui est définitivement expurgé de toute référence seulement contingente ou supposée donnée à la transcendance ou à l'auto-position de la décision philosophique ou du PPS.

Tandis que l'OR, étant donné son ingrédient a priori, a son essence de dernière instance dans l'Un ou le réel, mais une cause occasionnelle et spécifique (encore que non circulairement déterminante) dans le matériau, l'OC est le simple corrélat de l'Un lui-même, l'essence ultime de la science ou sa portée « réelle » et « véritative ». Il ne se rapporte plus empiriquement (encore que non circulairement) à l'expérience ou à sa forme-mixte comme occasion, comme c'est le cas de l'OR, mais indirectement et aprioriquement, par l'OR qui constitue désormais son contenu ou son divers représentationnel. L'OC est lui-même stérilisé comme reflet dépourvu de toute réflexivité et spécularité. Si bien que la structure ultime complète de la science, c'est la Détermination en dernière instance avec son corrélat, le Reflet non-thétique, et son moyen, le sujet non-thétique (de) la représentation ou (du) (non-)Un et la F(s). Avec l'OC se réalise enfin de manière non-circulaire cette parallélité du Monde et du Transcendantal que cherchait en vain Husserl. Elle se réalise sous la forme d'une parallélité de contenu entre l'OR et l'OC, mais telle cette fois-ci que l'OC ne soit plus, lui, une réalisation mixte encore de la représentation du réel, mais sa pure représentation seulement transcendantale et non plus *aussi* a priorique ou dépendante de l'expérience effective. Le RNT, comme corrélat de l'Un, ne dépend plus de l'a priori, n'est pas sa division unitaire et son redoublement transcendantal. On passe donc de l'objet réel à l'objet de connaissance par une sorte d'appauvrissement non pas en réalité, mais en effectivité ou en réalité supposée donnée. Si celui-ci a le même contenu « empirique » que celui-là, il a un statut « transcendantal » différent, la représentation de l'objet réel étant définitivement « ir-réalisée » par l'Un qui le transforme et transforme aussi tout le (non-)Un en simple « Reflet non-thétique » ou en corrélat d'une Détermination en dernière instance.

3. Quelle est alors l'instance spéciale qui réalise cette parallélité sans circularité et fondée en l'Un ? qui sépare si radicalement l'OC de l'OR ? qui met hors-jeu celui-ci comme a priori, et le conserve comme simple reflet non-positionnel et non-décisionnel (du) réel ? C'est évidemment le (non-)Un, lui seul peut produire cet effet. Ce n'est pas la première fois qu'il est requis, puisqu'il s'agit avec la non-philosophie de ce qui se passe dans sa sphère et seulement dans celle-ci. Mais ici, avec l'OC, le (non-)Un achève, si l'on peut dire, de se réduire ou de « se (non-)unariser ».

Récapitulons ses interventions successives. Il intervenait une première fois pour lever l'autorité du PPS ou de la décision sur elle-même, c'est-à-dire comme point de vue, laissant le résidu transcendantal du matériau comme seul habitant de la *chôra*, à tel point que les phases suivantes (règles 3,4) repartaient de ce matériau. Il intervenait une seconde fois pour mettre hors-immanence non plus seulement cette autorité théorique, mais le matériau lui-même, la donnée stérile de la forme-mixte, laissant comme résidu transcendantal non plus le matériau, mais les a priori de l'objectivité non-thétique, propres à la science. Il intervient une troisième fois, plus radicalement encore, pour mettre hors-immanence les a priori eux-mêmes en tant qu'obtenus par dualyse de la résistance philosophique, ne laissant comme résidu transcendantal que le sujet représentatif ou l'UNT, et ce que celui-ci réunifie : l'OC ou le RNT comme corrélat-de-représentation (de) l'Un ou (du) réel ; comme (non-)Un achevé. A chacune de ses interventions, lui correspond un pôle immanent spécifique, qui est aussi un effet ou un mode de suspension. Ce dans quoi se réalise la mise hors-réel de l'autorité philosophique et le retour à l'immanence de la représentation non-thétique, c'est ce que nous avons appelé la *chôra*, instance réceptrice du matériau tel quel ou quelconque. Ce dans quoi se réalise la mise hors-immanence de l'autorité du matériau ou de la forme-mixte dans son effectivité, c'est ce que nous avons appelé l'objectivité non-thétique. Ce dans quoi se réalise la mise hors-immanence des a priori de celle-ci et qui se confond avec le nouveau résidu, c'est l'UNT.

Mais l'UNT amorce, par la F(s) qu'elle inclut, un « retour » réglé au donné philosophique : c'est ce que nous ne pouvons plus appeler le Monde, bien entendu, mais l'*Univers*. Si l'on réserve l'expression de « RNT » pour décrire d'une manière théorique générale l'effet de la Détermination en dernière instance et l'essence de la représentation scientifique, on appellera *Uni-vers non-thétique* l'effet ultime et total de la science non-philosophique, l'espace de pensée et de représentation qui lui est spécifique et dont l'essence est d'être RNT. C'est, comme le Monde, un concept transcendantal et non pas physique.

Mais tandis que la philosophie a pour corrélat le Monde ou qu'elle peut être dite sa forme la plus générale, la science a pour corrélat l'Univers et peut être dite sa forme la plus générale.

On remarquera que l'intervention du (non-)Un est différenciée et spécifiée par ce qui se présente comme résistant à l'Un ou comme déniant le réel. Si le (non-)Un a tiré tous ses effets au niveau de la constitution de l'OC qui signifie l'achèvement de la science (cet achèvement n'est ni systématique ni historique, il est structural et réalisé à chaque instant dès qu'il y a «connaissance» scientifique), son intervention est graduée en fonction de la nature du matériau et des instruments de la résistance que véhiculent l'auto-représentation et l'existence même du matériau. En un sens la *chôra* est l'effet le plus puissant du (non-)Un puisqu'elle suspend le PPS ou met hors-réel la philosophie, c'est-à-dire la source et le degré maximum de la résistance, et qu'elle s'installe dans la réalité ou l'immanence propre à la représentation. Mais c'est aussi son intervention la plus limitée, puisque la science exige la conservation d'un résidu transcendant qui joue le rôle d'une donnée radicale. Elle impose ainsi une sorte de redépart sinon dans le Monde, du moins *depuis* le Monde ou la forme-mixte réduits à l'état de matériau quelconque. Non seulement la résistance globale de la philosophie doit être d'abord surmontée, *c'est-à-dire manifestée à l'intérieur même de la chôra*, pour que la science soit reconnue dans son essence et que soit possible une science non-philosophique de la philosophie, mais la transcendance «extérieure» et «mondaine» du matériau lui-même, l'existence même de l'«objet» scientifique doit être à un certain moment résorbée, c'est-à-dire posée a priori comme une référence nécessaire, exigée par l'immanence propre de la représentation, pour que la science soit reconnue dans son autonomie. Il faut que son emploi comme simple occasion et signal pour l'extraction/manifestation de l'a priori soit relayée par sa constitution comme *support* nécessaire à la manifestation de l'OC. Cette diversité de phases et d'effets dans l'architecture transcendantale intime de la science est rendue nécessaire par la référence de la science au Monde ou à la philosophie, référence obligée lorsque l'on passe de la description de l'essence de la science à sa mise en œuvre comme science effective.

4. Une description plus précise et surtout mieux fondée de l'OC ou de l'Univers appartient à une théorie systématique de la science — ce n'est pas notre objet, qui est plus «pratique». La mise en œuvre de cette règle exige un travail de suspension de tous les éléments de décision et de position, même non-mixtes, et la redescription de l'OR, matériau-support compris, en fonction de cette mise hors-immanence

qui ne les *nie* donc pas. Les ingrédients de l'OR sont alors redistribués sous la loi de l'OC, comme éléments de la simple représentation scientifique des états-de-chose réels qui sont la *base* de dernière instance de ce qui se donnait comme matériau et même de son auto-représentation, ici la décision philosophique et le PPS. Tout le matériel théorique progressivement acquis est ainsi réduit ou «(non-)unarisé» une dernière fois et reversé à l'état de résidu transcendantal ultime, de simple description du réel qui «était» la base de dernière instance de la décision et que celle-ci postulait tout en la déniant. Cette redescription utilisera par exemple la terminologie de l'indifférence, de l'abîme ou du reflet abyssal, etc. ; tout ce qui est contenu dans l'«objet réel» sera redécrit comme ir-réel, c'est-à-dire privé même de toute transcendance mais comme jouissant d'une ouverture absolument illimitée. Le RNT n'est donc ni une extériorité, ni une immanence, mais quelque chose de plus étranger encore que l'extériorité non-thétique et qui ne peut se dire qu'en termes de désinvestissement, d'indifférence, d'éloignement, de perte absolue, de faillite (du Monde et, bien entendu, du logos), mais aussi d'ouverture uni-verselle déjà donnée, etc.

Ces six règles d'une science non-philosophique de la philosophie n'ont de sens que par une fidélité descriptive absolue au langage, aux codes et aux objets spécifiques de telle ou telle décision et qui doivent être transformés selon ces nouvelles règles. La connaissance scientifique ne transforme pas la philosophie dans son effectivité — ce n'est pas là l'objet de la science, c'est celui de la philosophie elle-même. Elle se contente de *manifester* sa *réalité* (ce qui est le travail de la science) à travers la production de représentations ou connaissances. La pratique philosophique spontanée refoule son essence réelle et c'est uniquement celle-ci que la science élucide et, l'élucidant, transforme celle-là à sa manière «non-philosophique». Quant aux structures effectives de la décision, elles sont l'objet d'une «théorie naïve» ou intra-philosophique qui n'intervient que dans la règle «préliminaire». La science de la philosophie ne travaille pas pour les philosophes, elle pense pour l'homme et en lui.

Chapitre V
Les langages-univers et la pragmatique universelle ou non-philosophique

Traiter le langage comme un matériau quelconque

1. La non-philosophie est la pratique du langage non plus comme logos, mais comme simple procédé d'une représentation de type scientifique et, comme telle, restituée à son essence. Au lieu de traiter le langage comme déterminant l'Un, donc comme étant partiellement l'Un ou le réel, elle le transforme en mode du (non)-Un, elle le cantonne dans la sphère de la « simple » représentation. Mais quel langage pour « remplir » l'Apparence non-philosophique ou l'Univers, toujours saisi en un tout indivisible ? Quel langage pour donner corps au Reflet non-thétique ? Celui du matériau, le matériau comme langage — il ne peut y en avoir d'autres. Le principe de cette pragmatique est la reformulation réciproque des structures de la non-philosophie et du contenu du matériau ; des structures transcendantales et a prioriques de la vision-en-Un et du langage particulier offert par l'« occasion » de la philosophie. Pour éviter un contresens, il faut se souvenir que la *réciprocité* de cette reformulation n'est plus celle qui gouverne le philosophique et que nous avons exclue. Tout se passe, plutôt qu'entre le réel-de-la-philosophie et la philosophie-du-réel, plutôt que dans ce cercle infiniment moutonnant, entre le réel absolu, celui de la vision-en-Un, et la philosophie réduite à l'état de donnée indifférente. Le processus commence par la dualyse, par la description des dualités a priori — et ce mot de dualyse indique bien un travail de transformation. Mais si une description implique un travail, ce n'est pas sur les

a priori dans leur essence — ni d'ailleurs sur l'effectivité même de la décision philosophique — mais sur et dans leurs représentations antérieures qui sont inadéquates (philosophiques ou transcendantes). Tout le processus de transformation se passe à l'intérieur du seul langage ou plutôt de la seule représentation — (non-)Un ou Apparence — entre une première description insatisfaisante de l'Un et de ses a priori et une seconde description qui rectifie la première. Le travail de reformulation des descriptions de l'Un et de ses structures affecte les descriptions elles-mêmes mais ne met pas en cause le réel. Il se contente de retravailler d'anciennes descriptions, d'une part « réduites » dans leur prétention transcendante ancienne, d'autre part rectifiées selon le corps de règles immanentes qui expriment les structures déjà-là formellement de la vision-en-Un.

2. Que veut dire ici le « langage », c'est-à-dire le « langage du matériau » ?

La forme-philosophie (décision ou forme-mixte) est inséparable de données empiriques qu'elle investit selon un processus circulaire d'identification et de critique. Science et philosophie ont d'une certaine manière ce matériau en commun. Mais les diverses sciences ont pour objectif de le connaître en l'insérant dans une posture scientifique anti-idéaliste en dernière instance et, pour ce faire, de le libérer de sa forme-mixte en luttant contre son appropriation philosophique. La science de la philosophie, telle qu'elle est programmée par la vision-en-Un, est spécifique et prend la forme-mixte elle-même pour matériau et donnée théorico-expérimentale. Les a priori non-thétiques appartiennent sans l'épuiser à l'essence de toute science, mais ils ne sont manifestables toutefois comme tels qu'à partir du matériau philosophique puisque la philosophie est par excellence ce qui résiste à la science et ce que celle-ci doit « critiquer » (cela toutefois ne veut pas dire que la décision philosophique en général conditionne l'essence même de la science). Or la forme-philosophie est inséparable d'un divers empirique qui, s'il n'est pas l'objet direct de la science de la philosophie, ne peut pas ne pas être pris en considération. En toute rigueur, et contrairement à ce que certaines doctrines, par exemple rationalistes, peuvent croire implicitement, la forme-philosophie n'a pas de langage défini une fois pour toutes, langage « privé » de la raison, mais investit tout langage et est investie par lui. Quelles en seront les conséquences ?

a) Les a priori non-thétiques qui vont correspondre à la décision (précisément parce qu'il s'agit de l'essence de la science et non de telle science particulière) ne seront pas, à leur tour, formulables en dehors de leur référence à la matière particulière de la décision. Il est inévitable que leur description emprunte au langage particulier de telle ou telle décision qui doit servir d'occasion puis de signal à leur dégagement. Sans doute cette contrainte signifie-t-elle seulement qu'une décision comme telle, sans spécification particulière, est requise au titre de support. Mais n'importe quelle décision étant toujours particularisée, si universelle soit-elle, le même langage particulier (-universel) est utilisé d'abord comme matériau remplissant la fonction-signal, puis comme élément-support de description des a priori eux-mêmes.

b) Répétons-le : on ne peut conclure de la prégnance empirique de tel langage (par exemple l'ontologique) dans une décision à la détermination de l'*essence* de la science par celle-ci et par ce langage. Celui-ci, si insistant ou incontournable soit-il, ne l'est pas dans la détermination du réel, mais dans la détermination de la connaissance de ce réel : il est d'emblée réduit par la science à l'état de procédé descriptif et non constitutif, de moyen du Reflet non-thétique (du) réel.

c) Ces deux remarques ne sont évidemment pas contradictoires. Le dégagement des a priori dans leur contenu spécifique n'est pas celui de l'essence de dernière instance (l'Un) : autant ce contenu est inséparable de droit d'un langage particulier qui fait corps avec telle ou telle décision, autant la description de l'essence peut se faire à partir de n'importe quel langage indifféremment, pourvu qu'il soit «emplacé» dans la *chôra* ou réduit. L'essence de dernière instance des a priori n'est pas déterminée par le langage de telle décision ; en revanche ce qu'il y a de spécifique dans chacun d'eux doit avoir la même origine que le fait qu'il y ait deux a priori corrélés par une décision en général c'est-à-dire, au total, quatre a priori (*chôra*, TNT, PNT, UNT). Cette cause commune doit être cherchée dans la nature du matériau — ici le philosophique dont on élabore les a priori. La vision-en-Un utilise nécessairement tel matériau, tel langage particulier, et si celui-ci ne détermine ni l'essence du réel ni donc l'essence des a priori, il détermine en revanche ce qu'il y a de particulier ou plus exactement de spécifique dans ceux-ci : par exemple une expérience ou vécu immanent en dernière instance (de) transcendance « simplifiée » ou non-positionnelle («non-mixte» pour être plus exact) ; une expérience ou vécu immanent en dernière instance (d')universalité ou de position simplifiée ou non-décisionnelle («non-mixte»). C'est pour le côté spécifique des a priori, non pour leur essence, qu'il y a un matériau et qu'il joue le rôle nécessaire de support ou d'occasion. Toutefois il faut être encore plus précis, car la description de l'essence-Un exige elle aussi un langage, toujours particulier autant qu'universel par définition.

Mais elle l'exige en vue seulement de la description, comme élément de la représentation (du) réel plutôt qu'élément constitutif du réel lui-même. En revanche ce qu'il y a de spécifique (décision et position) dans les a priori exige un langage et une décision particuliers non seulement comme élément de la description ou de la connaissance, mais comme occasion, signal et support de leur réalité spécifique : il ne s'agit pas du réel en soi, essence ou Un, mais seulement de la réalité spécifique des a priori ; et de même langages et décisions particuliers ne sont-ils pas constitutifs à proprement parler de ce côté spécifique des a priori, mais ne sont nécessaires qu'au titre d'occasion ou de support pour leur extraction, plutôt que pour leur «abstraction».

On distinguera ainsi le langage comme constitutif du réel lui-même (la philosophie) ; le langage comme seulement descriptif en dernière instance (l'*essence* de la science, le réel-Un) ; enfin le langage comme support de la réalité spécifique des a priori c'est-à-dire de la dyade du (non-)Un, le support étant plus que la simple description ou que le reflet en dernière instance (de) l'Un et moins que la fonction de constitution du réel. La description des a priori requiert donc le langage de deux manières : pour la description de leur essence de dernière instance ; et au titre d'occasion puis de signal permettant de dégager leur diversité spécifique, qui est leur côté contingent, celui qui dépend du Monde ou de la forme-philosophie. Sur ce dernier point, il faut préciser que le côté spécifique des a priori est déterminé d'abord par la fonction support qui n'est pas tel langage ni même telle décision particuliers, mais la nécessité qu'il y ait une décision en général ou la forme-philosophie pour que l'extraction des a priori devienne possible ; et qu'il est déterminé ensuite seulement par le langage particulier de la décision-support.

Un langage « particulier » (régional, spécifique) est toujours universel et pas seulement dès qu'il est considéré explicitement sous l'angle d'une décision. Parlant de langage particulier, nous avons voulu désigner celui qui vise plus ou moins précisément, entravé par plus ou moins de philosophie, un domaine d'objets ou de données radicales au sens scientifique tel que nous l'avons déterminé. C'est dire que ces «langages» particuliers ont eux-mêmes et de toute façon leurs sciences respectives. Ici, il s'agissait de ce langage particulier (au sens scientifique) que représente une ou la décision pour une science de la philosophie ; et du langage particulier au sens philosophique cette fois, qui représente la matière de la philosophie ou le contenu, dit «empirique» par elle, que la forme-philosophie investit nécessairement et dont il est impossible de la séparer puisqu'elle en dépend, elle, de manière constitutive et non pas seulement pour sa description ou son auto-description, non pas seulement comme d'un support ou occasion.

Cette fidélité à l'idiome de départ permet : a) de respecter la spécificité, l'idiomaticité des décisions qui sont à la fois invariantes et singulières et qui sont la manière dont se présente l'objet «philosophie», synthèse en acte d'opérations transcendantales invariantes et de variations singulières ; b) de traiter ce langage particulier comme une représentation ou une connaissance de la décision dont il est la description mais transformable et rectifiable sous des conditions qui sont maintenant celles de la science et non plus de la philosophie ; c) de produire des effets «littéraires» ou quasi-esthétiques.

3. La non-philosophie est ainsi toujours une double opération, encore que ni cette réciprocité ni cette dualité ne redonnent lieu à une pratique circulaire ou unitaire puisqu'il s'agit de la dualité statique du (non-)Un comme dyade-sans-scission. De telles dualités ne peuvent être que décrites : leur description à partir du matériau équivaut à leur extraction par l'Un, elle accompagne du moins celle-ci comme son simple reflet non-thétique, comme une manifestation qui ne la fait pas advenir ni ne la transforme mais se contente de l'exhiber. Toutefois la description elle-même ou la représentation contient un certain travail et cette description a donc une double face. En effet elle exhibe ces a priori à partir du matériau ainsi qu'on l'a vu ; elle ne les produit pas dans leur essence, qu'elle se contente de manifester comme toujours déjà-là et comme n'ayant pas besoin de cette opération ; en revanche elle les extrait bien du matériau du point de vue de leur contenu spécifique et celui-ci est toujours le même : la décision philosophique et ses invariants. Mais comme il est toujours en même temps particularisé par un certain langage déterminé dont il est indissociable, cette extraction s'accompagne d'un travail de transformation sur le langage-matériau en fonction maintenant de ces a priori non-thétiques extraits-comme-déjà-là. Parce que le langage (les variations de syntaxe, d'expérience, de conceptualité qui font une décision philosophique particulière) est contingent, il est transformé dans cette extraction même. Inversement il est impossible de considérer les descriptions des a priori, sinon leur être-immanent, du moins les descriptions de cette essence et maintenant celles des a priori, comme si elles n'étaient pas déterminées, en tant que représentations et seulement ainsi, par les modèles-de-langage fournis par le matériau.

Cette dernière contrainte équivaut à une amorce de la déduction transcendantale des a priori. Elle montre déjà que ceux-ci n'ont pas de validité hors du langage-matériau qu'ils servent à transformer en vue de la non-philosophie. Celle-ci est en effet d'abord une analyse, une dualyse plutôt, descriptive et ramassée dans la seule représentation des dualités ou des a priori dualitaires qui sont autant d'opérations de réduction transcendantale qui finissent par éradiquer la résistance philosophique et par la rejeter, en tant que transcendante, comme Illusion transcendantale ou comme hors-réel. C'est d'autre part l'équivalent d'une déduction transcendantale, d'une justification des a priori, de toute façon de ceux de l'objectivité, probablement de tous, en fonction du matériau et dans ses limites et, de là, en fonction de la résistance philosophique dont ils structurent en quelque sorte le degré de réalité qui peut être le sien. La fonction-support en général enregistre la nécessité de ce rapport de la TNT et de la PNT à l'idiome du matériau et à la *chôra* qui, elle, n'a peut-être pas besoin d'une déduction, encore qu'elle la reçoive en un sens du dual lui-même (l'Un et la résistance philosophique qui est l'occasion du dual). La non-philosophie est l'ensemble de ces deux opérations.

Le concept de «langage-univers» et de «pragmatique universelle»

La non-philosophie ressemble apparemment à d'autres tentatives contemporaines : elle évoque de loin une certaine psychanalyse de la philosophie ; une certaine thérapeutique de la métaphysique ; une certaine déconstruction du logocentrisme. Nous savons pourquoi elle ne se confond avec aucune de ces pratiques. Celles-ci supposent toutes la philosophie valide pour le réel, ce n'est pas son cas. D'autre part, à l'autre bout du processus, il y a le problème de la dernière apparence philosophique éventuelle de la non-philosophie. Comme telle, par son essence, sinon par son matériau, elle ne peut pas donner cette apparence. C'est qu'elle est la vision ou l'épreuve en-Un de l'ouverture la plus radicale, l'Univers non-thétique, qui *précède* le vieux cosmo-logos gréco-philosophique et qui suspend son principe — à savoir que le réel serait un mixte d'immanence et de transcendance — comme hors-réel à cause même de cette transcendance. L'Uni-vers est le lieu ou le langage doit advenir.

Pour comprendre le sort nouveau du langage, il faut se souvenir que la Détermination en dernière instance n'est pas une causalité transcendante, c'est-à-dire effective ou mondaine. Elle ne se manifeste pas par une action *sur* le Reflet non-thétique *supposé donné* de manière extérieure, mais «par» l'existence même de ce reflet immanent, de ce quasi-espace universel de représentation, qui sera la dimension «objective» obligée du langage et des descriptions, et par les règles du travail non-philosophique qui structurent ces descriptions et les reconduisent progressivement dans cette dimension. Le Reflet non-thétique, *Apparence non-philosophique* ou *Univers* tel qu'il est vu en l'Un et par lui, n'agit plus sur celui-ci et achève donc de rendre inopérante la prétendue auto- ou hétéro-référentialité du langage au réel, son intentionnalité de fond, celle qui est mixte ou circulaire. L'usage non-philosophique du langage substitue au logos et aux tautologies langagières dans lesquelles il s'accomplit, une ouverture infinie de droit, l'illimitation immédiatement donnée-en-l'Un et où les descriptions de celui-ci viendront nécessairement se déposer.

En effet, l'Univers ou le Reflet non-thétique est le résultat statique du «processus», ce comme quoi se manifestent le non-philosophique et la pragmatique nouvelle du langage. Le processus a commencé par la dualyse, la description des dualités d'a priori, avec les effets de suspens qu'elles produisent de la résistance philosophique. Il s'est continué avec une synthèse — synthèse non-unitaire, non-circulaire — par laquelle le sujet non-thétique (de) la représentation ou du (non-) Un, le sujet-représentation (du) réel — l'UNT — réunit tous les a priori précédents et les rapporte — par la nécessaire fonction-support qu'il contient et à laquelle il est soumis — à la *chôra*, c'est-à-dire au matériau et, de là, à la résistance dont ces a priori structurent le noyau de réalité qui forme sa base réelle. La non-philosophie n'est pas seulement, on l'a dit, une dualyse continue de la résistance, c'est aussi une «déduction transcendantale» continue qui limite la validité des a priori à la décision philosophique ou à son «langage» au sens large (le contenu syntaxique et conceptuel de telle philosophie).

Le langage ainsi dualysé est donc aussi ce à quoi se rapporte, ce dans quoi se formule l'ensemble des structures a priori de la vision-en-Un. On appelle *Univers-de-langage* tout mode ou toute occurrence de ce processus, c'est-à-dire finalement l'usage du langage (virtuellement philosophique) sous les conditions a prioriques et transcendantales de la vision-en-Un. Le produit fini de la pragmatique ne peut plus s'appeler «énoncés», «jeux de langage», «régime de phrases», «forces textuelles» — encore des avatars lointains du cosmo-logos — mais, en toute rigueur terminologique, des «langages-univers». Univers au sens de cette entité transcendantale et non-empirique (transcendante ou cosmo-logique) qui forme le quasi-espace illimité du Reflet non-thétique.

Ici non plus, la non-philosophie ne produit pas l'Univers dans son essence, elle ne fait que manifester son être-immanent sans le transformer. En revanche elle *extrait*, sous ces conditions d'immanence, le contenu d'a priori spécifique de l'Univers et, sur cette base, d'une part elle redécrit cet a priori à partir des ingrédients correspondants de la philosophie et de leur langage particulier (la totalité, la forme-mixte, etc.); d'autre part elle ré-inscrit tous les produits de ce type et qui correspondent aux règles antérieures dans le quasi-espace de cet Univers tel qu'il vient d'être redécrit. Les *Univers-de-langage* ou mieux encore : les *langages-univers*, sont ce produit «final» toujours sujet à reformulation ou rectification infinie.

L'Univers non-thétique est la «dimension» non pas totale mais de totalité justement non-décisionnelle — qui est déjà ouverte *pour* le langage et qui peut seule le libérer de l'entr'empêchement, de l'entr'inhibition que la philosophie introduit dans son usage. La forme-Univers, corrélat de représentation (de) l'Un, n'est plus en effet limitée de manière interne par sa division et son repli. Parce qu'elle est plus simple que la forme-Cosmos de la philosophie, que le concept cosmologique de la pensée, elle est plus riche et plus libre aussi, immédiatement «étendue» ou infiniment «à plat». La forme-Univers du langage élimine de l'usage de celui-ci le vieux principe auto-inhibiteur de la nécessaire répétition philosophique, *le principe transcendant de répétition*. La philosophie est une expérience de pensée fondée sur le pliage du réel, de la pensée, de la pensée du réel, elle appartient au pathos occidental des catastrophes. Du point de vue de l'Univers en ce sens radical, *le pliage est une inhibition, la catastrophe et la complexité sont encore des suppositions transcendantes qui paraissent naturelles mais qui sont inutiles.* C'est une nature artificielle de la pensée dont nous commençons à découvrir qu'elle est une hypothèse transcendante et un postulat contingent. *La non-philosophie est profondément contraire à l'esprit contemporain, «post-moderne» ou «sur-philosophique» du «Tout-Complexité».*

A la différence du Cosmos, l'Uni-vers est une ouverture donnée et non pas supposée donnée ; déjà ouverte et dont l'espace n'est plus courbe ou plié, puisqu'il ne co-appartient pas simultanément au réel. L'espace spécifique de la pensée-science ne doit pas être confondu avec une représentation déterminée de l'espace physique, qui est tout autre chose. Une telle amphibologie philosophique est dissoute par les langages-univers. Si l'Univers non-thétique consomme l'expérience d'une pensée absolument sans pli, dépourvue du pli cosmo-logique, on verra clairement en quoi les univers (de) langage se distinguent, par leur ouverture réellement et rien-qu'infinie, des «forces textuelles», des «régimes de phrases» et même des «jeux de langage», qui sont des pratiques intrinsèquement limitées ou entr'empêchées par l'espace divisé et plié, l'espace courbe et catastrophique qu'elles supposent encore pour seulement l'entr'ouvrir ou le re-diviser un peu plus ou un peu autrement.

Plus que jamais la «simplification» radicale, anté-philosophique, de l'usage du langage, qui fait apparaître son économie philosophique comme une hypothèse contingente et un simple matériau occasionnel, signifie un retour «aux choses mêmes», un départ plutôt dans l'«état des choses» qui est l'état de l'extrême détermination. Départ dans la rigueur du phénomène déterminé de part en part et suffisant : parce que le phénomène n'a pas besoin du langage, n'est pas logos, il peut manifester comme phénomène le langage et ainsi le déterminer. La phénoménalité immanente, c'est-à-dire la détermination, n'a pas besoin de l'apparence de l'objectivité ou de la présence ; pas plus que le *déterminé*, qui précède la détermination, n'a besoin des opérations complémentaires de la sous- et de la sur-détermination ; pas plus que la pragmatique réellement universelle n'a besoin de se fonder sur les hypothèses transcendantes, restrictives et purement ad hoc d'un «a priori décisionnel» de communication, ou bien d'un «consensus» aux multiples avatars, ou bien d'une «archi-écriture» elle aussi non-fondée mais simplement supposée donnée. Toutes ces hypothèses sont celles de l'*exploitation* — de l'exploitation de la force indivise (de) pensée par la transcendance de la décision philosophique. La libération du langage par rapport à lui-même, c'est-à-dire à son usage de logos, passe par le refus ou le suspens de cette résistance philosophique qui bâtit hypothèse sur hypothèse, décision sur décision pour mieux occuper une scène qu'elle crée elle-même. Est nécessaire d'abord l'assise d'une pragmatique vraiment universelle dans l'être-immanent-de l'homme.

La performativité de la description

Une pragmatique immanente de part en part permet de poser de manière plus rigoureuse le problème du mode d'intelligibilité, de recevabilité ou de non-recevabilité, des textes de non-philosophie. Le problème, nous le savons, est que l'Un et les a priori non-thétiques soient manifestés sans reste et reçus comme tels, non seulement par l'Un, mais par le (non-)Un, c'est-à-dire *aussi* par le philosophe lui-même et, pourrait-on dire, par sa résistance. Un blocage de la résistance, — sa manifestation *telle quelle* — doit être produit, l'interprétation et la réappropriation philosophiques réellement et absolument inhibées sans équivoque possible. Il ne suffit pas de dire : voici de la philosophie, replacez-vous en l'Un et décrivez ce que vous voyez... Le suspens, la manifestation comme suspendu, du regard philosophique, la manifestation du non-philosophique lui-même doivent être indéniables, c'est-à-dire pratiques ou «performatifs».

La reformulation réciproque de l'Un puis des a priori — qui sont donnés déjà dans une description —, et du langage-matériau, exige de ne pas se contenter de dire thématiquement, comme dans un traité classique, que cette reformulation est nécessaire sans par ailleurs la mettre en œuvre effectivement. Non seulement la non-philosophie n'est accomplie que dans des œuvres ou des exercices qui impliquent un «passage à l'acte», mais sa nature de pragmatique immanente l'oblige à produire des énoncés que l'on pourrait dire performatifs jusque dans la passivité descriptive; des énoncés qui manifestent par leur existence même ce qu'ils doivent décrire en dernière instance — des énoncés identiquement descriptifs et performatifs : c'est le sens même du «Reflet non-thétique». Ce point doit être expliqué.

Les «procédés» majeurs de la modalisation subjective (UNT) du matériau, de sa réduction, de son uni-latéralisation progressive comme a priori puis reflet non-mixtes, détruisent à la racine l'illusion philosophique d'un quelconque rôle constitutif du langage, mais aussi toute décision de nature philosophique portée sur celui-ci.

En ce sens on peut définir la pragmatique non-philosophique en disant par exemple que *tout langage y devient performatif, mais sous la forme d'une performativité de la description*. D'une part l'Un n'est pas actif ou n'agit pas sur le mode d'une causalité transcendante, il est passif de part en part comme le réel peut l'être, c'est-à-dire de manière intrinsèque plutôt qu'extrinsèque. Cette passivité doit donc transir tout le nouvel usage du langage qui est description (de) description. Le langage ne peut plus être semi-actif semi-passif, il ne tolère plus cette décision; mais il est de part en part descriptif de passivités et passif dans cette tâche. D'autre part, il ne décrit pas plus d'actions ou d'objets transcendants supposés donnés dans le Monde qu'il ne s'exerce effectivement lui-même comme action : il tombe aussi en dehors de cette décision. Mais il est plutôt «performatif», si l'on peut dire encore, au sens où il s'exerce sans reste, où il se manifeste de lui-même et de part en part comme son opération (de description), où il est ce qu'il fait, où il fait ce qu'il dit en le disant. Il n'est plus constatif, du moins au sens où il désignerait et décrirait des objets présents dans la transcendance. Mais par ailleurs il est de part en part descriptif ou constatif — mais en dernière instance seulement. La vision-en-Un du langage implique donc un usage strictement performatif (et) constatif, l'identité qui n'est ni analytique ni synthétique de ces deux fonctions, leur identité vécue ou réelle *avant* leur scission.

Cette identité du performatif et du constatif se réalise sous la forme de l'usage du langage comme description, passive de part en part, de l'essence-de-passivité de l'Un. Le langage, dans son usage non-philosophique, est la *présentation* absolue de l'Un ou son reflet absolu comme dyade du (non-)Un et en dernière instance seulement.

C'est donc une pratique, elle n'existe que dans l'immanence de son exercice. D'où la nécessité d'inventer chaque fois des formulations qui ne se contentent pas de décrire thématiquement ce dont il s'agit — au risque de donner lieu de nouveau, comme ce traité risque à chaque instant de le faire, à l'illusion réaliste transcendante et fétichiste de la philosophie et de sa discursivité —, mais qui montrent de fait et pour le sujet-Un les nouvelles fonctions assignées au matériau. La combinaison des deux styles, le style ultra-descriptif et le style ultra-performatif, est ici nécessaire pour éviter la reconstitution des disjonctions philosophiques du théorique et du littéraire, du scientifique et du poétique, du rationnel et du non-rationnel, du philosophique et de l'extra-philosophique, etc. De là des «effets» quasi-poétiques, quasi-scientifiques, quasi-religieux, qui ne découlent pas seulement du matériau utilisé, mais de la nature immanente, plus que «réconciliatrice» et «totalisante», de cette pragmatique fondée sur l'Identité radicale qui précède les «futurs» contraires eux-mêmes.

Pragmatique immanente et mystique

Sa mise en œuvre immanente ou pratique au sein du langage même fait comprendre que la non-philosophie n'est pas — dans son essence, sinon du point de vue du philosophe — une ascèse et une identification mystique à l'Un, une hallucination hyperphilosophique ; que la vision-en-Un est une méthode «scientifique» de description et de production de textes (ou d'événements de type autre que textuel lorsque le matériau n'est plus la philosophie) plutôt que de travail psychologique ou psycho-philosophique transcendant ; que tout se passe, sinon «dans le langage» (au sens d'un «textualisme» qui serait le fruit mûr de ce *tournant linguistique originaire*, de cet usage-de-tournant du langage qui s'appelle la «philosophie»), du moins dans le Reflet non-thétique ou l'*Apparence universelle* ; que cette activité ne dépend plus de motivations et de finalités extérieures et prises du Monde, qu'elle n'a pas la forme des processus psycho-mystiques et philosophiques d'identification, mais qu'elle est fondée dans un être-identique immanent qui exclut l'identification mystique bien mieux que la philosophie ne peut le faire, mais que nous n'hésitons pas à appeler «le» mystique nécessaire à toute pensée rigoureuse. C'est pourquoi la vision-en-Un doit être manifeste ou «lisible» — quoique sur son mode immanent — à même le langage en tant qu'il se développe dans l'élément de l'Apparence universelle.

Les grandes structures de la non-philosophie, l'Un, les a priori non-thétiques, l'Apparence universelle, la fonction-support, sont bien des *vécus*, mais au sens rien-que-transcendantal le plus rigoureux. Ce ne sont plus de toute façon des expériences mystiques d'extase ou de transcendance auxquelles le sujet devrait s'identifier. Parallèlement à cette substitution de la *vision immanente* à *l'intuition toujours transcendante* (parce qu'elle donne l'objet lui-même), le langage, philosophiquement compris comme corrélat de l'intuition objective, est réduit et inscrit dans le Reflet non-thétique. Cette double mutation signifie que la vision-en-Un en général et la non-philosophie ne consistent pas, une nouvelle fois, à abandonner le «langage» pour l'«intuition» et à entrer dans un processus effectif ou transcendant : il s'agit seulement du réel. Le non-philosophe est condamné — c'est sa finitude et sa solitude — d'une part à être identiquement l'Un sans pouvoir l'abandonner ou y revenir, à vivre une Identité plutôt qu'une identification ; d'autre part et par ailleurs à manifester par le Reflet non-thétique (et le langage en cas de philosophie) les vécus de cette Identité ; à se mouvoir non pas dans le «signifiant», la «textualité» supposés auto-posants et auto-factualisants par la philosophie, mais sur le Reflet non-thétique ou «dans» l'ouvert-sans-limite de l'Univers, où le langage est réduit et dé-posé, dé-fétichisé, langage qui ne se réfère plus qu'*en dernière instance seulement* au réel-Un. Nous restons Un et nous voyons, comme Un, *à même* cette ouverture actuelle, non-horizontale, globalement donnée-comme-indivise, où nous travaillons *à même* un langage qui a perdu son statut et son usage de logos et qui est devenu à son tour un contenu phénoménal de la vision-en-Un.

Le fait que nous restions «dans le langage» n'a donc plus de sens philosophique et liquide non seulement le fétichisme textuel, mais les apories que son usage de logos met entre lui et *l'intuition*. En revanche, la finitude de ce que nous sommes comme Un nous fait obligation de nous en tenir au matériau contingent — mais nécessaire transcendantalement comme contingent — et au langage qu'il nous offre — pour rectifier les premières descriptions des structures phénoménales de la vision-en-Un. La non-philosophie n'est que la redescription illimitée — illimitée à cause de sa finitude — de la vision-en-Un elle-même. La description ou la manifestation de l'Un et des a priori n'est pas nécessaire, elle reste contingente par rapport à ceux-ci. Mais *si* elle doit se faire, *alors* elle ne peut être faite que dans et depuis l'Apparence non-thétique et par le langage.

Le suspens de la « rationalité » philosophique

Concrètement, la tâche « négative » principale (pas seulement la règle 2, toutes les règles ont un côté semblable) est de déceler, de manifester et de suspendre sans reste et sous tous ses aspects la grande règle structurale, l'invariant des invariants du style philosophique : la règle de l'Unité-des-contraires, du couplage dyadique-unitaire ou de la détermination réciproque. Ce que nous avons régulièrement appelé : la forme-philosophie ou la forme-mixte. Le résidu transcendantal de cette réduction, nous le connaissons, c'est la décision philosophique elle-même et ses ingrédients isomorphes, mais tous réduits à l'état de matériau inerte. Cette réduction continue n'est cependant que la face « négative » des règles, qui prescrivent par ailleurs chaque fois une positive description des résidus présents à chaque niveau ou définis par chaque règle.

Ces règles sont celles que l'auto-description de la vision-en-Un a exhibées sous la forme de structures dualitaires universelles qui forment le contenu réel ou phénoménal de cette vision. Il y a là toute une architecture immanente de la vision-en-Un comme posture scientifique et qui vient maintenant structurer et définir le nouvel usage du langage en tant que celui-ci a été supposé explicitement ou potentiellement philosophique. Plutôt qu'une « syntaxe » — ce terme exprime trop immédiatement la décision et l'articulation réciproque — il y a un *ordre* non-philosophique qui impose une suite irréversible de dualités ou d'usages distincts du même vocable, de la même notion, du même énoncé, etc. Six phases successives de redescription ou de reformulation du matériau.

Toutes ensemble ces règles suspendent l'économie philosophique du langage, le logos, et se substituent à elle. La *chôra*, pour parler principalement d'elle, n'implique ni l'anarchie ni le chaos au sens vulgaire-empirique du « n'importe quoi ». Elle implique « tout », elle conserve « tout » sauf la foi philosophique, sauf la loi du Tout. C'est le suspens enfin positif non seulement de l'usage « rationnel » du langage — de cette décision philosophique qui se cache sous les normes dites « rationnelles » que la philosophie suppose parfois données comme absolues —, mais de l'ensemble des décisions et des limitations arbitraires imposées au langage, des partages et des bifurcations transcendantes de l'« intelligibilité », des normes et des codes restrictifs de la recevabilité philosophique. La mise hors-réel des syntaxes philosophiques, par exemple de celles de la prédication et de ses intériorisations logico-transcendantales, de celles aussi de la substantialité, de la dialectique, de la structure, de la différence, etc. — fait place nette pour l'investissement du matériau par un corps de structures dualitaires a priori dont l'être-immanent nous assure qu'elles sont recevables par tout homme et qu'elles sont authentiquement universelles, valables pour toute décision, plus universelles que ces normes et ces codes tout faits, restrictifs et normalisateurs, hérités des Grecs avec le logos et qui interdisent à la pensée de se replacer dans son ouverture la plus radicale.

Peut-être comprend-on pourquoi on pourra appeler, par exemple, *déconstruction généralisée*, pour l'opposer à la philosophique ou à la *restreinte* qui se fait sur la présupposition de l'existence réelle ou essentielle de la philosophie, celle qui suspend et fait apparaître comme illusion la croyance de la philosophie à sa réalité au-delà de son existence d'occasion et de matériau. La déconstruction généralisée a la force — celle de l'Un — d'affecter les invariants de la décision philosophique elle-même — la décision, la position, le tout en leur état-de-mixte —, et pas seulement certaines formes dites «logocentriques» ou de «représentation» de ces invariants. La vision-en-Un réduit jusqu'à ces invariants qui structurent la foi philosophique, et pas seulement l'effet-de-foi théorique, spéculative et législatrice du réel qu'ils produisent. La conséquence en est la possibilité de faire un usage plus universel, non limité par ces mixtes, des vocables ou des énoncés quelconques. Leur usage philosophique (la pragmatique au sens unitaire actuel comprise) n'est plus l'horizon incontournable du bien penser et du plaisir de parler. La détermination unitaire ou la clôture grecque s'avèrent inutiles et abusives.

L'usage non-philosophique du langage définit donc une nouvelle pragmatique universelle, qui vaut du langage ordinaire comme de la philosophie. Pragmatique «abstraite» plutôt que «figurative», descriptive plutôt que constitutive, elle procure une liberté nouvelle dans l'usage des mots ou des énoncés hors de leurs codes philosophiques d'origine, de leurs normes rationnelles de recevabilité, de leur programme opératoire (décision/position; renversement/déplacement). Cette liberté ne peut que susciter la résistance du conservatisme que secrète la philosophie. Mais elle devient «recevable» ou pertinente, quoique toujours sur son mode propre, si elle est décrite, ainsi que nous le faisons ici, comme vue-en-Un, et si la traditionnelle auto-factualisation du langage, avec l'auto-fétichisation philosophique à quoi elle donne lieu, est suspendue sans reste.

L'argument principal de la résistance philosophique à cette ultime libération, c'est celui du «mauvais chaos», le risque de l'arbitraire, l'anarchie insensée des agrégations conceptuelles quelconques. Comme objection issue de la seule résistance, elle n'a aucune pertinence théorique. Le «chaos» que manipulent les philosophes comme épouvantail — même ceux qui en appellent au «hasard» nietzschéen et qui refusent pourtant déjà de se laisser intimider par l'objection rationaliste du «n'importe quoi» — n'est jamais aussi pur ou radical qu'ils l'imaginent, mais toujours quelque peu imaginaire, fantastique en même temps qu'empirique. C'est encore une décision philosophique, il est donc auto-contradictoire ou auto-limité et se résout en affirmation. En revanche l'Un, parce qu'il n'est pas acquis par une décision, peut fonder un chaos d'une part comme expérience transcendantale immanente, comme l'une des structures a prioriques de la vision-en-Un, sans qu'il se nie lui-même ou se reconvertisse en affirmation ou synthèse unitaire ; d'autre part comme absolument déterminé et portant sur la seule décision philosophique ou la forme-mixte, plutôt qu'indéterminé et voué au «n'importe quoi».

Si l'on commet la confusion d'identifier en particulier l'a priori de la *chôra* avec telle dispersion conceptuelle plus ou moins anarchique, obéissant finalement à des normes empiriques de dispersion, de démantèlement de l'unité, il devient impossible de suspendre de manière indivise la décision philosophique qui revient inévitablement avec ce chaos à la fois trop limité et trop vague. Quel que soit le degré de désorganisation de la forme philosophique, il sera toujours inégal à la *chôra* nécessaire pour suspendre la validité de la décision elle-même. La réduction transcendantale doit être intégrale ou indivise, elle n'a pas son essence dans une simple opération d'auto-scission, d'auto-altération ou de différence, finalement ré-identifiante et unitaire. Elle ne peut être partielle et de la nature d'une *krisis*, ou c'est alors une *krisis* originairement duale ou dualitaire, une dyade qui n'aura jamais été engendrée, à partir de l'Un, par le moyen d'une scission. La *chôra* transcendantale ayant son essence dans l'Un lui-même, mais ne dérivant pas continûment de lui par scission, procession, etc., ne peut être mesurée à des formes empiriques ou même rationnelles de critique, et pas davantage à une décision-d'anarchie, qui opèrent toutes sur le fond de leur mémoire et supposent la validité de leur ancienne économie. En levant de manière indivisible l'autorité de la philosophie sur elle-même-comme-matériau, elle libère la non-philosophie de ses dernières attaches, de ses derniers effets, de son ultime «audience» dans le fait-de-la-philosophie ou dans sa suffisance. Ne s'épuisant pas dans une simple anarchie, d'ailleurs jamais radicale, des agrégations conceptuelles, elle rend possible une autre «économie» de la pensée, hors des normes de la «rationalité» philosophique et fondée sur des règles immanentes qui monnaient l'efficace propre de la Détermination en dernière instance.

La non-philosophie n'est pas une hénologie négative

Peut-on interpréter la non-philosophie, qui est le concept développé de la pensée de l'Un, comme une «hénologie négative»? C'est impossible pour deux raisons.

La première est que son instrument à la fois «critique» et positif, celui qu'exprime précisément le *non-* et dont il témoigne, n'est en aucune façon l'une des formes de négation ou de néant que l'on trouve dans la philosophie. Il s'agit de la dyade originaire du (non-)Un. Or celui-ci ne peut pas, ayant son essence dans l'Un et son être-rien-qu'immanent, avoir le même effet et surtout la même essence que le néant sous toutes ses formes (le non-être, le néantir, le négatif, la négation, la destruction, la scission, etc.) qui supposent l'élément de l'Etre plutôt que de l'Un, de la décision philosophique plutôt que de la vision-en-Un. *Le (non-)Un est plutôt, par rapport à l'Un et saisi dans son concept complet, comme une «superstructure» par rapport à une «infrastructure»*. C'est pourquoi lui et le «négatif» n'ont plus du tout la même constitution phénoménale ou réelle. Ils sont même strictement incomparables. Justement parce qu'elle se fonde sur le (non-)Un plutôt que sur le non-être, sur une expérience de suspens à la fois plus douce que le néantir et plus universelle que lui puisqu'elle suspend jusqu'à l'Etre même en tant qu'il relève encore d'une forme de transcendance, la non-philosophie ne peut pas être dite une hénologie négative : elle est tout au plus «suspensive», un suspens ou une réduction statique — l'état de superstructure — plutôt qu'une négation. Et de toute façon pas une philosophie négative puisque le *non-* ne dérive plus ici de la philosophie, n'est plus dominé et légiféré par elle, mais trouve son essence dans l'Un seul et se porte au-devant de la philosophie lorsque celle-ci se manifeste. Il la suspend de manière indivise, y compris aussi toutes les fonctions ontologiques du «non». La philosophie n'y est plus du tout maîtresse de son destin, ce n'est plus elle qui agit sur soi : ni auto- ni même hétéro-critique puisque *le (non-)Un émane de l'Un seul et affecte le philosophique de manière «dualitaire», c'est-à-dire encore plus hétéronome que l'Autre des déconstructions*. La non-philosophie est un processus réel, une hénologie négative serait un processus effectif.

La seconde raison est que le (non-)Un, avec ses différents modes, de la *chôra* à l'Univers non-thétique, n'est pas du tout une instance première et unitaire qui affecterait l'Un lui-même. Ce n'est qu'un *effet* statique irréversible de l'Un, une dyade unilatéralisée. Il n'est même plus, comme le non-être, le néant, le néantir, le négatif, etc. co-constitutif de l'essence de l'Un comme eux le sont de celle de l'Etre. Aussi l'effet de « négation » — de simple suspens plutôt — y est-il strictement second, non-constitutif de l'Un, et effectif seulement dans ses descriptions. Cet impouvoir à constituer l'Un, c'est-à-dire l'immanence, n'a donc plus du tout le même sens que l'impouvoir ontologique à « catégorialiser » l'Etre, ou l'Un pensé dans le prolongement de l'Etre, c'est-à-dire dans la transcendance. Il est tiré positivement de la réalité et de la suffisance de l'Un, donc — car il la détermine — de l'insuffisance radicale, mais positive à sa manière, du langage à le constituer, langage qui ne le décrit pas autrement qu'en dernière instance. Il n'est pas tiré négativement de la suffisance de l'Etre, de la hauteur de la transcendance, mais de la positivité de l'immanence.

Ici encore, la grande maxime théorique est de dualyser le problème, de penser de manière dualitaire plutôt qu'unitaire. Une théologie ou même une hénologie négatives sont unitaires et postulent — pour cette raison — la commensurable incommensurabilité du réel et du langage ou la fable de l'ineffable (ce qu'indique suffisamment le mot de *hénologos*); ce sont encore des décisions, mais d'auto-négation. En revanche la non-philosophie est d'emblée dualitaire. D'une part l'Un est vision-en-Un, contenu phénoménal positif et immanent, mais non pas ineffable — il est décrit dans sa positivité. *Le problème ne se pose plus d'avoir à le dire au sens de le constituer et de découvrir ensuite que c'est là une tâche impossible.* D'autre part le langage est tout à fait capable de *décrire* l'Un et de le faire de manière non-illusoire à l'intérieur de cette fonction de description en dernière instance que l'Un exige de lui, et des limites et de la contingence qu'il lui impose dans cette fonction. Le langage n'est pas infirme ou insuffisant (préjugé unitaire), il est contingent de part en part ou déterminé en dernière instance, ce qui est tout différent. Qu'il procède par suspens, lui-même répété, n'est en rien une infirmité mesurable unitairement à une hauteur ou une transcendance. L'Un de la vision-en-Un n'est pas, comme certaines de ses formes onto-théologiques, transcendant au langage, son Autre ineffable, c'est le langage qui est l'Autre contingent de l'Un et qui est donc contraint de le décrire, mais de ne le décrire qu'en dernière instance seulement. Il n'y a décidément aucune raison de voir là une forme d'« hénologie négative » sur le modèle d'une « théologie négative ».

Chapitre VI
De la non-philosophie comme post-déconstruction ou déconstruction « non-heideggerienne »

Le concept de « post-déconstruction »

La généralisation non-unitaire de la décision philosophique, nous l'avons traitée en général antérieurement, sans faire exemple d'une décision particulière. Nous allons réitérer l'opération sur le cas des « déconstructions » et situer la non-philosophie par rapport à celles-ci. Cela devrait peut-être se dire en américain : *Post-déconstructionism*. Mais s'agit-il d'emprunter quelque *american way of thinking*? Il est prévisible — c'est une loi d'essence — qu'une post-déconstruction relaiera bientôt les formes primitives (Heidegger et Derrida) de la déconstruction. Comme on peut déjà l'imaginer, il s'agira de la génération « idéologique » d'une variante supplémentaire de l'actuelle déconstruction, à laquelle on ajoutera un indice pragmatique, sémiologique, politique ou technologique, ou dans laquelle on injectera une composante analytique, marxiste, wittgensteinienne, etc. Puisque cette histoire est inévitable, occupons cette place à notre manière ; imaginons un instant ce que serait une authentique post-déconstruction ou « non-déconstruction », qui ne serait pas acquise par une variation supplémentaire et qui témoignerait d'une émergence théorique. Bien sûr, les termes en *post-* sont en général stupides et servent de bannière pour rassembler ceux qui refusent de penser plus loin que leur savoir et que leur présent. Mais il suffit de décrire avec rigueur et dans un esprit de positivité le contenu phénoménal de cette postériorité, qui a certainement ici un sens plus théorique qu'historique, pour que celui-ci ne soit pas plus stupide que n'importe quel mot de la philosophie, dont on sait de toute façon le recours compulsif aux prépositions. Ce mot de post-déconstruction doit être entendu comme l'indication d'un problème : celui d'une fondation scientifique, rigoureuse et réelle, de la déconstruction. Peut-on transformer celle-ci en une non-philosophie en fonction d'une nouvelle expérience de la pensée, où la philosophie qui n'est plus maîtresse de soi et de l'homme est rendue à la contingence par une expérience plus primitive encore où l'on aura reconnu enfin la science en tant que vision-en-Un ? Que devient-elle dans son principe et ses procédures, lorsqu'on passe de ses formes philosophiques, qui fonctionnent sous l'autorité du PPS, aux formes nouvelles qu'elle acquiert sur cette assise scientifique ?

Une pensée post-déconstructrice n'est plus une tâche prioritaire motivée une fois de plus par les arguments de la lassitude ou de la répétition. Par rapport à la science, ce ne peut plus être qu'une tâche seconde ou dérivée. Elle ne peut résulter de la simple extension de la déconstruction existante à de nouveaux objets ou de son enrichissement par de nouveaux procédés, ou d'une volte, tournant ou révolution supplémentaire, *mais doit exprimer le changement de base réelle qu'apporte la science dans notre rapport à la philosophie*. La post-déconstruction c'est bien un stade nouveau de la critique de la philosophie, mais c'est le stade qui correspond à la découverte de la précession de la science sur la philosophie et à ce qui en découle : la constitution de la philosophie en un nouveau continent scientifique.

On lira donc le terme de *post*-déconstruction dans le sens où la déconstruction cesse d'être première, comme la métaphysique qu'elle critiquait, pour devenir... *postérieure*. Plutôt que comme la forme de la déconstruction qui succéderait à sa forme « classique » ou orthodoxe, on la comprendra comme celle qui est déterminée elle-même par le *post* de ce qui vient après la science. Non comme une forme de la déconstruction après une autre — manière d'assurer la continuité —, mais comme le second rang qui vient après la science qui seule le détermine comme second. C'est donc à un déplacement de la déconstruction que l'on va procéder — à son emplacement plutôt car un déplacement serait encore une opération philosophique supplémentaire et liée à un renversement préalable. Il s'agit de la décrire dans son *état-de-chose réel*. Et d'après ses conditions réelles, elle ne peut venir qu'au second rang.

D'une manière générale, une science de la philosophie ne fonde pas du tout la même déconstruction que celle qui est restreinte par le PPS et qui sert ici seulement de matériau.

Ce qui distingue la non-philosophie de la déconstruction

La non-philosophie use de l'Autre — ce n'est pas pour cela un mode de la déconstruction « textuelle ». Pour deux raisons :

1. D'une part, elle travaille la philosophie d'abord en fonction de l'Un, puis du (non-)Un, plutôt que de l'Autre. Sans la vision-en-Un dont il n'est qu'une structure apriorique seconde et où il a son essence, l'Autre reste ce qu'il est dans la déconstruction, une entité circulaire, supposée donnée sans aucune preuve et transcendante elle-même. Il ne peut fonder une science de la philosophie, mais tout au plus une appropriation de celle-ci par une tradition religieuse ou son compromis avec cette dernière. De plus, tant qu'il n'est pas fondé dans l'essence de l'Un et que son être-immanent n'est pas élucidé, il reste de l'ordre d'une dyade unitaire, d'une scission au pire, d'une distance positive au mieux, ou bien d'un supplément d'altérité absolue que l'on essaie par artifice de faire « tenir » avec un Autre relatif ou ontologique. La substitution de l'entame à la scission, de la différance à la différence, de la dissémination à la dispersion, de l'incohérence à la cohérence, etc. ne modifie pas radicalement la situation unitaire, c'est-à-dire le fait que l'Autre est ici toujours *supposé-donné*, comme l'Etre et avec l'Etre, comme une altération de la décision et avec la décision, et d'une manière qui n'est pas plus fondée en toute rigueur que ne le sont l'Etre ou la décision eux-mêmes. Tout se tient : seule une élucidation de l'être-immanent radical de l'Autre peut arracher celui-ci à son contexte de scission unitaire, enclose dans une identité qui lui est contemporaine, et le donner comme un Autre absolument non-décisionnel et non-positionnel (de) soi.

2. D'autre part, elle ne suppose pas donnée ou valide la philosophie pour la déconstruire ensuite dans ses formes unitaires les plus massives et les plus apparentes. La déconstruction croit pouvoir distinguer entre l'essence supposée réelle de la philosophie, sa validité postulée, et certaines de ses formes « inférieures », de ses modes les plus logocentriques ou bien les plus grégaires, etc. La non-philosophie s'interdit d'entrée de jeu cette facilité, cette décision faite pour sauver à tout jamais l'essence de la philosophie, pour la protéger d'une critique radicale et d'une science, et pour la mettre du « bon côté », du côté du réel. Il se trouve que le réel n'est pas un « côté » et ne tolère pas de décision — voilà ce qui fonde la non-philosophie et qui exige le suspens global de l'essence indivise de la décision philosophique, sa réduction de part en part à l'état de matériau ou de simple donnée.

Ainsi tandis que la non-philosophie ne *suppose* pas *donné* (dans la transcendance) mais se donne effectivement le réel ou l'Un, la philosophie *suppose donné* le réel ou ne l'aborde qu'en extériorité et sur le mode de la transcendance. Le réel, c'est-à-dire, du coup, non pas tant l'Un que l'Etre et que l'Autre, *la précession de l'Autre sur l'Etre en même temps que l'Etre*. Les déconstructions en général, «textuelles» ou non, reprennent le paradigme grec de la simultanéité unitaire de l'Un et de la Dyade et se contentent de modifier le contenu de celle-ci, de mettre l'Autre comme tel, soit relatif (-absolu) soit absolu (-relatif) à la place de l'un de ses termes. La matrice unitaire n'est que guettée par l'incohérence et la dislocation, mais sa validité pour le réel est toujours affirmée. Les déconstructions augmentent l'arbitraire de la décision philosophique au lieu de le suspendre : elles ne peuvent critiquer le dogmatisme, la centralité ou la grégarité de la métaphysique qu'en ajoutant au postulat de la décision ou du réel supposé donné le postulat tout aussi infondé de l'Autre destiné à affecter la décision ou l'identité. Ce sont de quasi-dualismes unitaires où toutes les pièces de la machine sont supposées données simultanément et fonctionner.

Cependant un fonctionnement cohérent n'est pas une pensée fondée et rigoureuse, une machine n'est pas une pensée vraie. L'effort pour injecter dans le fonctionnement des suppléments d'incohérence ou des menaces de dislocation ne diminue pas le caractère irréel de cette construction, mais l'entérine et l'augmente. Si le réel n'est en rien une construction, ce n'est pas une déconstruction qui peut le redonner. C'est toute la philosophie qui s'affaire à la multiplication infinie des cercles, des scissions et des doublures, au pullulement des doublets. Non seulement l'empirique et le transcendantal, la décision et la position, etc., mais l'Etre et l'Autre-que-l'Etre ; et maintenant l'Autre-qui-est et l'Autre-qui-n'est-pas, l'Autre-dans-l'Etre ou relatif (-absolu) et l'Autre-hors-Etre ou absolu (-relatif) ; un Autre déguisé par et dans le «logocentrisme» ou masqué par la représentation «métaphysique», et un Autre supposé irreprésentable, même par un masque, mais qui a besoin d'être identique malgré tout au précédent. L'illusion philosophique croit pouvoir se limiter elle-même : elle procède donc en se complexifiant et se (re)doublant au lieu que la non-philosophie procède en simplifiant ; elle déconstruit au lieu que la non-philosophie dualyse ; elle postule deux transcendances au lieu que la non-philosophie s'en donne une seule ; elle croit pouvoir limiter la transcendance grecque par la transcendance juive au lieu que la non-philosophie dé-rive toute transcendance possible.

Ce *forçage* est le destin de la transcendance livrée à elle-même, de la décision déchaînée qui a perdu le sens de son assise dans l'immanence (du) réel ou de sa base dans la posture radicale (de) l'Un. La non-philosophie est au contraire le suspens de la décision *avant* son déchaînement, un suspens non-décisionnel qui contraste avec l'autocritique illimitée de la décision. Plutôt que de supposer valide la philosophie pour s'installer à une périphérie ou sur des marges qui ne sont plus les «siennes» mais qui restent acquises de manière extérieure et sans rigueur, elle se donne l'Un sans le supposer simplement, elle s'exerce d'emblée comme vision-en-Un et regarde ce qu'il advient à la philosophie. Plutôt que de l'ouvrir ou de la possibiliser, elle l'inclut comme simple occasion de cette vision. Nous le savons : une authentique «généralisation» ne consiste pas dans une ouverture, dans une extension, ni même dans une supplémentarité — c'est là une généralisation et une appropriation judaïques de la philosophie qui sont tout aussi simplement culturelles et non-scientifiques que son appropriation grecque, même si elles sont très différentes de celle-ci —, mais dans l'insertion de la philosophie sous ses conditions de réalité enfin établies de manière rigoureuse.

Une pragmatique non-langagière du langage

La philosophie ignore l'être-immanent de l'Autre. Elle ne connaît donc celui-ci que par les «effets» auxquels nécessairement elle le réduit en l'inscrivant dans le milieu du Monde ou en le soumettant à la forme de l'identité. Elle le manipule, en même temps qu'elle s'offre à lui sous ce mode : comme non-être, comme scission (dialectique), comme distance indivise et positive (topologie), comme entame et supplément (déconstruction), etc. En revanche la non-philosophie ne connaît l'Autre qu'en fonction de son affect plutôt que de son effet ; elle l'éprouve, sans le manipuler, dans son essence réelle ou dans l'être-immanent qu'il puise dans la posture de l'Un. Elle n'en use pas pour entamer ou solliciter l'effectivité philosophique. Celle-ci est seulement le signal, l'occasion et le support de cet Autre non-thétique, mais l'une et l'autre n'entre-tiennent plus les rapports circulaires qui condamnent l'Autre à «fonctionner», qui le réquisitionnent pour des tâches de délimitation, de fracture, de dispersion, de dissémination — autant de téléologies plus ou moins extérieures et qui lui sont imposées. D'une manière générale, la vision-en-Un est jouissance (de) l'Autre, qui est lui aussi irréfléchi en son essence plutôt que réfléchi et redivisé, et elle l'est aussi (des) a priori qui lui succèdent : la Base universelle ou l'attribut, l'Uni-vers enfin ou le Total non-thétiques. Au lieu de les réquisitionner par exemple pour des tâches d'*universalisation* de l'empirique, d'attribution et de détermination d'un sujet (il est ici déjà déterminé par soi), elle est le jouir transcendantal (de) l'universel en soi donné intégralement ou comme indivis avant toute opération d'universalisation. Et de même, plutôt que d'user de la Totalité pour des fonctions de totalisation d'un divers, elle est vue (de) la Totalité non-thétique comme indivise et irréfléchie avant toute opération de totalisation.

La conséquence est inévitable : tandis que les déconstructions travaillent la philosophie par des opérations au moins semi-technologiques (la décision ou le renversement des hiérarchies, leur position ou leur dé-placement), la non-philosophie inclut ce qui n'est plus qu'un matériau dans une économie d'une origine tout autre que technologique. Tandis que l'une est semi-technologique semi-transcendantale, à la fois pratique et théorique, l'autre est purement transcendantale et ne connaît pas la distinction du pratique et du théorique. Tandis que celle-là ouvre des clôtures, démolit et reconstruit, le transformant, l'édifice de la philosophie, celle-ci insère cet édifice — ainsi d'ailleurs que le travail fait sur lui — dans un ensemble de représentations et de pensée qui ne l'étend ni ne le prolonge, mais qui forme un possible venu d'ailleurs.

A ce compte, bien entendu, les déconstructions paraissent efficaces et la non-philosophie stérile. Mais elles ne sont efficaces qu'à l'intérieur de leur illusion d'atteindre le réel, illusion où elles se meuvent sans l'apercevoir un instant. Non seulement l'inefficacité de la non-philosophie est une pure apparence (elle perturbe la textualité philosophique elle-même plus gravement que les déconstructions qui restent soumises aux préjugés grecs les plus insistants), mais il est permis de penser qu'une pensée vraie est préférable à une décision seulement «efficace» comme l'est en dernière instance toute décision philosophique de «vérité», et que la dissipation de l'illusion est plus efficace que l'illusion elle-même.

D'une manière générale, parce que la vision-en-Un exclut pour elle-même la pragmatique philosophique de l'Un, de l'Universel et du Total, elle rend enfin possible une pragmatique radicale, un *usage* sans limites du langage. Parce qu'elle les délivre, dans leur essence, de leurs conditions d'exercice transcendantes dans celui-ci, elle peut les prendre comme assise d'un usage lui-même universel du langage. La non-philosophie est une pragmatique non-langagière du langage. Puisqu'il y a vision immanente en-Un, elle se légitime en effet d'elle-même comme un usage du langage qui n'est plus limité par celui-ci, du moins en tant qu'il est potentiellement logos. Nous accédons sans celui-ci (à) l'Un, (au) (non-)Un, (à) l'Extériorité, (à) l'Universalité, (à) l'Univers, et c'est à travers ces structures qui nous sont données intégralement sans reste, comme indivises et irréfléchies, que nous voyons à son tour le langage. Nous accédons (à) elles sans les diviser ni les replier sur elles-mêmes, sans les partialiser ou les doubler, sans rien leur soustraire et sans leur ajouter aucun supplément. C'est pourquoi nous accédons aussi depuis elles (au) cœur du langage et pouvons en faire, sous le nom de non-philosophie, l'usage le plus universel qu'il soit possible d'en imaginer

Toute une chaîne se libère de la décision et du pli philosophiques : de l'Un à la pragmatique universelle du langage qui lui correspond à l'autre bout du processus, en passant par le contenu phénoménal concret de la vision-en-Un lorsqu'elle est vision-du-langage-en-Un. A partir du moment où l'on se donne réellement, plutôt qu'on ne suppose donnée (dans la transcendance), une phénoménalité indivise de l'Un (le transcendantal) et de l'Etre (les structures aprioriques non-thétiques), et où la pensée, plutôt qu'en leur «milieu», les voit en l'Un même ou comme modes directs de son être-indivis concret, il devient nécessaire d'abandonner les processus transcendants de scission et d'identification, de décision et de position qui sont des artefacts technophilosophiques.

C'est la finitude absolue, sans reste, de la vision-en-Un, qui nous place ainsi dans l'en soi des choses, du langage en particulier. L'«en soi» ou l'en-Un ne signifie plus ici le mélange du fini et de l'infini, mais seulement que la réalité et la finitude radicale sont la même chose. Une pragmatique non-philosophique cesse de survoler ou de transcender le langage par le langage, elle travaille «au ras» ou plus exactement depuis l'immanence inaliénable de sa phénoménalité. Plutôt qu'à supposer le langage à la fois sous- et sur-déterminé et à lui imprimer tantôt un repli tantôt un surpli — de toute façon le pli supplémentaire qui fait le minimal de l'opération philosophique —, elle le conduit à sa propre phénoménalité en fonction de celle du réel, elle le détermine en dernière instance par l'Un et, pour le dire autrement encore mais à condition de rectifier ces concepts qui sont ici de simples indications, elle le transforme en «superstructure» de l'Un, qui est son «infrastructure». Au lieu de faire référence au texte en général et à tel texte particulier de la Tradition, une référence essentielle ou constitutive comme le font les déconstructions et, en réalité, à des degrés divers, toutes les philosophies qui le travaillent vers ou depuis ses marges — la pragmatique non-philosophique traite le langage comme un matériau inerte quant à ses propriétés de *logos* et en même temps comme ce «sur» quoi l'Un est directement agissant sans la médiation des opérations de la philosophie — comme ce par rapport à quoi il est déterminant en dernière instance. Ses critères n'étant plus textuels-et-philosophiques, elle ne juge plus de l'usage du langage et du travail fait sur lui à partir de son auto-position ou de son auto-factualisation de « texte-à-déconstruire », de « fait à analyser », etc.

La présupposition unitaire de la déconstruction restreinte

Qu'en est-il plus profondément des déconstructions et en particulier de la « textuelle »? Sous ses formes contemporaines, la déconstruction a-t-elle tiré toutes ses conséquences? A-t-elle atteint la limite extrême de son pouvoir, c'est-à-dire de l'abandon de son pouvoir, offert à l'efficace de l'Autre? Tant qu'elle reste une opération menée par la philosophie, sans doute. Mais nous savons que le fait d'être conduite de manière ultime par l'autorité philosophique fait sa limitation.

Sous sa forme restreinte, elle reste enserrée *dans des présuppositions philosophiques inaperçues comme telles, même lorsqu'elles sont revendiquées par elle comme des contraintes inévitables.* Ces présuppositions ne sont pas indifférentes : elles limitent son efficace sur la décision philosophique puisqu'elles postulent que c'est encore l'autorité du PPS qui conduit l'opération ; de tels présupposés restreignent sa portée en tenant hors de l'opération un résidu ultime, celui de l'autorité et de la suffisance de la philosophie. Ce ne sont plus de simples préjugés intra-philosophiques dont un degré supérieur de vigilance critique pourrait venir à bout et que la décision pourrait isoler d'elle-même en elle-même. Il ne s'agit pas davantage, on s'en doute, de juger la déconstruction restreinte du point de vue de ses objets et de lui en procurer de nouveaux, des aménagements et des extensions, une nouvelle économie interne, plus raffinée et différenciée. Il s'agit plutôt de ces présuppositions qui font corps avec la décision philosophique, précisément de la *dé-cision,* qu'elle soit autopositionnelle (la métaphysique) ou, comme ici, inhibée d'un indécidable (la déconstruction de la métaphysique). Ce qui est maintenant en question, c'est moins la décision que son autorité sur elle-même et sa référence ultime à soi — fût-ce à travers l'Autre —, sa prétendue nécessité incontournable. L'ultime présupposition de Heidegger et de Derrida, celle qu'ils ne voient pas comme telle justement parce qu'ils la revendiquent comme inévitable sous une forme d'ailleurs encore philosophique (« on ne peut dépasser la métaphysique »), c'est précisément celle qui est le moteur de leur pensée. C'est la suffisance, l'assurance et la sécurité plus-que-représentatives, plus-que-logocentriques, que *la décision philosophique, même comme illusion, est nécessaire ou appartient au réel.* C'est l'auto-suffisance de la philosophie, sous-entendu : sa suffisance au réel, et donc à elle-même. Le Principe de suffisance est épuré par eux de ses formes les plus encombrantes mais il subsiste sous une forme désormais minimale et incompressible : on peut déconstruire la métaphysique, mais sur le fondement de sa nécessité, de *l'intérêt à*... l'Etre ou au Logos ; on peut différer les formes les plus massives de cette identification, mais c'est pour mieux admettre l'identification finale du sujet déconstructeur à la philosophie. Ainsi le sujet de la déconstruction assume à la fois le *logos*, son autorité, et l'aveuglement au caractère de simple pré-supposition de cette autorité *supposée donnée*. C'est le fondement de la croyance au caractère nécessaire ou destinal de la métaphysique, croyance qui n'est peut-être que la plus vieille hallucination qui ait saisi le Continent gréco-occidental. La déconstruction restreinte du PPS n'affecte ainsi qu'une expérience elle-même restreinte du logocentrisme et de la représentation ; ses formes les plus extérieures et les plus massives. Elle est l'autodestruction, tendant vers soi comme vers une limite, de la décision philosophique, la manière la plus subtile dont elle puisse se conserver et se ressaisir *in extremis* comme nécessité d'un invariant.

Sans doute, les déconstructions représentent-elles une mutation de la vieille critique philosophique. Mais c'est une mutation justement de type encore philosophique parce qu'elle procède par les traditionnelles opérations de Renversement et de Déplacement qu'elle aggrave. Le *logos* est empêché de se reconstituer comme auto-position métaphysique par un Autre réel qui inverse la hiérarchie et la maintient déplacée ; il n'est donc plus la vérité, mais plutôt l'illusion. Et l'Autre n'est plus une moindre-vérité ou un néant de vérité et d'être ; il est devenu le réel ou ce qui divise le *logos* et la représentation. Mais ce renversement-et-déplacement est l'œuvre de la Dyade unitaire, il reste sous l'autorité globale du PPS puisque l'ensemble de ce nouveau couplage est confondu avec le réel. La décision est en effet maintenant « couplée » avec un réel = Autre, mais ensemble ils sont encore supposés épuiser le réel. Ainsi la déconstruction restreinte reste prisonnière *entre l'autoréférence de la métaphysique et un Autre qui sont, ensemble, deux présuppositions infondées, admises sans examen supplémentaire comme réelles ou valides par soi.* La suffisance se répartit maintenant sur deux présuppositions également impensées au lieu de se tenir sur une seule. Les déconstructions restreintes ne se débarrassent pas de l'impensé, elles le multiplient par deux, et un PPS coupé en deux reste ce qu'il est du point de vue de la science et de son sujet. On s'est contenté de faire fonctionner ensemble les parties dépareillées du Même, la décision philosophique culminant dans l'autorité de celui-ci.

De l'Identité au Même, on a engrossé d'un supplément de coupure la différence de l'Identique, mais on n'est pas parvenu à la vraie dualité qui aurait rendu la décision contingente. *La déconstruction restreinte est un dualisme unitaire, ce n'est pas une pensée dualitaire.*

On appelle «déconstruction restreinte» celle qui intrigue la métaphysique sans avoir le pouvoir de la rendre contingente; qui hante la décision philosophique sans réussir à en faire autre chose qu'un fantôme encombrant; qui ne s'attaque au PPS que pour le rendre plus fort et plus nécessaire et mieux se soumettre à lui. On appelle déconstruction généralisée ou «non-heideggerienne», celle qui déconstruit la décision elle-même; qui la déconstruit enfin sans reste; et sur la base de sa radicale contingence. Celle qui attaque à la racine le PPS au lieu de le laisser subsister et de lui rendre les ultimes hommages.

Quel est le fondement, a priori non-philosophique, capable d'affecter le PPS lui-même? de poser l'équivalence de toutes les décisions au sein de leur contingence commune pour le sujet? de suspendre l'autorité du paradigme unitaire? de montrer que l'hétéro-critique, qui conçoit l'Autre comme le réel, est certes un progrès par rapport à la métaphysique où c'est la décision qui est de manière immédiate le réel, mais qu'elle reste un préjugé philosophique? Quelle est l'instance plus forte que le Tournant, le Virage, la Reversion, et capable de faire apparaître que la décision peut être un simple matériau pour une autre pensée, non-philosophique? matériau sans autorité particulière sur soi, utilisable pour des entreprises moins «logocentriques» encore que les formes restreintes de la déconstruction? Cette instance est la vision-en-Un, qui n'est plus la philosophie, qui est plutôt la science. La science, du moins comprise comme pensée transcendantale absolue, est le fondement, nous le savons, qui procure à la déconstruction les conditions de sa généralisation non-philosophique.

Les déconstructions et l'impossible dislocation de la décision philosophique

L'intervention de la science comme critère transcendantal permet de mieux apercevoir le sens réel de l'appartenance des déconstructions restreintes à la décision philosophique, la vérité de leur revendication de «philosophie».

L'Autre est le moyen de la mise-à-la-marge de la métaphysique. Pas plus que de celle-ci, il n'y a de lui, d'une déconstruction à l'autre, un concept homogène; il y a en revanche certaines fonctions invariantes que son couplage avec l'Etre lui fait jouer. Importe donc cette articulation qui est l'absolu et la seule syntaxe réelle et où, chaque fois, un penseur s'installe sans pouvoir donner de raison suffisante supérieure à l'arbitraire de sa décision et à la volonté d'auto-fondation circulaire de son propre système. Ce qui distingue les déconstructions des formes antérieures de philosophie, c'est à ce niveau qu'il faut aller le chercher : une autre syntaxe articulant le métaphysique et son Autre, une autre expérience de la réalité entendue sous celui-ci et au nom de laquelle on déconstruit l'illusion métaphysique comprise comme refoulement de cet Autre. De là des variations fonctionnelles des termes en présence à l'intérieur de l'équation qui les régit : penser = Autre ; *la pensée et l'Autre sont le Même* — non l'identique, bien entendu, qui est plutôt le métaphysique ou le représentatif déconstruit à l'intérieur de cette équation. Si cette équation est le seul invariant, à chaque nouvelle définition de l'adversaire (identité représentative ou centralité métaphysique) correspondra fonctionnellement une autre définition de l'Autre. Il suffit de savoir que la «dissémination» (Derrida) est une multiplicité plutôt par transcendance et que les «multiplicités» (Deleuze) par exemple, plutôt des multiplicités par immanence, pour voir que les unes et les autres ne s'attaquent pas au même concept de la représentation ; que par exemple les multiplicités deleuziennes pourraient passer pour une forme de représentation-présence, un «signifié transcendantal» qui devrait être déconstruit ; que beaucoup de valeurs heideggeriennes (la voix de l'Etre ; le silence ; le voile et le dévoilement) sont entamées elles aussi par Derrida. Tout est hétérogène au niveau des «termes», et sur les termes eux-mêmes pèsent les plus graves ambiguïtés à effets idéologiques : ils sont inintelligibles, sauf par apparence métaphysique ; seul est «intelligible» le couplage ou l'articulation, matrice invariante ou mécanisme de la déconstruction. Et c'est même trop dire : seul est intelligible, comme dans toute philosophie, le mouvement circulaire, mais sans cesse ouvert-déplacé, de ce mécanisme. Les déconstructions restent une machine et un fonctionnement par l'une de leurs deux faces ; par l'autre, c'est une épreuve ou une endurance de l'Autre. Voici le «réel» : ce mécanisme dépareillé, ce fonctionnement boîteux, cette équation mal assortie.

Les déconstructions sont la réponse à un problème apparemment facile à définir : trouver une instance d'altérité suffisamment forte et non-négociable pour excéder jusqu'aux expériences de débord et de multiplicité, de dépassement et de critique que la métaphysique a tolérées ; définir la réalité d'une non-maîtrise qui puisse affecter d'une manière suffisamment hétéronome la décision philosophique. Mais il suffit d'énoncer de telles conditions pour faire ré-apparaître un cercle : pour savoir quelle sera cette instance de l'Autre de la métaphysique, il faudrait posséder au préalable le concept de celle-ci. Il appartient de toute façon au concept de la décision philosophique de ne pouvoir s'extra-territorialiser, se survoler et se dominer en une méta-(méta)physique qui déciderait de l'essence achevée de la philosophie... et de son Autre. Et les déconstructions sont obligées — c'est même leur fondement unitaire — de reconnaître la réalité et la toute-puissance de la métaphysique, son cercle comme contrainte inévitable, même lorsqu'il est ouvert et desserré par l'Autre ; elles ne quittent jamais l'élément de la maîtrise philosophique, même lorsqu'elles l'affectent de finitude. De là deux conséquences :

1. Faute de pouvoir élucider l'essence réelle ou individu-a-le de la métaphysique et de l'Autre de celle-ci, ce projet s'installe d'emblée chaque fois dans une certaine articulation fonctionnelle des adversaires en présence, dans un mode de cet invariant. Il choisit, mais arbitrairement et de manière contingente, cette matrice en général et sa modalité (tel concept de la métaphysique ou de la représentation, tel concept complémentaire de l'Autre). Mais cette matrice elle-même — rien d'autre que la décision — est contingente et sans fondement : le projet de l'autofondation, celui de sa critique aussi, sont eux-mêmes sans fondement radical originaire, ou bien ils le confondent avec sa recherche. Il y a une incurable naïveté de toute décision philosophique, une naïveté et une violence. La métaphysique est transie d'un « sans pourquoi » que n'épuisent pas ses raisons *relatives* (-absolues). Mais ses déconstructions le sont tout autant, sinon plus. Ces tentatives exemplaires pour défaire ou délimiter la maîtrise et l'auto-position continuent d'appartenir à *l'ultime structure de la décision philosophique qui est cette articulation, en elle-même contingente, du logos-à-l'Autre, de la métaphysique-à-la-marge, etc. et de son auto-position en un sens plus radical.* Elles continuent de participer de la violence et de la pétition de principe qui sont celles de la maîtrise philosophique, et sur lesquelles elles ne peuvent revenir. Elles adoucissent, diffèrent, déplacent la décision, mais elles l'enregistrent et la confirment en elle-même plus subtilement.

2. L'Autre est à la fois intérieur au cercle philosophique *et* extérieur à lui : il est possible de le re-marquer comme extérieur ou hétéronome par un supplément d'intervention. Justiciable de l'Autorité métaphysique, il est en même temps non-métaphysique. Il ne peut ni être intégralement inclus dans ce cercle ni l'excéder radicalement, il est *comme* cercle. Que peut signifier ce discours, cette énigme du « ni... ni... à la fois », du « tantôt tantôt » (Derrida), de la différence qui fait se

(co-)appartenir — sans synthèse, et par simple transcendance — l'Etre et l'étant (Heidegger)? Ce qui s'annonce ainsi dans le motif omniprésent de la Différence, de la *Differenz als Differenz* ou de *l'Austrag* (Heidegger), de la Différance (Derrida), *c'est la tentative de porter la décision philosophique à son point de dis-location ou de déhiscence maximale mais qui ne la supprimerait pas, qui la conserverait plutôt comme dé-cision.* Heidegger et Derrida expérimentent un nouveau type de « catastrophe » ou de discontinuité, mais il reste limité par le mouvement strophique ou la transcendance d'un Tournant (*Kehre*, Heidegger). Un tel type de catastrophe, qui reste intérieur à la décision philosophique et qui se contente de mettre à nu le fil ténu ou l'Unité transcendantale de la métaphysique et de l'Autre, est donc moins efficace, plus unitaire qu'il n'y paraît. Il ne peut acquérir de réalité que par un travail ou un cheminement interminable, il postule la réalité de l'infinité du temps pour devenir réel. C'est que cette catastrophe est seulement la mise en mouvement éperdue de ce qui, d'un autre point de vue, est une amphibologie ou une synthèse impossible, l'amphibologie gréco-occidentale de l'idéalité (de l'Etre ou du *logos*) et de la réalité (l'Autre). Les déconstructions se protègent par un double refus : le premier émane d'un dualisme honteux qui refuse d'aller au terme de sa logique ; le second émane d'une unité, malgré tout, qui refuse d'être assurée par le *logos* dans le cercle métaphysique mais qui se fait encore *avec* lui. Ce lien ultime, érodé apparemment de tout *logos*, ce transcendantal creusé par l'Autre, mais qui ajointe encore celui-ci avec le logocentrisme ou la représentation, signifie l'effort le plus prodigieux jamais accompli par la décision philosophique pour approcher son point de rupture, c'est-à-dire : se continuer malgré l'Autre et par lui. Ces tentatives hautement stratégiques sont celles du risque ou du péril, du danger le plus grand que la philosophie puisse supporter *pour se conserver*. « Représentation » ou « logocentrisme » désignent — de manière récurrente, ce ne sont pas des faits — des effets de ce travail, la part éliminée de la décision, toute ou presque toute sa part volontaire. En revanche reste ou résiste non seulement l'Autre, mais le lien d'unité de la métaphysique et de l'Autre : *la possibilité réelle d'une entreprise telle que la déconstruction*. Jamais la philosophie, c'est-à-dire le PPS n'eut, en période de danger, de meilleurs défenseurs, de stratèges plus subtils : surtout lorsqu'ils la clôturent en l'ouvrant à un risque absolu (Derrida) ou à un « re-commencement » de la pensée (Heidegger). Tel est le contenu réel, l'invariant de ces tentatives, à la fois leur ressemblance malgré tout et leur réalité : elles sont l'épreuve — et le triomphe militant — de la philosophie.

Finalement les déconstructions ont pourchassé et entamé les présupposés ontologiques et logocentriques, déformé et déplacé la sphère de la philosophie, mais elles l'ont conservée comme sphère d'autorité, reposant à leur tour sur des prémisses qu'elles ne peuvent déconstruire puisqu'elles conditionnent le projet même d'une déconstruction restreinte et le réinscrivent dans la matrice la plus générale de la décision philosophique. Si nous rassemblons ces prémisses qui font système, elles marquent les limites extrêmes de la critique de type philosophique :

1. On *suppose données* une certaine syntaxe articulant la métaphysique et «son» Autre, et une expérience correspondante du retrait (de) l'Autre : leur couplage est supposé donné comme l'élément ultime et incontournable de toute pensée possible. Matrice d'une décision philosophique *élargie* à l'Autre ou à l'indécidable, mais qui reste une décision partielle dans laquelle chaque penseur s'installe arbitrairement ou sans fondement par une pétition de principe qui ne définit donc plus la seule «métaphysique». Cet arbitraire et cet ultime volontarisme contaminent toutes les notions à l'intérieur de la déconstruction : non élucidées dans leur vérité ultime, elles sont pour partie réquisitionnées et fonctionnalisées, leur vérité rabattue encore partiellement sur leur sens, leur sens rabattu sur leur fonction. Bien entendu cet arbitraire des déconstructions et de toute décision philosophique en général n'est pas perceptible depuis celles-ci qui reposent sur une identification préalable et inexplicable à cette matrice, mais depuis une autre expérience que nous avons décrite, expérience «scientifique», mais en mode transcendantal, de la pensée et de son essence : la vision-en-Un.

2. La seconde prémisse consiste à supposer, au-delà de toute remise en question, non pas seulement que la philosophie *existe,* mais qu'elle appartient au *réel* par excellence, au moins comme ce qui le co-détermine. Cette identification ou amphibologie de la philosophie et de la réalité appartient à l'essence de toute décision et les déconstructions ne la surmontent pas. Elle aussi ne peut être dénoncée que par une autre pensée, autonome par rapport à la philosophie et qui aurait, elle, un accès suffisamment radical au réel pour dévoiler dans la prétention de la décision philosophique une Illusion transcendantale, ainsi étendue de la métaphysique (Kant) à ses critiques et à ses déconstructions.

3. La troisième prémisse réduit le réel à l'Autre ou à un transcender reçu comme absolu. Il est inutile de vouloir démontrer combien cette prémisse, pour permettre la déconstruction de l'«onto-théo-logie», est plus que théo-logique : religieuse, *et repose sur une tradition extérieure*

à la tâche d'une fondation rigoureuse ou scientifique de la pensée. C'est là une thèse plutôt évidente mais qu'il faut s'attendre à voir nier. Les déconstructions n'ont pu excéder la métaphysique gréco-occidentale (de Héraclite à Nietzsche) qu'en important dans la pensée une expérience non-philosophique prétendue du réel. Tout laisse à penser que, loin d'être son expérience libératrice et rigoureuse telle que la science la postule par exemple pour tout homme, c'est un résidu très épuré de son expérience religieuse, laïcisé et transformé en procédé opératoire contre la métaphysique, un re-marquage de sa dimension ontho-théo-logique, mais suffisamment ré-élaboré pour donner le change et être tourné contre ses origines les plus apparentes.

De ces trois prémisses, les deux premières montrent l'appartenance ultime des déconstructions à la décision philosophique qu'elles se contentent de solliciter sans la détruire ; la troisième leur appartenance à un fonds religieux judaïque (Wittgenstein et Derrida) ou judéo-chrétien (Heidegger). La seule «critique» possible des déconstructions consiste à montrer qu'elles sont la synthèse, d'ailleurs malheureuse et *fondée sur l'arbitraire*, de ces deux sources. Seule le peut une pensée de type scientifique — non empiriste, bien entendu — et capable d'élaborer une théorie rigoureusement immanente de la décision philosophique.

En quel sens la non-philosophie «généralise» la déconstruction

En un sens vague, on peut dire que la non-philosophie généralise la philosophie, par exemple les déconstructions. On a déjà décrit les limites de cette interprétation. D'une part la philosophie est universelle sur son mode propre — elle est le général-comme-total —, et la non-philosophie d'autre part n'est pas sa continuation ou l'une de ses variantes. Elle ne se donne pas la philosophie comme le plus vaste ensemble de la représentation et de la pensée, quitte à *l'ouvrir* un peu plus et à l'affronter à des «restes». Elle postule que son universalité n'est indépassable que pour le Monde et dans les limites de l'effectivité, mais qu'elle est hors-réel et donc limitée par principe sans qu'aucune extension de ce point de vue soit possible. Sa tâche à elle, ce n'est donc pas d'étendre un peu plus l'universalité philosophique, c'est de la rapporter au réel et de l'inclure dans une universalité qualitativement hétérogène, plus primitive et plus essentielle, et, en ce sens-là, plus «universelle» que la philosophie puisqu'elle découle cette fois-ci du réel et n'est pas limitée par une illusion.

La généralisation textuelle et langagière de la philosophie opérée par les déconstructions aura contribué à limiter le fétichisme textuel inconscient de la métaphysique. Mais elle entérine encore le vieux postulat fétichiste lui-même, elle se contente de l'idée gréco-philosophique du langage (comme signifié, comme signifiant, comme identité du signifié et du signifiant) comme constitutif de l'essence du réel — fût-ce, ici, partiellement; de la textualité comme incontournable, indépassable-comme-dépassable, etc., c'est-à-dire d'un usage nécessaire du langage au titre de *logos*. A ce Tout-langage ou Tout-textualité, simplement ébranlé mais conservé, nous opposons un occasionnalisme textuel, le texte ou le langage comme matériau minimal, seule théorie capable de mettre fin à cette époque qui aura été celle de l'Illusion textuelle.

Il n'y a pas, pour la vision-en-Un, de «textualité générale», d'«air de famille» des jeux du langage, d'univocité de la voix de l'Etre — de généralisation du particulier. La philosophie procède ainsi, elle passe de l'étant à l'Etre, de l'expérience à l'a priori, du particulier à l'attribut, puis de tout ceci à l'Un : elle généralise puis totalise, elle universalise puis unifie. La vision-en-Un suit un trajet *apparemment* inverse, justement parce qu'elle est d'emblée fondée dans l'individu donné comme suffisant. C'est une pensée immédiatement universelle et même «totale» (mais sous une forme non-thétique : l'a priori de l'Uni-vers non-thétique) et dont l'universalité, qui n'est pas qualifiée empiriquement et de manière transcendante, réduit le général et le total, mélangés entre eux par la philosophie, à l'état de «cas particulier» c'est-à-dire de «matériau» et d'«occasion». Elle renvoie le Tout-philosophie, sa Tradition, son Destin, son horizon incontournable, sa clôture, etc. à l'état de simple support pour une expérience de pensée aussi absolue dans son universalité que l'individu, dont elle est le corrélat, est absolu dans sa singularité.

Par sa structure spéciale, la Détermination en dernière instance contient les a priori de la chôra, de l'occasion, de l'extériorité, de l'universalité et de la totalité, mais délivrés de leur limitation dans leur forme mixte ou de leur entr'empêchement. Son universalité ne résulte pas d'une construction de niveaux hiérarchiques, d'une extension progressive, d'une opération de supplémentarisation, elle n'est pas hétéroclite comme est celle de la décision philosophique. Tandis que celle-ci est une machine faite de pièces fonctionnant simultanément — y compris leurs décalages fonctionnels, toujours programmés — la vision-en-Un contient dans la simplicité de son essence réelle l'instance de l'Uni-vers non-thétique ou les conditions phénoménales absolues de l'universalité réellement incontournable, celle qui n'est que le corrélat de l'homme-comme-Un. Comme toujours, parce que la philosophie *veut* l'universalité, elle ne l'obtient pas et doit se contenter d'un processus d'accumulation hétéroclite, d'une complexification et d'une dislocation faible qu'elle prend pour la grandeur de la pensée. La vision-en-Un n'est plus guidée téléologiquement par l'objectif de devenir plus universelle que la philosophie : elle l'est dans son «point de départ» précisément parce que c'est déjà le réel et que seul l'individu peut fonder la plus grande universalité ou être accompagné de l'ouverture la plus radicale. En revanche, la philosophie, même la rationaliste, manifeste progressivement sa nature de décision arbitraire par rapport au réel, non fondée en celui-ci, sa construction par pièces rapportées, sa complexité par oubli originaire du simple ou de l'Un, son volontarisme enfin, qui est la même chose que son impossible synthèse d'elle-même à travers le hiatus de la transcendance. Les actuelles déconstructions sont l'aboutissement de ce processus de fuite en avant, l'aveu que philosopher ne peut consister qu'à tenter de disloquer un peu plus — sans la briser toutefois — la décision : la tentative de faire passer la *coalition* du grec et du juif pour le modèle de la rigueur dans la pensée, et la distension dualiste du paradigme unitaire pour la seule invention possible. Pas plus que les décisions antérieures, les déconstructions ne connaissent le réel ni le possible en soi, mais seulement leur mixte, la figure du Monde dont elles sont l'une des mimiques les plus désespérées.

Les apories de la déconstruction textuelle

Toutefois qu'il s'agisse d'un dualisme unitaire rend la déconstruction — surtout sous sa forme derridienne, dite un peu rapidement «textuelle» — théoriquement intéressante. Une analyse plus approfondie du mécanisme aporétique de cette dernière pourrait contribuer à élucider ce qu'est et ce à quoi est condamnée la philosophie en général. Le mixte derridien est d'une nature autre que simplement philosophique, puisque la décision philosophique n'en est qu'une moitié inégale, l'autre moitié, plus inégale encore, étant constituée d'un affect non-grec, affect judaïque de l'Autre comme absolu. Le problème théorique de cette déconstruction est alors celui-ci : comment, par quelle unité interne, et que voudrait dire ici une telle unité, ce quasi-système peut-il fonctionner malgré tout, se continuer et se laisser identifier comme invariant, dans le dépareillement mais comme invariant quand même, quand ce ne serait que par la capitalisation qu'il revendique de ses effets? La distension de la décision philosophique par l'affect de l'Autre comme absolu paraît ici maximale, elle tend vers un point de rupture où la rupture — on l'a dit — sert à sauver le «point» lui-même et sa continuité. Quelque part et quoi qu'on en veuille, l'extrême catastrophe continue, fait règle, continue à faire règle. Comment un tel « accolement » du grec et du juif, de l'Autre gréco-relatif et de l'Autre judaïco-absolu est-il possible malgré tout ? Comment sauter très vite d'un pied sur l'autre en s'interdisant de toucher à deux pieds le sol ?

C'est dans le *signifiant* que se concentre ce problème, lui seul doit assurer cette unité ultime nécessaire, cette cohérence interne dans l'incohérence par ailleurs des deux écritures. Le signifiant est en effet interprété tantôt comme Autre relatif (concept linguistico-métaphysique) tantôt comme masque impossible d'un Autre absolu (concept judaïque). Ce *tantôt... tantôt* s'exprime aussi dans le « rapport-sans-rapport », formule facile, toute d'écriture justement et qui dissimule d'un trait de plume la gravité du problème. Sur quelle unité ultime du « rapport » et du « sans rapport » glisse le geste déconstructeur ? Sur une unité apparente du signifiant, divisé ou constitué de deux usages par ailleurs sans commune mesure. Qu'est-ce en effet qui permet l'ajointement de ces deux expériences hétérogènes ? Qu'est-ce qui fonde en dernière instance le rapport supposé nécessaire du juif au grec, la référence à celui-ci pour penser celui-là ?

L'incommensurabilité des deux expériences de l'Autre est cachée et déniée par l'apparence d'unité du signifiant. C'est « le même » signifiant qui intervient deux fois, dans deux rôles hétérogènes : l'intraduisible repose en dernier ressort sur cette traductibilité élémentaire de l'identité du signifiant. Mais quelle identité ? Précisément la formule : « le même signifiant » doit être comprise sans malentendu. Ce ne peut être le « même » au sens logocentrique — une identité sensible et idéale, matérielle et objective, puisque le « même » de ce type, cette identité de logos, est seulement l'un des deux côtés de l'affaire. Ce ne peut être non plus le même au sens de l'unicité de l'Autre, de l'unicité du signifiant — la « lettre » — qui découle de l'Autre judaïque, unicité de la créature (ici le signifiant) qui n'est ni sensible ni idéale, ni matérielle ni objective — car elle aussi n'est qu'un côté de l'ensemble. Il faut qu'il y ait une identité *au moins apparente* entre ces deux expériences du signifiant pour que la déconstruction, qui se fonde sur elle, ne puisse être accusée de simple *collusion,* de *glissement* absolument arbitraire ou d'incohérence dans ses fondements même. Qu'est-ce que ces deux expériences peuvent avoir en commun ? où s'articulent finalement l'une à l'autre ces deux identités hétérogènes du signe, l'une comme matérialité idéalisée, l'autre comme *unicité de la lettre* ; l'une éprouvée comme divisée, l'autre comme indivision avant sa disjonction en sensible et en idéalité ?

Une seule réponse paraît encore possible : entre l'expérience grecque du signe et son expérience judaïque, la seule mesure commune est la perception — ou le signifié — la plus empirique, moins le signe écrit que le signe perçu et signifié qui est «en deçà», par sa généralité, du signe idéalisé de la linguistique et de l'unicité indivise de la lettre judaïque. Le recours subreptice à la perception ou au signifié le plus vague comme fondement ultime du passage ou du glissement d'une expérience à l'autre du signe ; le signe supposé donné non seulement sur le fond de la figure du Monde et dans la transcendance, mais sous la forme la plus «empiriste» et la plus «prosaïque» qui soit, voilà ce qui fonde en dernière instance la cohérence et la rigueur de la déconstruction textuelle. Celle-ci repose non seulement dans le *supposé donné* ou la transcendance — selon une objection que nous faisons régulièrement à toute philosophie —, mais dans l'expérience et le truisme de la perception : ici encore — mais c'est cela qui est maintenant surprenant — comme toute philosophie.

La déconstruction ne déconstruit que certaines formes de la métaphysique, mais conserve tout ce qui fait le peu de rigueur et l'arbitraire de celle-ci, le fétichisme de l'autoposition. Et comme toute philosophie, elle doit avouer son empirisme transcendant. Elle s'effondre de l'intérieur sur ce constat empirique qu'il y a du signe, et du signe identique à lui-même en deçà de son interprétation logocentrique et de son interprétation judaïque. Bien entendu ce constat empirique d'une identité sur le mode de la perception signifie que celle-ci n'est pas élucidée ou «déconstruite» — puisqu'elle fonde la déconstruction — et qu'*il faut distinguer cette identité transcendante du signe qui est simplement supposée donnée sans être élucidée (elle abrite donc toutes les équivoques) de l'identité de dernière instance du signe en tant que saisie par la vision-en-Un*.

La déconstruction tombe elle-même sous l'objection, maintenant élargie, de se fonder dans un «signifié transcendantal», dans une transcendance supposée donnée à laquelle elle assigne l'inévitable fonction transcendantale et constitutive de son opération. Elle consiste en une amphibologie de deux expériences incompatibles du signifiant, amphibologie assurée par la généralité vague de la perception — point aveugle qui tombe, tel un intraductible ou un indéconstructible, en dehors de la déconstruction puisqu'elle fait système avec celle-ci. Elle n'est que le mode linguistique de la même amphibologie qui règne dans toute décision philosophique.

Si la décision déconstructrice réside dans la supposition de l'identité transcendante ultime du signe, ainsi s'explique son oubli ou son refus d'avoir à élucider l'essence de l'Identité avant de la supposer donnée de cette manière et sous la figure du langage ou d'un signifiant admis comme constitutif du réel. Autant que toute philosophie, cette déconstruction-ci — et sans doute celles aussi de Heidegger et de Wittgenstein, celle-ci peut-être sous des formes moins crues — est rejetée vers un empirisme, un réalisme extérieur de la tradition, vers le respect de l'autorité grecque à laquelle elle joint maintenant l'autorité judaïque. C'est qu'elle n'a pas abandonné le préjugé fondateur de la philosophie, le postulat unitaire selon lequel la transcendance (du Monde, de l'Autre, du Signifiant) est constitutive du réel. L'identité admise du signe, qui a pour envers le refus de décrire son essence réelle dans la vision-en-Un, est le sol incertain et miné à partir duquel se déploie la volonté déconstructrice de s'assurer malgré tout un minimum de cohérence dans la dislocation.

Le système derridien de la double transcendance ne peut se retenir de s'effondrer sur l'empirie. Une fois de plus, comme Kant par exemple, comme tant d'autres voulant conforter et limiter la transcendance grecque par la transcendance juive, il combine deux faiblesses qui ensemble peuvent donner l'illusion d'une force : la faiblesse empiriste-sensible de la première, la faiblesse empiriste-religieuse de la seconde. C'est dire que non seulement la double transcendance laisse inélucidée l'essence de la réalité, autant que n'importe quelle philosophie d'ailleurs, mais qu'elle donne en plus l'illusion d'avoir délivré la philosophie de ses insuffisances. Les déconstructions sont l'épreuve de la «métaphysique», elles sont surtout le salut de la philosophie et les meilleures gardiennes de sa suffisance.

Comment généraliser la déconstruction restreinte

La déconstruction restreinte ne peut pas être généralisée sur la base de ses propres présuppositions, celles du PPS. D'autant plus que la philosophie est déjà à sa manière passage du cas particulier, voire singulier, à l'universel ; théorie du restreint et du généralisé. Ce projet n'a donc de sens que si nous disposons par ailleurs d'une expérience plus radicale et plus large encore de l'universalité que la philosophique et par rapport à laquelle celle-ci ne serait plus à son tour qu'un cas particulier ; qui serait capable par conséquent d'affecter et de suspendre le Principe de suffisance lui-même, de fonder ainsi une déconstruction absolument générale, de déconstruire la décision comme telle. De cet Autre, le pouvoir de généralisation devrait donc dépendre plus profondément de son pouvoir suspensif à l'égard de la décision et de la position qui sont les invariants de toute philosophie ; il devrait posséder une essence positivement « non-thétique » ou non-décisionnelle. Cette essence, inconnue de la philosophie, on en rappelle seulement deux traits, l'ayant décrite ailleurs et ici même. Le premier est est qu'il existe une instance qui tire sa validité et sa réalité d'elle-même sans recourir à une transcendance ou une décision, l'Un non-thétique (de) soi. Il y a des données phénoménales absolument immanentes, qui se donnent (à) soi sans passer par la médiation de la décision ou l'appui du *logos,* et par exemple par le procédé d'une réduction. La réduction transcendantale est achevée, ce qui motive la contingence de la décision philosophique, mais c'est un effet. Le second trait est que cette pensée de l'Un, qui n'est plus la philosophie, ne peut être que la science qui possède en elle-même un fondement transcendantal et non pas une stupidité empirique. Ainsi une déconstruction qui trouverait son assise dans la science, au lieu d'être première comme elle l'est sous sa forme restreinte, pourrait être généralisée à la décision comme telle et cesser de ne valoir que pour ses modes inférieurs (« représentation », « présence », « logos », etc.)

Sur la base de la vision-en-Un, il y a, on l'a dit, une expérience scientifique radicale de la transcendance ou de l'Autre. C'est toujours la philosophie qui a revendiqué explicitement l'altérité ; en particulier à l'époque de la seconde « modernité » (fin XIXe siècle, début XXe siècle) où elle a trouvé dans une expérience judaïque de l'Autre, enfin, croit-elle, éprouvé *comme tel* des ressources pour se renouveler. Elle n'imagine donc pas que la science, surtout lorsque ses structures transcendantales ne lui ont pas encore été explicitement restituées, puisse elle aussi posséder une expérience de l'altérité et qui soit « autrement » universelle que celle de la philosophie. C'est pourtant le cas, et c'est l'une des tâches d'une science transcendantale que de thématiser cette expérience scientifique de la transcendance : mais *Transcendance non-thétique ;* de l'objectivité : mais *Objectivité non-thétique (de) soi* et donc tout à fait distincte de la philosophique, plus primitive qu'elle et que ses formes gréco-judaïques.

Bien entendu, transcendance et universalité se conditionnent toujours mutuellement, par exemple comme décision et position. Dans la philosophie déjà, l'Autre est ce qui fonde par exemple l'*Eidos,* l'*A priori,* etc. Généraliser l'Autre en mode scientifique comme a priori non-thétique, ce sera donc « généraliser » l'universel lui-même et radicaliser le possible qui est encore restreint ou mixte dans son expérience philosophique. Comment avons-nous décrit cette objectivité scientifique qui est invisible dans l'horizon des présupposés grecs ? cet Autre non-constituable, absolument in-décidable, qui est le point d'Archimède des formes radicales de la déconstruction?

L'être-immanent de l'Autre le libère de toute structure à la fois décisionnelle et positionnelle. Ce n'est *ni* une décision (coupure, scission, division); *ni* une position; *ni* la synthèse ou la différence des deux. La science rapporte ses représentations à l'affect d'un «objet» dont l'extériorité, sans parler de la stabilité, est donnée immédiatement (au) sujet comme telle sans se réfléchir en elle-même ou se poser (ce qui est l'expérience philosophique, redoublante et représentative, de l'Autre). Il y a une expérience naïve (d')altérité avant même qu'il y ait position et ouverture, et qui n'a pas besoin de passer par ces procédés. Cette transcendance-sans-intentionnalité est vécue avant le secours d'un horizon ou d'un projet, sous la forme d'un divers de points singuliers de transcendance ou d'affects d'universalité, éprouvés comme le contenu phénoménal de ce que la science, elle, appelle l'«objectivité». Il existe une universalité et une idéalité d'emblée libérées de leur positionnalité philosophique. Etant donné que cet Autre n'est plus auto-référé, rapporté à soi à travers lui-même, c'est-à-dire re-divisé en Autre-de-l'Autre en même temps qu'attaché à une position ou un ouvert, il forme une multiplicité de la transcendance réelle primitive, libérée de toute Unité extérieure et de toute finalité. Cette transcendance «découle» de l'Un non-thétique, elle est individu-a-le comme lui et s'offre comme une multiplicité de possibles radicaux ou individuaux. Ces possibles sont bien des universels, mais dépourvus de position, d'espace fût-il «pur» et même d'intensité. Loin d'être des attributs infinis dans leur genre, ce qui supposerait leur autoposition et leur transcendance, ils sont absolument singuliers autant que le réel-Un peut l'être. Ainsi dans la science, l'individuel et l'universel sont radicalisés et donc «généralisés» parce qu'ils sont délivrés l'un de l'autre et qu'ils cessent de former des mixtes où ils s'entre-empêchent. Le mixte du particulier/général est brisé, la science accède enfin à un universel libéré de sa limitation dans le particulier, et même dans l'«individuel». Précisément parce que l'universel découle maintenant de l'*individual* au sens rigoureux et ne le co-détermine plus, il est au-delà de ses formes restreintes et transcendantes. C'est là l'expérience la plus universelle de l'universel ou du possible : lorsqu'il n'est plus condamné à passer par l'auto-représentation ou par ses états de mixte.

Ainsi l'Autre, qui fait corps avec universel, même si la philosophie le dénie souvent, peut être délivré de la position ou de l'Etre, de l'auto-position, et donner lieu à une expérience d'autant plus radicale qu'il sera pensé dans son ordre, comme dé-rivé ou second après l'Un, au lieu d'être posé simultanément avec celui-ci dans un mixte qui est l'élément de la déconstruction comme «première», restreinte ou philosophique.

La philosophie et l'épistémologie empêchent ensemble de reconnaître que la science est une expérience non-thétique (de) l'Autre et que, si elle passe en effet sans cesse du «particulier» au «général», ce n'est pas du tout au sens où elles entendent, elles, ce passage dans la succession des théories. L'épistémologie est la confusion unitaire de ces deux manières hétérogènes d'englober le particulier dans le général. Leur distinction par la science fonde en rigueur et en réalité une déconstruction généralisée de la philosophie elle-même.

Le concept de «non-heideggerien»

Ainsi, avec les a priori non-thétiques, nous avons les conditions réelles, plus-que-possibles, d'une déconstruction généralisée. Nous avons même acquis la réalité phénoménale du possible comme non-thétique (de) soi. Seul un tel possible peut «ouvrir», depuis son au-delà, la décision et son altérité restreinte. Il faut ici distinguer deux effets. D'une part l'essence immanente des a priori, surtout de la *chôra*, suspend globalement la résistance philosophique et plonge la décision dans l'abîme d'une contingence irrattrapable. C'est que le contenu phénoménal du réel ou du «non-thétique» en général, qui est plus primitif que l'Autre, contient ce pouvoir d'avoir a priori suspendu la décision et le Monde. Ce pouvoir appartient au (non-)Un. Il permet de donner enfin un sens positif et un contenu phénoménal au terme par exemple de «non-heideggerien» ou, plus généralement, de «non-philosophique». Il se manifeste par les deux *ni* qui suspendent la décision et la position; par un troisième qui suspend la synthèse ou la différe(a)nce des deux premiers et donc la décision elle-même qui peut toujours revenir et les ressaisir; enfin par un quatrième *ni*, le *ni* dualitaire, celui qui en réalité a déjà précédé les deux premiers qui restent unitaires et le troisième qui reste celui de la transcendance comme a priori, fût-il non-thétique. «Non-» n'est plus acquis ici par simple opposition à la déconstruction heideggerienne ou derridienne *que l'on supposerait une fois de plus donnée, et donnée comme incontournable ainsi que le voudrait le PPS*. Acquis de manière immanente ou transcendantale à partir de l'Un, comme c'est le cas dans la science, il peut affecter d'une contingence globale la décision philosophique, suspendre sa prétendue nécessité et la livrer — c'est le second effet — à l'efficace des a priori non-thétiques qui constituent l'objectivité scientifique. «Non-heideggerien» doit s'entendre lui aussi à la manière dont se dit « non-euclidien » et comprend ces deux effets. Si la philosophie, sans parler de la déconstruction, a besoin d'une « révolution », d'une mutation plutôt, nous avons déjà dit qu'elle devait être « lobatchevskienne » plutôt que « copernicienne ». Sous cette forme, le « non- », loin de procurer seulement à une décision un supplément d'altérité masquée et donnée dans le symptôme, *offre à n'importe quel phénomène à interpréter une multiplicité radicale d'attributs ou de points de vue universels non-thétiques;* on serait tenté de dire : de décisions pour un même phénomène, si la décision n'était en même temps « détruite » comme telle, à ce niveau du moins, dans une dispersion de transcendances justement non-décisionnelles. La décision n'est pas seulement dé-multipliée, disséminée et dispersée, opérations qui restent unitaires, elle est « dualysée ».

Ainsi le concept d'une post-déconstruction ou d'une déconstruction « non-heideggerienne » doit être bien saisi dans sa genèse. Il n'est pas acquis par une *négation* relative et circulaire de la pratique heideggerienne, derridienne ou autre, ce serait encore une décision restreinte, un mode de ce qu'il subsiste de suffisant dans cette pratique. Le *non-* reçoit ici un contenu plus positif qu'il ne pourrait l'être dans n'importe quelle philosophie. Son état-de-chose phénoménal, celui du possible, n'est plus lui-même et à son tour simplement possible, il est réel ou irréfléchi. C'est pourquoi il n'est pas co-déterminé par la pensée de Heidegger qui se réfléchirait en lui ; mais il dérive entièrement de l'Un. Si « Heidegger » et les mots de la philosophie interviennent ici, c'est seulement à titre de matériau ou de support occasionnel, pas au titre d'un cercle philosophique où le langage serait censé constituer la réalité. C'est pourquoi le concept de « non-heideggerien » est irréductible à une décision nouvelle et trouve son fondement dernier dans la science.

Le concept tout à fait positif phénoménalement d'une pensée « non-philosophique » représente une extension qualitative des possibilités de la déconstruction et de la philosophie. L'une des conséquences de cette radicalisation est que l'Autre non-thétique n'est plus masqué et effectué nécessairement par le texte ou le signifiant dont la double autorité, judaïque et ontologique, est ainsi abandonnée. Le texte peut encore servir de support à l'Autre non-thétique, mais il est désormais contingent autant que la philosophie elle-même, sa nécessité ne dépasse pas la sienne. Il n'est plus qu'un support de l'Autre et de son efficace. Dans une déconstruction généralisée, l'Autre a besoin seulement, et en général, d'un support et celui-ci, même s'il est déterminé comme textuel, n'est précisément qu'un support. La F(S) détruit la

« textualité générale » et le « textualisme ». Ici encore, la textualité générale et le langage, indice d'une limitation et d'un arbitraire internes de la déconstruction restreinte, retournent à leur contingence — c'est une vieille limitation qui tombe. La fondation réelle de l'Autre par la science le rend autonome par rapport à ces limitations gréco-judaïques. Seule une non-philosophie est pleinement et seulement humaine. La non-philosophie est la philosophie de l'homme.

La fondation rigoureuse de la déconstruction comme non-unitaire

Ainsi la déconstruction généralisée n'est-elle pas un avatar supplémentaire de la décision philosophique, mais sa transformation réelle. Elle est fondée scientifiquement par la description immanente de ses conditions de réalité. Pour faire sauter le dernier obstacle à cette généralisation, il a fallu la pratique non-épistémologique du passage du particulier (philosophique) au général (scientifique). Par récurrence, la décision et le PPS, la déconstruction restreinte aussi, apparaissent comme des cas particuliers de la déconstruction non-philosophique ou « non-heideggerienne ». La déconstruction de type philosophique connaîtra donc le sort de ces doctrines ou de ces théories qui finissent par devenir — dans un contexte de type scientifique — comme des cas particuliers d'une théorie plus générale et plus ouverte. Cette ouverture extra-philosophique de la déconstruction, mais antérieure à elle, ne peut se faire que sous contrôle scientifique quoique transcendantal. Le cas particulier ou la théorie restreinte ont leur logique propre, qui est celle de l'entêtement et de la raideur de nuque. Le seul pas au-delà que puisse faire une pensée qui, sur le mode de la philosophie, semble parvenue aux dernières extrémités, est *de changer de paradigme et de prendre enfin la science comme base réelle de la philosophie*. Ce changement de paradigme ne nie pas la philosophie, mais la libère de son auto-suffisance, de son aveuglement à la science et donc à elle-même ; elle la *laisse-être* enfin sans l'objectiver. Suspendue déjà actuellement par la science, elle n'est pas niée, mais offerte à un regard plus libre, plus étendu et plus pacifique.

C'est moins la décision que son régime ou son fonctionnement comme PPS qui est ainsi suspendu, et son autorité sur elle-même invalidée. Dans les pratiques traditionnelles et naïves que la déconstruction restreinte prolonge et renforce, le PPS autorise l'auto-référence naturelle de la décision à s'étendre illusoirement jusqu'au réel (homme et science). Les formes actuelles de la déconstruction se contentent d'assumer les finalités et les croyances ordinaires de la philosophie en les travaillant à leur manière d'un renversement et d'un déplacement. A ces pratiques, on oppose une déconstruction « non-heideggerienne » qui n'est pas leur re-finalisation pratique et téléologique — fût-elle disséminée — mais ce qui est acquis en mode transcendantal par le moyen d'une description immanente de leurs conditions scientifiques ou réelles. Plutôt que d'affecter d'elle-même la déconstruction, ou d'isoler en son sein quelque chose comme l'Etre, la Représentation ou le Logocentrisme, on s'est contenté de décrire les rapports réels de la science et de la philosophie, et l'on a trouvé la réalité de la déconstruction universelle entre l'une et l'autre, en même temps que le suspens radical de la décision, suspens qui, loin de nier ou d'entamer celle-ci, de la transformer en prétendant y inter-venir, la laisse être désormais comme objet de science et de pratiques inédites.

Les déconstructions unitaires, comme modes de la décision philosophique et même du PPS, assument comme nécessaire ou incontournable le tout de la tradition métaphysique, en particulier son auto-référence et sa suffisance. En revanche une post-déconstruction est fondée sur la contingence absolue de la Tradition et ne commence pas par l'assumer ni par assumer les déconstructions existantes. Elle est d'emblée libérée des restrictions de la circularité et, de ce point de vue, plus universelle. Loin d'être un héritage continu des formes primitives de la déconstruction, de recueillir et de capitaliser leurs effets en les aggravant, elle ferait plutôt apparaître celles-ci comme un simple ingrédient de sa propre universalité.

Si la déconstruction « non-heideggerienne », étant acquise scientifiquement en dernière instance, n'est plus philosophique par son fondement, elle le reste bien entendu par son objet comme donnée quelconque. Elle cesse de plus d'être le tout de la pensée pensante, ce substitut déplacé-déplaçant de la métaphysique ou de la philosophie première qu'elle est actuellement. Elle cesse d'être une *déconstruction première* pour devenir une pièce annexe dans un édifice plus vaste qui est fondé *comme science de la pensée* et où elle représente le moment critique et pragmatique, désormais second ou *unilatéralisé*. Une déconstruction généralisée sur des bases scientifiques, au sens où il y a une expérience scientifique tout à fait originale de la « généralisation » ou de l'« universel », implique finalement trois tâches enchaînées :

1. Sa fondation dans la science transcendantale, science (de) la science ou (de) la vision-en-Un, et donc sa dé-rivation comme seconde ou son unilatéralisation.

2. Son devenir-réelle, sa réduction à son contenu phénoménal immanent, celui qui est vécu par le sujet (de) la science ; sa générali-

sation par le moyen d'une épreuve de l'Autre ou du possible d'emblée plus large que celle de la philosophie.

3. Son usage comme procédé d'une représentation de type scientifique du réel et, sur cette base, l'invention «pragmatique» de nouveaux usages de la décision et de la déconstruction restreinte.

Seule une science transcendantale peut exhiber ce qui fait en dernière instance la réalité de l'Autre pour l'homme, sans retomber par là dans son égo-logo-centrisme et encore moins dans un idéalisme. L'élaboration et la mise au point d'une déconstruction généralisée engage nécessairement une critique radicale de la philosophie. Elle suppose la découverte d'un nouveau paradigme de pensée plus fondateur, plus réel et positif que la décision. Il pourra faire de celle-ci un événement contingent et bâtir autour de lui-même un nouveau continent scientifique. Une déconstruction ainsi généralisée sera une région de ce continent. Un «post-déconstructionnisme» appartient aux tentatives — à base scientifique désormais et hors autorité du PPS — de renouvellement des pratiques philosophiques traditionnelles, au projet d'une pragmatique non-philosophique de la philosophie.

L'Autre non-thétique et la critique de Levinas et de Derrida

Autant qu'on puisse en juger en ces matières «océaniques», les déconstructions de Wittgenstein, de Heidegger et Derrida représentent la pointe la plus avancée philosophiquement de la vigilance critique, l'effort rigoureux et soutenu pour mettre la philosophie en rapport avec sa mort et peut-être, par cette médecine encore homéopathique malgré tout, pour la sauver. Mais comme expérience de la pensée et du réel, du point de vue de leur fondation rigoureuse ou de leur réalité, elles souffrent encore, malgré tout, de limitations internes qui sont à vrai dire les limitations les plus générales de toute philosophie lorsqu'on la mesure au paradigme de la science. Ces limitations, nous commençons à les connaître : dénégation («hallucination transcendantale») du réel (de la science et de l'homme comme sujet (de) la science); principe du cercle vicieux (auto-constitution circulaire); suffisance (croyance à son pouvoir à déterminer le réel); pratiques auto-référentielles (auto-fascination textuelle et historisante), etc. Les déconstructions ont partiellement levé ces limitations internes de la décision, mais elles ont continué à les admettre pour l'essentiel comme incontournables et à exiger le passage de toute pensée possible par la philosophie. C'était respecter le PPS et lui assurer une ultime survie par le moyen de la destruction de ses formes les plus visibles et les plus extérieures.

Cette obéissance dernière au PPS s'est faite sous la forme d'un recours massif aux pouvoirs supposés ontologiques du langage, dont on ne sait si le PPS est une illusion qu'il engendre par son exercice naturel, ou si ce Principe de suffisance se sert du langage pour se réaliser. Les déconstructions correspondent à la ré-introduction explicite du langage, voire du signifiant, dans l'horizon du logos et, de ce point de vue, ne perturbent pas non plus fondamentalement la vieille suffisance philosophique. En revanche, plus que le signifiant, c'est l'introduction par Derrida d'un supplément judaïque d'altérité dans la déconstruction heideggerienne qui a fait passer ce type de philosophie à un stade nouveau et une phase d'activité supérieure. Sans lui le signifiant serait resté un objet philosophique ou sémiologique et ne serait pas devenu ce qu'il est maintenant : la textualité générale comme constituant-le-sujet-à-sa-mort.

Cette hybridation judaïque sur le corps grec du logos a relayé les efforts de Heidegger pour délimiter celui-ci par le recours à une solution quasi-kantienne qui prolongeait celle de la «chose en soi». Elle a eu le mérite de porter la décision philosophique à son point extrême de déhiscence, d'éclatement ou de dislocation ; elle a ouvert à la philosophie de nouvelles possibilités et des affects qui lui étaient restés celés. Mais elle aura d'autant mieux servi de révélateur pour deux traits de la décision qu'elle-même n'a pas aperçus comme tels, les manifestant sans les voir, mais les rendant d'autant plus manifestes à une autre expérience de la pensée plus sensible à ce qui est la vraie «déhiscence», celle de la science *à* la philosophie. Le premier de ces traits, c'est la survie de la décision philosophique, son pouvoir de continuer comme la «même», de se prolonger et de finalement «absorber» les épreuves que les penseurs récents se sont ingéniés à lui infliger ; c'est l'impossibilité de venir à bout du PPS *par l'usage encore philosophique malgré tout de l'Altérité judaïque.* L'hétéro-dislocation de la décision est encore, ne doit être encore, mesurée à celle que lui inflige la *chôra,* qu'une auto-dislocation. Le second trait, c'est le caractère arbitraire, infondé, de l'expérience philosophique de l'Autre ou de la transcendance. C'est là une décision «irréelle», sans autre fondement qu'elle-même ; or, par définition, le fondement est absent avant la décision qui doit justement le poser. Irréelle, elle prétend donc poser la réalité et se vouloir réelle à son tour à travers cette position. Mais cette réalité ne peut que lui être refusée, elle aura droit seulement à la *réalisation,* c'est-à-dire à la confusion unitaire du réel et de son propre arbitraire. Plus généralement la décision, les déconstructions aussi qui en sont des modes extrêmes, se contentent de *réquisitionner des concepts comme ceux d'Un et d'Autre, d'Identité et de Scission, sans les fonder en eux-mêmes ou dans leur réalité, sans élucider celle-ci d'abord qui est toute contenue dans l'Un*. Elles les traitent comme des outils et les transforment immédiatement en machineries philosophiques qui produisent de prétendues expériences et une servitude réelle. De ce point de vue, en accentuant la réalité de l'Autre et sa transcendance non-métaphysique, les déconstructions n'ont pas dissipé, mais bien accru le caractère infondé et extérieur de cet Autre, expérience indéterminée et facteur d'indétermination, donc de guerre. Elles sont les meilleurs conservateurs de la tradition qu'elles contestent et de toute façon des symptômes du malaise qu'*est* la décision. Elles n'ont fait qu'aggraver le caractère impensé de la décision grecque par un double recours : à une «chose en soi» ou une «finitude» dé-théologisée, et à une Altérité reçue d'une tradition religieuse et restée profondément inintelligible et impensée.

C'est la substitution du concept d'Autre non-mixte ou non-thétique au concept philosophique de la transcendance, à l'Autre gréco-judaïque, qui assure la généralisation radicale de la déconstruction. Mais ce concept de l'Autre doit être lui-même acquis de manière scientifique et décrit dans un travail de rectification sur un matériel fourni soit par la philosophie soit par une éthique autre-que-philosophique : par exemple Derrida d'une part, Levinas de l'autre. C'est à partir de leurs conceptions respectives — elles nous serviront de «support» et d'«occasion» — que l'on décrira l'Autre non-mixte en tant qu'il est antérieur encore à la disjonction de ces deux expériences. Cette opération sera la contre-épreuve de la critique que nous avons esquissée des déconstructions à base «unitaire».

1. La Transcendance non-thétique est non-thétique comme l'est l'Autre chez Levinas. Eprouvée «comme telle» avant d'être insérée dans un horizon ou une position, elle suspend l'Etre et l'autorité de la décision philosophique de manière radicale sans devoir être engagée circulairement par eux et en eux. Avec Levinas, il y a une possibilité de briser le cercle philosophique, de libérer l'Autre de l'autorité du Même et de penser depuis celui-là vers celui-ci, toutes possibilités interdites chez Derrida. Mais l'inconvénient de la solution-Levinas, c'est que le Même est annulé et que la décision disparaît, si bien que la déconstruction est sans objet explicite, impossible faute de matériau à déconstruire.

2. La Transcendance non-thétique suppose ou laisse être la décision comme matériau possible de la déconstruction à la manière cette fois-ci

dont elle subsiste chez Derrida. Mais celui-ci ne peut réduire son autorité, celle du PPS, que Levinas, lui, a suspendue d'un coup. En tant que grec encore, Derrida offre un matériau à l'efficace de l'Autre, ce que Levinas ne fait pas ; mais il ne peut en revanche se libérer de l'autorité et de la suffisance philosophiques qu'il attribue à ce matériau, et qu'il suppose nécessaires et incontournables comme élément de la pensée et dont Levinas parvient à se délivrer.

L'intérêt de la Transcendance non-thétique, c'est qu'elle a été acquise en supposant l'existence de la décision effective, mais sans former ou reformer le cercle d'une auto-référence unitaire et autoritaire avec elle. Elle cumulera donc la puissance déconstructrice de l'Autre derridien et la puissance, suspensive de toute autorité philosophique, de l'Autre de Levinas. C'est pourquoi, bien qu'elle ne représente pas leur synthèse *a posteriori* ni même d'ailleurs *a priori,* mais plutôt leur Identité encore in-divisée et leur contenu réel avant qu'il soit scindé par le conflit philosophique, elle est plus universelle — en un sens non-philosophique désormais — que les formes divisées de la transcendance philosophique.

Une déconstruction généralisée ne peut pas être acquise par synthèse ou réconciliation, par une opération philosophique ; elle doit être acquise a priori par une description de son *Identité réelle* et sur la base à la fois réelle et scientifique de l'Un. Le suspens du PPS étant alors assuré par l'Un avant de l'être par l'Autre, on comprend que cet Autre puisse apparaître comme plus universel que sous sa forme restreinte. Inversement ce suspens n'étant pas de l'ordre de la destruction, négation, néantir, etc. *effectifs,* il peut laisser être la décision et l'offrir à l'efficace de l'Autre.

La Transcendance non-thétique est ainsi la « souche commune », l'Identité a priori ou indivise des deux expériences de l'Autre que se partagent Levinas et Derrida. Ce partage fait système avec la manière dont ils se donnent l'Autre : a) sans procéder à l'élucidation préalable de son essence et de son type de réalité ; mais en le réquisitionnant, se le donnant sur un mode transcendant à son tour, en vue des fins pratiques de la déconstruction supposée « première » ; b) en le recevant de l'extériorité d'une tradition qui ne peut prétendre à la même universalité humaine que la science ; c) en le supposant « premier » (l'Autre judaïque *supposé premier*) ou bien co-efficace avec le logos, co-efficacité qui est globalement supposée première de nouveau. Ce refus ou cet « oubli » d'élucider l'essence de l'Autre, c'est-à-dire les données phénoménales qui le font réel ou vécu par l'Un, a les plus graves conséquences. Non seulement la prise de l'Autre sur le logos ou bien sur le Même n'est jamais élucidée dans sa réalité, mais simplement supposée, imposée à la pensée par la violence des traditions grecque et judaïque ; mais son étrange rapport à l'homme est encore moins éclairci dans son principe. Ce qui tient la place de cette description scientifique, c'est l'inventaire litanique des *effets* de l'Altérité, effets aussi arbitraires et impensés que cette Altérité elle-même.

Ainsi l'Autre, ou bien reste imprégné malgré tout d'une négativité pure et abstraite, ou bien est associé avec une décision et une position de type philosophique dont il ne parvient pas à se libérer et qui limitent sa portée critique. Entre l'Autre-sans-déconstruction de Levinas et l'Autre-à-déconstruction-inhibée (dans la décision métaphysique) de Derrida, ce qui règne est une véritable *dialectique de l'Autre* qui limite l'efficace réelle de la déconstruction et interdit sa généralisation. Cette *antinomie de l'Autre* surgit lorsqu'il est supposé premier et antérieur à l'Un même. Elle condamne la pensée à osciller entre *un Autre absolu, mais dépourvu de tout fondement*, sinon celui d'une tradition transcendante, et *un Autre fondé, mais non absolu* car « fondé », sinon sur le logos, du moins sur son unité-de-mixte ou, mieux encore, d'indécidabilité avec lui.

On critiquera cette *dialectique de l'Autre comme premier* et on sortira de l'alternative : ou un Autre-sans-déconstruction ou une déconstruction restreinte et non absolue, en se replaçant d'emblée dans l'Un puis dans l'a priori non-thétique de l'Autre. L'essence de celui-ci est l'identité phénoménale, donnée avant toute pseudo-réconciliation, de l'Autre comme absolu et de l'Autre comme fondé. Que l'Autre soit fondé, mais ici dans l'Un, ne lui retire pas son caractère absolu. Et même cette fondation par l'Un n'étant pas, puisqu'elle est réelle, de l'ordre d'une opération philosophique de négativité exercée sur un matériau avec lequel elle ferait cercle, elle seule peut lui donner une essence absolue, l'essence du « non-thétique », et ne pas l'entamer ou la transformer dans cette opération. La déconstruction cesse alors, comme l'Autre, d'être première, mais devient absolue dans son ordre, qui est l'ordre imposé par la science.

Il est bien entendu contraire aux traditions grecque et judaïque de vouloir fonder ainsi l'Autre. Précisément l'Autre a toujours été, plus encore que l'Un, simplement invoqué et réquisitionné par elles, sur des modes différents, mais comme ce qui était susceptible de déstabiliser toute identité et d'inquiéter tout fondement ; comme ce qui ouvrait la pensée au-delà de l'expérience ordinaire et du donné immédiat ; comme l'extériorité qui pouvait entamer la volonté métaphysique d'auto-fondation. Cette réception, elle-même toute transcendante de la transcendance, va de soi pour ces traditions, mais elle est tout à fait contestable pour une science de la pensée. Contestable deux fois : par son refus de fonder explicitement l'Autre et de lui attribuer une essence ; par la conséquence implicite de ce refus : une «fondation» de fait, mais larvée et indéterminée. L'Autre en effet est quand même fondé de fait par ces traditions, car il est transcendantalement impossible de faire autrement : mais il l'est alors de manière transcendante, soit dans l'autorité ultime mais impensée d'un texte et de ses sujets commentateurs, soit dans l'autorité également impensée d'une position ontologique, d'un logos supposé incontournable et que l'Autre est fonctionnellement chargé d'entamer. De ces deux façons, l'Autre requiert un appui lui-même extérieur et transcendant à la réalité de la pensée.

Ainsi dépourvu de fondation réelle dans le sujet (de) la science, et laissé aux avatars de la transcendance historico-religieuse pure (Levinas) ou bien mélangée avec l'ontologique (Derrida), l'Autre est pour ainsi dire réfléchi en soi et l'essence de la transcendance prélevée ou décalquée encore sur des choses transcendantes. La grande règle scientifique de la simplicité de la pensée — de la simplicité plutôt que de l'économie, du rasoir d'Occam pour tout dire — interdit ce genre de redoublement ou de doublure qui fait les jeux philosophiques et exige que l'on ne prétende pas *reconstituer l'essence de la transcendance avec du transcendant,* mais que l'on exhibe la phénoménalité du rien-qu'Autre... L'un des effets de cette réflexivité imposée à l'Autre, est que, sous sa forme gréco-judaïque, il est lui-même divisé dans ce qu'il lui reste d'essence, il est Autre-de-l'Autre. Le moteur de toute division ne peut être à son tour que divisé entre une expérience de l'Autre qui fait corps avec l'empirique, celui d'une tradition qui est ici considérée comme «en soi» (empirisme dogmatique de l'Autre absolu ou qui n'*est* pas, de Levinas) ; et une expérience qui fait corps, mais pour la travailler, avec l'empirisme d'une transcendance idéale, celle de la décision supposée donnée comme nécessaire.

Ce manque de fondation réelle de l'Autre est identiquement la généalogie de ses formes et de ses usages philosophiques, de sa dialectique et de la dialectique de la déconstruction comme restreinte ou infondée. *C'est le propre de la décision philosophique de laisser inélucidées les essences réelles, ici celle de l'Un et celle de l'Autre, et de les sommer de fonctionner et de produire des effets par leur combinaison.* La déconstruction restreinte accentue la tare initiale de la décision qui est précisément d'être une dé-cision, une opération originaire indéterminée et facteur d'indétermination.

La décision en régime de PPS et la déconstruction restreinte sont fondées sur l'inversion (on pouvait s'en douter) de l'ordre réel ou de l'ordre scientifique de la pensée qui va de l'Un à l'Autre de manière irréversible. Plus exactement, mesurée au critère de la science et de l'ordre le plus simple qui puisse être pensé, la décision philosophique :

1) mélange ou transforme en coordonnées d'un espace spécifique de pensée l'immanence et la transcendance, sans se demander comment elles sont réelles pour l'homme et la pensée, pour le philosophe qui les reçoit et s'y identifie ;

2) ne les mélange pas sans les subordonner à leur mélange ou sans considérer leur unité-de-mixte comme une auto-présupposition absolue ou un «supposé-donné», qui domine ses termes et à partir de laquelle ils doivent être désormais pensés ;

3) ne peut les mélanger — ou ne se découvrir/réfléchir elle-même comme existant déjà dans la forme de ce mixte — qu'en inversant ou renversant leur ordre irréversible : en commençant par l'Autre, Dyade ou transcendance. C'est ainsi que l'*inversion* de l'*irréversible* veut dire la *réversibilité* des deux coordonnées...

La dernière mutation possible, celle qui déposerait absolument le style unitaire, c'est l'abandon des structures ontologiques elles-mêmes, de la décision et de la position, et *d'abord* des mélanges auxquels toujours elles ont donné lieu. Que ces mélanges puissent être abandonnés, qu'ils représentent un postulat restrictif et limitatif qui n'est pas nécessaire à toute pensée, était resté jusqu'à présent, faute de moyens, c'est-à-dire par excès de pression du PPS, un vœu pieux et un désir. Une tradition ethno-religieuse comme la judaïque paraît être libérée de cette contrainte «grecque», mais c'est plus une apparence qu'une réalité. L'expérience judaïque de l'altérité non seulement peut-être fait corps avec la grecque dont elle a besoin dès qu'elle veut se définir comme telle, mais se fait de la transcendance un concept ultra-empirique, reçu lui-même de l'extériorité et dont on aperçoit le caractère non fondé ou non scientifique dès que l'on sait qu'une fondation rigoureuse de la transcendance comme non-thétique est possible. Quant à l'autre tradition, la gréco-occidentale, elle n'a pas manqué ici et là de chercher une expérience de type non-thétique, mais sans pouvoir non plus aller à terme, sans se donner les moyens radicaux pour faire autre chose que désirer «sortir» du décisionnel et du positionnel, que les entamer et les perturber. De ce fait même, elle entérinait comme toujours leur prétendue nécessité destinale. Tant que la pensée en son essence reste déterminée tantôt sous l'horizon de l'Etre, tantôt dans la proximité de l'Autrui, tantôt enfin dans des combinaisons de ces deux préjugés, il n'y a aucune chance d'échapper vraiment à cette double contrainte et d'accéder à l'expérience du penser qui est celle de tout homme. La prétendue suffisance de la philosophie pourrait bien n'être que celle de deux traditions culturelles, l'une plutôt politique, l'autre plutôt religieuse, mais toutes les deux transcendantes de toute façon à l'essence de la pensée et qui mettent d'autant plus d'énergie à s'imposer qu'elles sont extérieures à l'homme. Seule la science donne l'accès à l'essence de la pensée et peut y amener tout homme : *homo sive scientia*. Dès qu'elle est ainsi considérée comme *base réelle,* humaine et «subjective», la science — c'est-à-dire *les* sciences en tant qu'elles participent aux structures transcendantales de la vision-en-Un qui font la réalité de la pensée — fait immédiatement apercevoir la transcendance de ces contraintes dans lesquelles la philosophie a toujours vécu sans les apercevoir comme telles, puisant plutôt en elles sa suffisance. Les deux dimensions, grecque et judaïque, du postulat unitaire, sombrent dans l'irréalité et la contingence que leur impose l'homme, et le champ illimité des potentialités «non-philosophiques» de la pensée se déploie pour tout homme. Si la philosophie ne meurt... c'est à ce prix que tout homme peut devenir enfin «philosophe». Car c'est évidemment le propre d'une science de n'être ni grecque ni juive, pas plus que bourgeoise ou prolétarienne. Une déconstruction à base scientifique trouvera son assise en deçà de la disjonction de la finitude grecque et de l'altérité juive. La pensée la plus réelle, celle de la science, ne peut recevoir et se laisser dicter la double tradition de la Transcendance. Tandis que les déconstructions de type philosophique cumulent les arbitraires de ces deux traditions, une déconstruction généralisée à base scientifique trouvera sa réalité en deçà de ce conflit des décisions. Elle sera par définition non seulement fondée, mais, une fois encore, plus *universelle* que les deux ou trois expériences qui se partagent l'unique Force (de) pensée humaine.

Chapitre VII
L'ouverture non-philosophique

Ouverture absolue de la pensée et «sortie» hors de la philosophie

S'agit-il de réactiver le sens de la décision philosophique, sa possibilité? Oui et non. Extérieurement : lutter contre l'inhibition de la philosophie à quoi la conduit sa forme unitaire, lutter contre l'autorité de celle-ci. Mais l'autre paradigme proposé sous le nom de «dualitaire» ne peut se substituer simplement au premier pour remplir les mêmes fonctions, il transforme les opérations de la pensée et jusqu'à ce que l'on peut attendre de celles-ci (ce que c'est, par exemple, qu'une «foi» ou une «attente» philosophiques...). Il n'est pas question de ré-activer une possibilité mourante, de redonner souffle à une manière de penser expirante. C'est d'une autre expérience, non-philosophique, de la décision philosophique qu'il s'agit. Nous avons défini d'une manière suffisamment large le paradigme unitaire, y incluant les pensées contemporaines de la déconstruction de la métaphysique, nous avons étendu assez considérablement le «mal penser», pour ne plus être tenté de revenir en arrière et pour laisser la morte enterrer ses morts.

Aucun réveil radical de la pensée n'est possible sur le terrain unitaire de la décision philosophique, qui impose à celle-ci une limitation de principe. Ce n'est pas nous qui aurions l'idée absurde d'«en finir» avec le paradigme unitaire : c'est lui qui ne cesse d'en finir avec lui-même et qui mime sa mort pour être sûr de bien mourir, sans évidemment mourir réellement puisqu'il trouve sa vie dans le mimétisme de sa mort. C'est un mort qui s'inhume lui-même et qui n'a de vie que dans cette opération. En revanche nous sommes en droit de considérer à son sujet le partage de la vie et de la mort autrement qu'il ne fait. Il est mort, il a été de tout temps et d'emblée ir-réel du point de vue de l'Un qui doit être la mesure de la philosophie elle-même. Mais il est vivant — à sa manière il est vrai, qui est de jouer sans aucun sérieux ni efficacité de la vie et de la mort comme masques en miroir — dans «le-monde» ou la sphère de l'effectivité, auxquels l'Un reconnaît le droit de continuer à élever pour eux-mêmes leurs traditionnelles prétentions.

Dans cet ordre de l'effectivité, les jeux traditionnels de l'ouverture et de la fermeture continuent à valoir, bien entendu. Les systèmes unitaires se reproduiront de manière interminable sur ce mode, diversement balancé, où chaque décision philosophique, crise ou rupture par rapport à un état ancien de la pensée, apporte avec soi et rétablit une autre manière de fermer, de re-fermer le système. En milieu unitaire les décisions sont des ensembles (de déterminations) à la fois ouverts *et* fermés, et le paradigme unitaire est lui-même un ensemble ouvert/fermé de décisions. Il n'est pas statique, c'est plutôt une tendance, soit à la réversibilité des ouvertures et des fermetures (Nietzsche), soit au primat des ouvertures, mais comme simples recommencements, ouvertures qui s'enferment à leur manière dans leur répétition (Heidegger). On appelle *inhibition de la décision philosophique* ce phénomène global (évaluable ainsi seulement du point de vue dualitaire) d'un jeu ou d'un *pli* qui continue d'associer, plus ou moins immédiatement, mais très régulièrement, toute ouverture à une fermeture, soit nouvelle, soit rémanente ; toute décision à un indécidable où elle vient s'émousser, s'adoucir, décliner...

Une telle inhibition appartient par essence au paradigme unitaire, à l'essence de la décision, mais elle n'appartient plus essentiellement au paradigme scientifique. Elle n'appartient plus qu'à ce qui est le *support* de la non-philosophie, mais non à son essence réelle. Ce côté effectif est nécessaire pour manifester l'*essence* d'une décision. Mais s'il peut avoir pour *signal* ce jeu globalement inhibiteur des ouvertures/ fermetures, le nouveau mode de pensée n'entretient plus à l'Autre et à l'Etre en leur essence non-thétique ce rapport d'inhibition.

Cette première libération de la pensée par rapport à son modèle unitaire traditionnel doit être prolongée par une analyse du thème de l'ouverture ou de la sortie. S'agit-il de «sortir» de la philosophie «dans» le réel? ou dans une autre philosophie? Et si cela n'a aucun sens, en quel sens, pour qui cela n'a-t-il aucun sens? On examinera d'abord l'objection de la prétention à une «sortie» éventuelle hors d'une philosophie dans le réel ; ensuite hors d'une philosophie dans une autre.

Sur le premier point : *le réel ne «sort» pas de la philosophie, mais détermine une telle «sortie»*.

Le jeune Marx posait le problème d'une «sortie» (*Ausgang*) hors de la philosophie pour rejoindre le réel. Si une sortie *hors* de la philosophie unitaire *dans* une pensée dualitaire est ce qui jusqu'à présent a paru l'apparence dominante, peut-être ici même pour les philosophes, c'est parce qu'ils auront supposé que le réel-Un était déjà «hors» de la philosophie ; qu'il avait, lui, réalisé le saut ou l'échappée hors du cercle unitaire, hors de la différence du réel et du *logos ;* que l'Un, par exemple, devait permettre la sortie initiale hors de la différence ontico-ontologique qui est l'horizon de la métaphysique. Tout reposerait sur l'expérience de l'Un, dont le statut philosophiquement extra-territorial retentirait en chaîne jusque sur la décision philosophique comme Autre qui se libérerait à son tour du paradigme unitaire. On nous demandera donc maintenant comment est possible cette sortie de l'Un hors de la philosophie, cet arrachement du réel à la volonté métaphysique ?

Bien entendu, il n'y a aucune réponse scientifique et dualitaire à cette question. C'est une question seulement unitaire et qui dicte déjà une réponse qui n'est que trop attendue : il serait impossible de «sortir» radicalement du cercle de la philosophie unitaire parce que le réel s'y comprend, au moins pour moitié (la différence), par la philosophie et que la décision de celle-ci est co-production du réel. Avec le paradigme unitaire, les jeux sont faits par définition, tous ses arguments (la Tradition, le Déjà-pensé, le Texte, l'Histoire, etc.) se contentent de reproduire sa propre existence et son mouvement, sa permanente conclusion de son existence effective à son essence ou à sa réalité, son «argument ontologique» à rebours. Il faut donc simplement refuser sinon de parler, du moins d'argumenter avec le paradigme gréco-unitaire. *La question d'un «Ausgang» hors de la philosophie dans le réel est une question unitaire, c'est-à-dire une bonne réponse philosophique et une mauvaise question scientifique.* Il n'y a pas de question scientifique d'une sortie hors de la philosophie dans le réel. Par définition et pour qui sait ce qu'est le réel, c'est-à-dire pour tout homme en tant qu'il est une expérience irréfléchie de son essence absolument indivise et qu'il ne se laisse pas séduire par la métaphysique, le réel est l'Indécidé, l'Un est l'Inquestionné.

On ne dira même pas que l'Un est une réponse qui précède toute question, et que les questions sont prétracées par les réponses : le système question/réponse, le style problématique en général appartient peut-être à la philosophie, mais pas au réel et à la science. C'est un philosophe honteux celui qui a dit que la philosophie avait jusqu'à présent interprété le Monde et qu'il fallait maintenant le transformer : c'est le Monde qui est interprétable et donc transformable, mais le réel ne l'est pas. On falsifie le réel, on le confond amphibologiquement avec le Monde, lorsque avec le paradigme gréco-unitaire on croit qu'il est productible, opérable, transformable, interprétable. Donc le problème d'une sortie hors de la philosophie dans le réel, d'une sortie de celui-ci hors de celle-là, ne s'est jamais posé : il ne se pose qu'à l'intérieur de l'illusion délirante et violente du penser unitaire.

L'exigence marxienne d'un « Ausgang » abrite sans doute une très profonde vérité, un effet de l'essence de la vérité elle-même, mais justement ce n'est qu'un effet. L'essence de la vérité ou l'Un, par définition réelle et non pas nominale, est agissante avant toute possibilité de philosophie. L'« Ausgang » est une exigence qui sera remplie par l'Autre et l'Etre non-thétiques, par les a priori, et ceci seulement par rapport à l'effectivité, ses mixtes et ses cercles. Mais elle n'a aucune pertinence pour l'Un même. L'ordre dualitaire et scientifique des données phénoménales irréfléchies « commence » par l'Un et tout dé-coule unilatéralement de lui. L'Un précède, « a priori » mais réellement, la décision philosophique et n'a jamais eu à sortir — par on ne sait quel miracle que projette le fantasme unitaire ou qu'il extrait de soi dans une dernière ruse — des filets de la philosophie. Le réel ne sort pas de tels filets parce qu'il n'y est jamais entré, et les philosophes gréco-occidentaux sont de piètres oiseleurs qui ne capturent que leurs fantasmes.

La « thématique » de l'Un n'est pas une thématique, c'est une donnée phénoménale absolue dont on ne peut même pas dire qu'elle vient fracturer, bouleverser, intriguer la pensée unitaire. Ce sont là les opérations de l'Autre, et l'Autre n'est pas le réel en son essence. Celui-ci n'a rien à faire du paradigme unitaire, il ne le prend en considération que définitivement dé-placé, lorsqu'il est emplacé dans l'ordre secondarisé de la *chôra*. On méconnaît la vérité de l'« Ausgang », on le critique comme impossible parce qu'on l'imagine entretenant le même rapport au réel que cette métaphysique elle-même dont on veut sortir. Mais le réel, parce qu'il n'a jamais eu à sortir de la métaphysique, est ce qui rend possible qu'il y ait une apparence de sortie hors de celle-ci vers de nouvelles expériences de la pensée. *Ce n'est pas l'« Ausgang » qui détermine le réel en y accédant, c'est le réel indécidé de l'Un qui détermine en dernière instance l'«Ausgang» ou lui donne son contenu phénoménal — l'«Univers».* La véritable sortie, la sortie de la vérité hors de — antérieurement à — la philosophie, n'a jamais eu lieu, elle n'est pas une décision négociable par celle-ci.

De ce point de vue le paradigme scientifique, en se donnant avec l'Un les moyens de déterminer réellement la «sortie», rend enfin possible de contourner sans crainte les objections des récents penseurs unitaires qui ont superficiellement et mécaniquement compris la «sortie» hors de la métaphysique comme une rentrée dans son essence, un pas-arrière ou rétrocédant qui reste enchaîné ou relatif (-absolu) à ce qu'il dépasse. Ils sont tentés par la sortie, mais estiment que la vraie «sortie» hors de la métaphysique, si elle ne veut pas être une illusion métaphysique, doit être inhibée, suspendue, réservée, «différée»... A l'«Ausgang», ils ont substitué le «Retrait» parce que, comme penseurs unitaires malgré tout, ils ne peuvent rapporter le tout de la philosophie qu'à l'expérience de l'Autre supposé être le réel ou l'Indécidable, et ne peuvent, par définition, commencer par le réel qui est l'Un et non pas l'Autre, mais qui permet une expérience plus véridique de l'Autre, c'est-à-dire de la décision philosophique. Enchaînés par leurs amphibologies, séduits par leurs cercles, déchirés par leurs apories, ils sont condamnés à n'éprouver le réel-Un que sous le masque de l'Autre, qui est pourtant seulement le site de la philosophie. Ils transcendent vers le réel, au pire; transcender est le réel, au mieux : dans les deux cas, ils manquent l'expérience immanente et se bornent à commenter interminablement, à remettre en jeu parfois la philosophie, sa tradition, ses textes, son histoire. Et ils appellent cela le «réel»...

Même interminable, même comme processus illimité d'un jeu d'ouvertures et de fermetures, la philosophie ne peut plus satisfaire certaines exigences longtemps refoulées et qui se font maintenant entendre avec plus de vigueur. *A la vision-en-Un, scientifique et «dualitaire», appartient la thèse de l'ouverture absolue et non pas relative de la pensée comme non-philosophie.* Non pas un re-commencement de la pensée, sa relance ou son prolongement, mais une manière de penser pour laquelle une ouverture et un possible sans la restriction d'un pli, plus radicaux qu'un simple «jeu», sont des données phénoménales absolues dans leur ordre. La vision-en-Un ne se propose pas de clôturer/ouvrir la métaphysique, elle ne se tient pas dans le voisinage des déconstructions, elle ne pense pas en général par *voisinage* et *topologie* : elle est d'emblée une libération de la réalité des possibles non-philosophiques. Sans doute la décision philosophique n'est-elle que relativement close, mais la distinction de l'unitaire et du dualitaire est plus forte que celle de la clôture métaphysique et de sa déconstruction. En «milieu» scientifique, c'est-à-dire réel, la décision philosophique n'est plus éprouvée seulement comme un pro-jet totalisant, une totalité finie ou une finitude totalisée, etc., mais comme une multiplicité d'ouvertures-sans-fermetures, de transcendances-sans-totalités, d'extases-sans-horizons, comme aussi de positions mais non-décisionnelles, etc.

Si l'«Ausgang» n'avait aucune validité du point de vue du réel-Un, des vécus irréfléchis, il peut donc maintenant en avoir une mais comme «non» de la non-philosophie. *L'«Ausgang» est l'essence réelle de la non-philosophie, celle-ci est par excellence l'opération de la «sortie» mais au sens maintenant irréfléchi de ce mot.* La non-philosophie n'est pas *ce qui* sort *de* la métaphysique; en faire le *sujet* de la sortie et poser celle-ci comme sortie hors de... la métaphysique, ce serait la ré-inscrire dans le champ de cette dernière à un déplacement près. La non-philosophie est de part en part «sortie» ou *Krisis,* expérience non-thétique (d')un transcender qui n'est pas relatif à un point de départ et à un point d'arrivée, qui est donc une expérience absolue et irréfléchie. De plus cette «sortie non-thétique (de) soi», irréversible ou sans rentrée, sans ré-inscription dans ce de quoi elle sortirait, *a un contenu propre qu'elle ne puise pas dans le champ de la métaphysique et, en général, dans le champ unitaire.* L'idée d'une «sortie» absolue est évidemment une prétention insupportable pour le paradigme unitaire. Mais la sortie *hors de...* la métaphysique et plus généralement du paradigme unitaire, est possible... parce qu'elle est d'abord *réelle* et donc absolue comme «sortie». Parce que l'Un n'a jamais été encerclé par la pensée unitaire, la décision philosophique trouve sa condition de dernière instance dans une sortie «absolue» ou sans «hors de» — l'*Univers non-thétique* —, la seule dont nous avons l'expérience «réelle» et qui précède, mais seulement comme un des a priori (dont nous savons que, s'ils précèdent l'effectivité en tant que ce sont des a priori immanents, ils supposent celle-ci juste au titre réduit de support), le champ unitaire dont précisément elle n'a pas «à sortir»...

Cette expérience est la seule réponse réelle à l'objection qui pourrait avoir été faite : seule la philosophie peut «sortir» — en vérité ne pas «sortir» — de la philosophie. C'est même ce qui découle de l'Un comme non-philosophie, comme opération même (de) sortie; par conséquent le problème ne se pose pas de sortir «hors de» la philosophie. Il y a de la «sortie» avant tout «sortir».

Ce n'est là une thèse recevable que si l'on cesse de faire de la «sortie» ce qu'en fait le paradigme unitaire : au pire un mot d'ordre ou un slogan, au mieux une opération critique auto-surveillée, inhibée, réservée, mais toujours une réflexion vicieuse et aporétique du «transcender absolu» en lui-même. Lorsque *l'Ausgang* est reconnu pour être une expérience au sens rigoureux et immanent du terme, une donnée phénoménale *avant* la métaphysique et déniée, falsifiée par celle-ci, elle cesse d'être un pro-jet (de «dépassement», de «rétrocession», de «recul» *par rapport* encore malgré tout à la métaphysique), et surtout un slogan ou un but, elle se manifeste comme le contenu réel de dernière instance de la décision philosophique. Ce n'est donc pas une opération transcendante, livrée à l'arbitraire d'un sujet ou même seulement à la co-opération, à l'inter-vention d'un déconstructeur. C'est *le transcender, le poser et le totaliser tels quels en tant qu'expériences irréfléchies (de) soi*.

L'introduction du motif un peu paradoxal de la sortie-sans-sortir permet de préciser son contenu phénoménal. C'est évidemment celui-ci que nous avons déjà tenté de décrire à propos de l'Autre et de l'Etre non-thétiques : à savoir la corrélation TNT/PNT, le code génétique de la non-philosophie, privé de «hors de» ou du moins de référence constitutive à un donné extérieur. Pas plus que l'Autre, la Sortie n'est une opération vide : en un sens elle «fait le vide», mais elle possède une dimension noématique irréductible à ce dont après coup elle est la sortie. Dépourvue de toute positionnalité, c'est du possible pur. Ce que Heidegger appelle le «Retrait», sans pouvoir le penser depuis l'Un même, s'efforçant plutôt et traditionnellement de penser l'Un depuis le Retrait ou l'Autre absolu, a donc un contenu spécifique qui suppose que le Retrait soit expurgé définitivement de tout contenu extérieur ou référence positionnelle. Heidegger ne pouvait apercevoir que le Retrait, par lequel il reculait entre autres choses par rapport à l'intentionnalité thétique de Husserl, a un contenu tout à fait positif qui n'est pas prélevé sur celle-ci ou sur la métaphysique. Il croyait que ces dernières se «réfléchissaient» encore irréductiblement dans le Retrait lui-même et continuaient à l'imprégner. Ne subordonnant pas le Retrait à l'Un irréfléchi, procédant à la subordination inverse et au déni du rien-qu'Un, il était condamné à penser le Retrait comme plus ou moins obsédé encore de représentation. En réalité, la Sortie non-thétique n'est même plus une forme ultime ou exténuée de l'Intentionnalité, un transit résiduel de la transition de l'Etre vers l'étant. Ce qu'il subsiste de «causalité transitive» dans la *différence* de l'Etre *et* de l'étant, différence de la «Sur-venue de l'Etre» et de l'«Arrivée de l'étant» (Heidegger) est maintenant définitivement évacué *comme*

« transcendant » et tombant hors de toute expérience réelle. L'immanence irréfléchie est l'essence de dernière instance de la transition ou du transir, de la sortie même : elle empêche ceux-ci de faire «pli», de se réfléchir en eux-mêmes, d'être encore des modes de la causalité par transcendance, de devenir élément pour eux-mêmes et de simples relations transcendantes. On a cessé ici de prendre le Retrait et la Sortie pour des opérations vides de... métaphysique ou de présence, et donc remplies encore de celles-ci. Ou à la rigueur pour des opérations d'ouverture, d'extase *dans* la positionnalité de l'horizontalité. Ce geste philosophique a cessé d'être rapporté à soi comme au réel, donc vicieux, parce qu'il est maintenant déterminé, en dernière instance seulement, par le réel même qui a la force de l'arracher à l'état-de-chose gréco-unitaire.

Avec l'Un, il est donc devenu possible de mener une dualyse de l'«Ausgang» marxien et de l'«Entzug» heideggerien : elle a le même sens, dans son ordre qui est non-positionnel (de) soi, que l'analyse intentionnelle que Husserl a menée de *l'intentio* de Brentano encore prise dans les rêts du psychologisme. Avec Marx lui-même et Heidegger, quoique sur des modes tout à fait différents, *l'intentio* cachée de *l'Ausgang* et de *l'Entzug* reste enfermée dans ce que Husserl ne pouvait guère apercevoir, lui qui opposait un point de vue logico-transcendantal au psychologisme ; même pas seulement enfermée dans la «métaphysique occidentale», mais dans ce qui est encore plus profond qu'elle, le paradigme unitaire qui définit la «métaphysique élargie» où les tentatives de déconstruction sont à replacer. Une fois déblayées les couches du psychologisme, du logicisme, de l'ontologie («métaphysique»), de leur épreuve déconstructrice, il reste le sol unitaire de l'occident qui nous aura tenu éloignés de la *vérité transcendantale*. Il suffit de se replacer en celle-ci, la vision-en-Un, pour apercevoir la phénoménalité propre de l'Autre et de l'Etre et combien ceux-ci n'ont jamais été réellement prisonniers de l'effectivité, qui sans doute les annonce et les véhicule de son point de vue à elle, mais dont nous pouvons faire entièrement abstraction dès qu'il s'agit de l'essence de ces a priori réels.

La non-philosophie n'est pas un projet — déjà inhibé comme projet — une transition qui resterait en soi. Ce serait retourner à l'amphibologie unitaire de l'Un et de la Transcendance, par exemple au mélange heideggerien du Retrait et de l'Un. Le réel ne détermine qu'en dernière instance la transcendance et la position, et les détermine alors comme non-thétiques, en ce sens qu'elles sont saisies ou vécues sur le mode inaltérable de l'Un «en soi» et de sa phénoménalité d'immanence.

Du coup apparaît la signification *réelle* de l'insaisissable *retrait de la philosophie* que nous nous proposons de radicaliser. Il s'agit de déterminer en dernière instance le retrait constitutif de la philosophie, son mode propre de transcendance, par le dé-classement, l'emplacement ou la crise « réelle » de la philosophie par l'Un, c'est-à-dire aussi par l'Autre et l'Etre non-thétiques (de) soi.

La multiplicité de la non-philosophie et la rareté des possibles philosophiques

La non-philosophie est multiple comme l'Un lui-même qui lui donne son essence irréfléchie ou « individuale ». En droit il y a une multiplicité de modes des *a priori,* de versions du code génétique *chôra*/TNT/PNT dans lequel les possibles sont programmés comme tels. Ce n'est donc plus parce que la non-philosophie est aussi la pensée (de) l'Autre qu'elle est multiple ; elle est multiple dans son essence ou, plus exactement, par celle-ci en dernière instance.

Cette thèse découle de l'Un, elle est donnée avec l'immanence réelle de celui-ci, qui est l'unique règle de la non-philosophie comme description d'expériences non-thétiques et non plus comme construction ou analyse de concepts. Que la non-philosophie soit éprouvée comme d'emblée multiple (et d'une manière qui n'est ni quantitative ni qualitative ni issue de la combinaison de celles-ci : ce sont les « multiplicités unaires », qui ne relèvent pas d'un procédé de dénombrement pur) — c'est là une expérience absolue qui se heurte à l'expérience de rareté des systèmes philosophiques effectifs dans « le-monde » ou « l'-histoire », par exemple dans l'« histoire de la philosophie ». La rareté des décisions philosophiques y est à la fois factuelle et de principe, elle s'explique par le jeu des inhibitions et des mélanges unitaires qui contraignent la philosophie à ne pouvoir se multiplier que de manière relative et non pas absolue, par simple phénomène de variation, d'extension ou d'intensification illimitées sur des invariants rares par principe, voire unifiables dans un unique schéma comme le veut le paradigme unitaire qui, par définition, se croit unique et im-partageable. Ses modes restent donc ceux d'une multiplicité faible ou auto-inhibitrice.

Il y a encore une autre forme de rareté de la décision philosophique. Elle aussi est programmée par le paradigme unitaire, mais de manière plus subtile. Ce n'est plus la factuelle, celle des systèmes individuels supposés exister dans l'histoire supposée exister, etc. ; ce n'est pas davantage une rareté idéale, c'est-à-dire la supposition qu'il y a un unique invariant, une unicité-de-forme de la philosophie. Ni factuelle, ni idéale, c'est la différence des deux, rareté de l'Autre en tant qu'il est l'agencement différenciant du fait et de l'Idée. Les penseurs contemporains, ceux de la destruction ou déconstruction de la métaphysique, font valoir cette rareté spécifique de l'Autre qui inhibe, réserve, retarde, diffère la décision philosophique et en particulier toute nouvelle tentative qui prétendrait « sortir » réellement de la métaphysique, c'est-à-dire montrer que l'homme n'y est jamais rentré. Une telle tentative est folie aux yeux de la métaphysique ; aux leurs, elle est fantasme ou illusion. Toutefois nous qui ne philosophons pas, c'est-à-dire qui ne commençons pas dans la décision mais par le réel, qui renonçons à l'illusion de la toute-puissance de la philosophie mais non à la pensée et à l'expérience immanente-irréfléchie qui est son contenu phénoménal de dernière instance, nous ne pouvons plus nous laisser intimider par le paradigme unitaire — moulinets, filets et lacets...

L'interminable argumentation circulaire qui voudrait nous démontrer l'impossibilité ou l'extravagance d'une science des données phénoménales en général et de celles de la décision philosophique, est immédiatement renvoyée dans l'ordre où elle a de la validité : celui de l'effectivité. Si en effet nous devons démonter l'argumentation inhibitrice dont le paradigme unitaire continue, à travers Heidegger et d'autres, à vouloir paralyser la pensée et la conduire à sa clôture, à son rassemblement, à une « sortie » mitigée et comme suspendue — ce n'est pas non plus pour nier ces formes de rareté qui ont de l'efficace dans l'ordre de l'effectivité. Mais, du point de vue de l'Un, l'effectivité ou le *tout* n'est qu'un ordre de la réalité, second et déterminé en dernière instance et non pas le tout de celle-ci. La non-philosophie, qui n'a jamais été sous l'autorité de la décision philosophique, n'est pas limitable par la rareté empirique et idéale de celle-ci.

La tentative de refuser l'existence de *données phénoménales* ou de vision-en-Un n'est que l'un des modes de l'argument unitaire qui conclut toujours de l'effectivité à la réalité et, par exemple, du possible limité par ses mélanges effectifs (empirico-idéaux) à tout possible en général. Il y a une fécondité de la non-philosophie qui ne s'explique ni par la possibilité de variations sur un invariant ; ni par une intensification de celui-ci, réduit à l'état de variations de variations continues ; ni par la possibilité de re-projeter l'Autre ou la Différence (de l'Etre *et* de l'étant) : une multiplicité qui est celle du réel-Un.

Les possibles non-positionnels de l'« Univers », voilà ce qui inspire et nourrit les systèmes philosophiques qui puisent ces possibles dans la région de l'Autre et de l'Etre et les mélangent entre eux, créant ainsi l'illusion du réel. Le concept de *fiction (non-)philosophique* n'en est peut-être pas encore concrètement très éclairci. Il est du moins rigoureusement fondé, c'est-à-dire détaché de toute fiction de type mythologique ou rhétorique-littéraire, dégagé de son mélange avec celle-ci. Il y a une fiction spécifiquement non-philosophique et qui, dans son origine du moins, ne doit rien aux fécondités langagières et plus généralement aux manières «mélangeuses» du paradigme unitaire qui procède tantôt par mélange au sens restreint, tantôt par combinaison, tantôt par intersection ou différence, tantôt par dialectique, toujours par synthèse et transition d'un contraire l'autre. L'Un la fait découler au-delà même de ces mélanges, et la libération de l'extase philosophique «hors» des universels ontologiques ou des généralités de l'«histoire» et des institutions qui la manipulent est l'effet ultime de l'Indécidé. La liberté du non-philosophe ne commence pas par elle-même, elle dé-coule irréversiblement du réel qui l'impose contre son gré à l'effectivité du Monde et de l'Histoire. Quant à la philosophie, elle ne décline pas dans le réel auquel elle œuvrerait et dans lequel elle cristalliserait; elle sert de matériau à la non-philosophie comme l'un des ordres irréductibles de la réalité : la philosophie n'est plus le «fait» des systèmes ni le «factum» métaphysique grec, c'est un simple support ou occasion pour la non-philosophie.

Si nous rassemblons toutes les dimensions non-philosophiques ou réelles d'une décision philosophique, nous obtenons ceci :

1. A l'intérieur du paradigme unitaire, et de son propre point de vue, il y a des phénomènes de clôture, soit positionnelle ou «métaphysique», soit semi-positionnelle et semi-ouverte comme c'est le cas, lui-même très divers, il faudrait nuancer, dans les pensées de la Différe(a)nce qui ne clôturent pas la métaphysique sans ré-ouvrir la pensée.

2. La décision philosophique, en tant qu'elle est transformée comme simple support ou donnée par la vision-en-Un et non plus auto-posée comme métaphysique ou pensée unitaire, est ordonnée ainsi à une ouverture-sans-fermeture, l'«Univers non-thétique», qui se distingue donc des expériences unitaires contemporaines de la décision qui est *semi-ouverte semi-fermée*. La pensée dualitaire ne connaît pas la paralysie ou l'inhibition de la décision dans ses œuvres; elle cherche, de la décision, l'Indécidé, mais en dernière instance seulement et sans construire un système de *semi-décision (semi-décidable semi-indécidable)*.

3. Si l'on met en rapport ces deux pratiques de la philosophie, comme c'est le cas du point de vue du paradigme dualitaire, on a la situation suivante :

a) la clôture unitaire, qu'elle soit simplement métaphysique ou bien déconstructrice et critique, n'affecte pas l'essence irréfléchie qui est la dernière instance de la décision. Une clôture positionnelle ou semi-positionnelle peut servir empiriquement et globalement d'occasion, de *support et de signal* pour la production non-philosophique, mais elle ne peut affecter celle-ci directement et prétendre clore ou dé-limiter le paradigme non-philosophique lui-même ;

b) en revanche la description non-philosophique fonctionne comme une véritable «clôture» universalisante du paradigme unitaire, mais elle ne procède sur aucun des deux modes de la clôture unitaire. C'est en effet une clôture non-positionnelle (et non pas semi-positionnelle) du style unitaire ou (semi-)positionnel. Autrement dit : le paradigme non-philosophique est la clôture absolue, irréfléchie, sur le mode unilatéralisant dont la *chôra*, puis l'Autre et l'Etre non-thétiques sont capables, du paradigme unitaire. Et il n'est sa clôture absolue que parce qu'il ne transcende pas *hors de* celui-ci, ne *sort* pas hors de lui, comme le fait encore partiellement sa clôture semi-positionnelle ou déconstructrice. La décision unitaire est auto-clôturante, elle est pour elle-même, et même dans le cas de sa déconstruction, une clôture *relative-absolue*. En revanche la pensée non-philosophique, parce qu'elle n'est pas du tout une clôture de soi, est la clôture absolue de la décision unitaire. *Il faut une pensée non-décisionnelle et non-positionnelle pour clore absolument une pensée positionnelle ou semi-positionnelle.*

Toutefois on remarquera la nuance de cet usage d'une clôture «absolue». Ce n'est surtout pas une destruction, un refoulement ou une inhibition de la décision unitaire. Au contraire : parce que cette clôture est non-positionnelle ou absolue, non-relative à la pensée unitaire elle-même, elle laisse être et fonctionner celle-ci dont elle n'a plus besoin que comme d'un simple support ou signal. Critiquer la métaphysique ou la déconstruire ? La pensée dualitaire fait une autre expérience qui lui permet de comprendre l'unitaire dans son ordre, alors que celle-ci ne peut que refouler, dénier celle-là... La non-philosophie ne nie surtout pas qu'il y ait un divers de positions, voire d'auto-positions philosophiques ou de systèmes *dans* l'histoire, thèse qui est elle-même, sous cette forme, une auto-position et une décision philosophique. Elle nie encore moins qu'il soit possible de rapporter ces auto-positions à leur Autre ou leur historicité, à une outre-clôture dé-limitante comme le font, sur leur mode respectif, Heidegger et Derrida. Mais elle réduit toute cette activité autour de la métaphysique, tous ces effets de vigilance qui sont l'un des derniers feux d'artifice tirés par le paradigme unitaire pour se prouver qu'il est réel et ne fait pas qu'exister, à l'état d'occasion et de signal pour une production d'a priori ou de possibles non-thétiques. Elle dégage par exemple, comme on l'a fait précédemment, le code génétique de dernière instance du style unitaire, et le varie éventuellement selon les secteurs particuliers de l'expérience effective. Elle propose finalement d'établir des rapports strictement unilatéralisants des a priori à l'effectivité.

Cette expérience de la pensée, parce qu'elle s'achève dans l'Autre en particulier, au lieu de commencer par lui, parce qu'elle relègue la décision à l'état de simple matériau et lui assure dans la non-philosophie une paradoxale ouverture sans limitation et un droit à la fiction — se distingue donc de son expérience judaïque. Celle-ci commence par l'Autre, elle n'ordonne surtout pas l'Autre à l'Un, mais ne saisit l'Un que sur le mode dérivé et conditionné de la «créature». Elle se distingue tout autant de l'expérience semi-judaïque semi-grecque de la pensée : celle-ci commence par la «différance» (Derrida) de la clôture grecque du logos *à* son Autre radical et ne peut donc éviter toute circularité, fût-elle retardée, différée, allongée interminablement.

Une thèse fondamentale est ici que si l'Autre n'est pas en général ordonné à l'Un, s'il ne dé-coule pas irréversiblement de lui comme un simple a priori, il reste un mixte à sa manière et doit puiser de sa réalité dans l'état-de-chose métaphysique qu'il veut fracturer ou déconstruire. Il est impossible d'échapper à cette loi : la différe(a)nce est relative-absolue, elle ne peut jamais être *réellement absolue*. Elle est condamnée à se mouvoir dans le *renversement* des hiérarchies métaphysiques ou logocentriques, et si irréversible soit par ailleurs le geste de ce renversement par lequel elle doit commencer, c'est là un dernier gage abandonné à la *réversibilité* qui est probablement le but le plus élevé, le plus accompli, de la pensée unitaire. Précisément : les pensées *de* l'Autre, qui ne sont pas des pensées (de) l'Autre parce qu'elles commencent par celui-ci et par leur identification («partielle») à lui, au lieu de commencer par leur «identité» de dernière instance dans l'Un (il n'y a ici plus rien d'un processus d'identification de la décision philosophique à l'Un), sont condamnées à n'éprouver l'Autre d'abord et de toute façon que sur le mode *relatif* (-absolu) d'un renversement. On aura remarqué que l'expérience non-philosophique, parce qu'elle manifeste l'Autre depuis l'Un et n'accède pas d'abord à lui dans l'ordre des données phénoménales, n'a pas à renverser la pensée unitaire et, par exemple, la métaphysique, la représentation, le logocentrisme, etc. L'Autre, l'Etre et l'Univers, comme site de la philosophie, forment une région autonome, absolue dans son ordre, une donnée phénoménale à laquelle on n'accède pas à coup d'opérations violentes et destructrices mais que l'on se contente de manifester sans la constituer. L'idéologie contemporaine, le pathos de l'Autre supposé donné sur la base d'une tradition socio-religieuse, se présentent comme des expériences de moindre-violence ou d'économie de la violence. C'est là une illusion caractéristique des formes modernes et contemporaines du penseur unitaire et de son sous-produit, l'«intellectuel» : l'identification à cet Autre-là ne peut se faire qu'au milieu de la destruction universelle.

La pensée scientifique et dualitaire, en revanche, commence par l'Un et retire ainsi à l'Autre et à la décision philosophique leur violence gréco-unitaire. Elle «extrait» sans doute l'Autre et l'Etre des mélanges de l'effectivité où ils sont dissimulés, mais on ne peut pas dire qu'elle les *prélève* sur elle, comme une coupure supplémentaire sur le continuum de l'expérience. La TNT et la PNT ne sont pas des éléments *voisins* dans des séries continues, ce ne sont pas des coupures (synthétiques, différentielles) extraites de ces séries par un processus d'inversion ou de renversement de l'expérience. Une caractéristique générale de la pensée scientifique est celle-ci : l'Absolu ou l'expérience irréfléchie, quelle que soit sa forme, plutôt que d'être atteint par une opération, un processus nécessairement réversible et circulaire, est ou bien déjà donné et suffisant, ou bien ne sera jamais atteint, même par une approximation ou une prétendue «concrétisation», un devenir concret qui n'est qu'une sur-détermination inconsistante de généralités ou d'universels. Le site a priori est absolument manifeste quoique invisible, ce n'est en rien une instance «cachée» ou «dissimulée». Les essences irréfléchies en général ne tolèrent pas le refoulement «primaire» ou «constituant», ce ne sont pas des structures inconscientes de l'expérience... Ainsi la non-philosophie n'était pas refoulée ou oubliée *en elle-même* par le paradigme unitaire : simplement oubliée *pour* celui-ci et de son point de vue à lui, oubli qui lui donnait sa violence et la force de l'illusion. La non-philosophie n'a à être re-conquise, dé-voilée, récupérée sur une illusion que du point de vue unitaire lui-même. Pour le reste, elle dé-coule de l'Un plutôt qu'elle n'est dissimulée *comme* «métaphysique»...

Tous ces effets, qui appartiennent au style scientifique, forment sans doute un système de contraintes reçues comme violentes par la pensée dominante. Mais d'une part, ils dé-rivent de l'Un de manière immanente et il suffit de se replacer en celui-ci par une « posture irréfléchie » pour voir la pensée unitaire réduite à l'état de support, sans plus, des a priori non-thétiques. D'autre part la coupure « dualitaire » introduite ici entre l'Un et l'effectivité, celle-ci et les a priori, ne peut plus être celle qui fonde une nouvelle « économie », une nouvelle distribution unitaire des forces en jeu. Elle consiste à mettre l'Un d'un seul côté et tous les phénomènes de circularité, différence, aporie, hiérarchie, etc., tous les *rapports,* de l'autre côté (leur unilatéralisation, qui découle de l'Un ou de sa suffisance). Le-monde, l'-histoire, la-technologie, etc., sont ainsi réduits globalement aux fonctions de support des possibles non-philosophiques.

Mais cette réduction, qui n'a pas de sens unitaire, n'en a que dans l'ordre dualitaire des expériences. Elle est le fait des a priori réels. De l'Un sans doute, puisque ceux-ci en découlent. Mais l'Un est en un sens trop fort pour la décision unitaire ou les mixtes de l'effectivité dont il n'a aucun besoin. On a vu que les a priori réels étaient en quelque sorte une « formation de compromis » entre l'Un et l'effectivité. Mais de leur côté, les a priori s'arrachent à l'effectivité unitaire qui ne subsiste que comme occasion. L'Autre, par exemple, puise dans son être-immanent une indifférence ou un « retrait » qui achève d'uni-latéraliser l'effectivité, qui affecte celle-ci de contingence sans pouvoir la rendre aussi contingente que l'Un le fait. Le problème de la clôture comme celui de la détermination en dernière instance reçoivent ainsi de nouvelles déterminations. Ce n'est pas l'Un lui-même qui affecte de la contingence ou de la clôture du « support » ou de l'« occasion » la décision unitaire, ce sont tous les a priori. Mais cette contingence doit être dite « transcendantale » parce qu'elle est un effet des a priori et, plus loin encore, de l'Un.

Toutes les auto-interprétations unitaires de la décision sont ainsi rendues contingentes *au-delà de la simple factualité comme au-delà de la facticité propre au fait rationnel.* Cette contingence radicale des événements qui se passent dans le-monde, dans l'-histoire, dans la-polis, etc. doit être élaborée avec des moyens strictement dualitaires, avec une conception non-thétique de la transcendance, etc. ; elle définit *la crise « minoritaire » ou réelle de la pensée unitaire,* un em-placement du paradigme dominant par l'Un sans doute, mais surtout, sous une forme plus atténuée, par les a priori et finalement par l'« Uni-vers ». La *Krisis* absolue est un em-placement sans renversement qui rend possible un certain usage des schèmes et des procédés unitaires comme signal pour l'expérience des possibles non-philosophiques.

La pratique devrait en être quelque peu changée. Un champ infini et positif de possibles lui est ainsi ouvert. Elle est libre pour des tâches de création ou de fiction plus radicales, elle est libérée des travaux de critique, de déconstruction, de « situation », d'élucidation, d'analyse du sens, de dé-voilement, etc. dans lesquelles elle s'inhibe elle-même.

Un point essentiel est peut-être celui-ci : la philosophie cesse d'être seulement un instrument au service de l'expérience effective, à la fois un instrument et un projet, une tâche qui ne peut jouir de soi qu'en se réalisant dans cette expérience pour laquelle elle se sacrifie unitairement. Ce sont ces jeux du sacrifice, de la responsabilité et de la domination que la philosophie a noués entre elle et ce qu'elle croit être le réel, qui cessent. La philosophie devient l'instrument de la non-philosophie comme expérience absolue, suffisante dans son ordre, et qui jouit de soi sans se demander si elle est utile et responsable, en renonçant à ces ambitions unitaires qui sont des mirages.

Une philosophie, pas plus qu'un dieu, pourrait nous sauver. Seul le réel peut sauver la philosophie de son enlisement dans l'effectivité c'est-à-dire dans elle-même. Seule une pensée sans transcendance — du moins dans le « premier principe » ou dans son fondement réel — peut nous sauver des philosophies qui usent principalement de la transcendance sans penser son essence réelle. Il ne s'agit pas de « sortir » du cercle ou du mixte de la décision-comme-différence, il s'agit de montrer qu'on n'y est jamais entré — *refus* ou *défense a priori* d'y rentrer — *avant même que le cercle et son adoucissement dans la différence ne se présente. Il s'agit de penser « avant » les Grecs et plus universellement que depuis le commencement ou dans l'ouverture grecs.*

Le paradigme scientifique *et* dualitaire (*et* : il y a eu un dualisme non-scientifique, celui des gnoses religieuses) nous autorise — sans crainte, sans avoir à rendre interminablement des comptes aux philosophes « unitaires » qui veulent nous empêcher de parler et de penser, dont le premier geste est pour inhiber et limiter — à dissocier l'essence réelle de la décision philosophique du tout de ses conditions effectives, à distinguer sans reste trois ordres : le réel ou l'Un (comme « unaire » ou « minoritaire » plutôt que comme Unité ou « unitaire »); le possible (la décision-sans-projet, l'ouvert-sans-ouverture, etc.); et l'effectif. La décision, dès qu'elle est fondée en dernière instance dans l'Un, ne se confond plus avec le décisionnel, le décisoire, le volontaire, qui font système avec l'institutionnel et l'effectif. On ne peut conclure du mixte à l'Un, de l'effectivité à la réalité, de l'existence à l'essence. Ce que nous devons « opposer » au *retrait* de style heideggerien, au pas rétrocédant et à toute « opération » de recul relatif-absolu, c'est une phénoménalité d'emblée absolue. La décision philosophique puise sa réalité en dernière instance dans un vécu irréfléchi qui, de son côté, ne se confond pas avec elle, mais qui donne au possible *cette rigueur de résistance ou de défense a priori qui précéderait ce contre quoi elle aurait à se défendre.* C'est le seul moyen pour cesser de faire de la pensée une simple réaction de défense *relative* à ce contre quoi elle se défend — c'est encore le cas de Heidegger et même, quoique à un moindre degré, de Nietzsche — contre la Science, contre la Technique, contre la Politique. Cesser d'en faire une critique ou un mode adouci et différé de la critique, de la vigilance, du pas (en) arrière, de la rétrocession *par rapport à...* — tous modes d'une défensive qui fait cercle vicieux et passe compromis avec l'effectivité. Comme possible déterminé en dernière instance par l'Un, la décision est un a priori absolu qui ne doit plus rien — dans son essence du moins — à l'effectivité de l'histoire de la philosophie qu'il ne convient donc même plus de traiter à titre d'adversaire dans une volonté «critique».

La non-philosophie ne peut résoudre le paradoxe d'être une *défense a priori* ou absolue, avant même ce qui la contamine ou l'empoisonne, que si elle se fonde évidemment dans le réel-comme-Un. La détermination en dernière instance de la non-philosophie par le réel est la même chose que son retrait absolu non pas «devant», mais «avant» son histoire, *retrait fondé dans une séparation spécifique à l'Un,* et qui la tient séparée à son tour de son histoire où elle a le mouvement ou l'existence. Cette séparation absolue — unilatéralisante mais non abstraite — de l'Un, est le moment «dual» dans le «dualisme», et il rend de nouveau la pensée «possible» — réelle plutôt — contre son enlisement philosophique dans ses conditions historico-systématiques.

Nous *savons* enfin pourquoi nous pensons au lieu de nous abandonner à la foi philosophique naïve. Nous le savons peut-être d'une manière simplement irréfléchie et in-objective, mais nous le savons d'un savoir ou d'une gnose qui est notre vie même, *notre plus intime subjectivité d'homme plutôt que de philosophe.* La philosophie n'a jamais été «humaine», au sens rigoureux de l'absolument subjectif ou de l'affect irréfléchi. Mais c'est maintenant une «tâche» que de rendre la philosophie absolument subjective et de la faire «homme» en dernière instance. Même si par *ailleurs* — désormais l'ailleurs ou la transcendance a aussi, «en face» de l'Un, un statut rigoureusement fondé — la décision philosophique est massivement investie de déterminations politiques, sexuelles, religieuses, juridiques, etc., elle reste étrangère, par son essence réelle, à ces «scènes», — théâtre de société ou famille. La non-philosophie, la fille de l'homme, est étrangère aux scènes de famille. Elle (se) sait dans la forme d'un savoir (de) soi qui n'est jamais séparé *de* soi, et qui, par conséquent, est séparé a priori de tout le reste. Savoir séparé, oui, mais séparé de toute séparation *de* soi, de toute aliénation. La philosophie doit être traitée comme la fille de l'homme, inengendrée comme lui.

La fiction non-thétique comme élément des langages-univers

La fiction est une figure marginale et ambitieuse de la scène philosophique. Elle a souffert sous le «réel». Elle a voulu faire jeu égal avec lui et même l'emporter sur lui. Sa vie se confond avec ses luttes pour exister et recevoir un concept; ses mœurs la supposent inséparable de ses frontières et de ses voisinages. Soit l'équation fiction = réel, équation instable et polymorphe. Elle a reçu plusieurs interprétations qui ont bouleversé son économie.

1. Le fictionnel est d'abord — c'est le rationalisme dogmatique — un moindre-être, voire un néant qui renvoie à des référents supposés réels comme à ses contraires : la science, la vérité, l'être, la perception, etc. Oscillant entre le feint et le fictif, il est animé d'une référence intime, et comme d'une intentionnalité, à ces voisinages qui l'enserrent et le délimitent sans tolérer le moindre congé; qui lui assignent une place, inférieure et parfois nulle, aux côtés de l'irraison et de la folie. C'est toutefois moins une question de voisins déterminés que de style ou de type de voisinage.

2. Kant et Fichte fondent la Révolution copernicienne sur l'imagination sous la forme de sa subjectivation inconditionnée. L'imagination cesse d'être à la fois intériorisée et exclue par la Raison et devient plutôt l'essence de celle-ci. Elle reçoit une dimension transcendantale, réelle et constitutive, qui l'arrache à la psychologie. D'une part elle devient une faculté supérieure ou un pouvoir constitutif : elle cesse d'être simplement opposée au réel pour assumer la synthèse des opposés qui est le contenu réel — en un sens nouveau du mot — de l'Unité. D'autre part elle forme *l'Apparence objective,* apparence de l'ob-jectivité elle-même, qui tourne autour du pouvoir de l'imagination comme son reflet ubiquitaire. Une menace nouvelle, menace transcendantale et non-localisable, s'étend sur le Monde qui risque de sombrer dans l'irréalité objective de l'Apparence. Une décision devient nécessaire, une bifurcation s'impose à l'histoire de la fiction.

3. D'une part, Nietzsche intensifie la fiction en la libérant de l'identité résiduelle de l'imagination comme faculté, en libérant la synthèse de la contrainte de l'unité toute faite. Le fictionnel et le «faux» sont

désormais l'Autre comme puissance de synthèse co-extensive sans limites au réel et à la vérité. Le réel est une affabulation ou une représentation, mais, par ailleurs, la fiction est aussi réelle qu'elle peut l'être : il suffit qu'elle se veuille comme telle. De la fiction représente du réel pour une autre fiction, du réel représente de la fiction pour un autre réel : manière nietzschéenne de dire que le réel est fictionnel et le fictionnel réel. Telle est la première solution à l'instabilité de l'Imagination transcendantale et romantique : une «fuite en avant» dans la fiction. Elle est intériorisée sur un mode radicalement relationnel, positif et affirmateur, dans une Apparence objective où l'objectivité est enfin délivrée de l'objet et qui compromet intégralement l'ancien réel. Cette unité immédiate du réel et du fictionnel, de l'Identité et de l'Autre est l'identité d'un grand cercle d'apparence objective (le Même) qui englobe le petit cercle de l'identité inhibée par l'Autre. La forme de l'équation est changée mais l'équation subsiste comme forme de la pensée.

4. D'autre part, cette grande identité du Même prouvant que le fictionnel comme Autre aura servi seulement à intensifier le réel jusqu'à l'affabulation et à conserver la forme de l'équation métaphysique, il devient possible de lui opposer une expérience de l'Autre comme plus réel que toute fiction et que toute réalité idéale ou de logos : c'est la déconstruction de l'équation fiction = réel. Cet Autre, en deçà de toute fiction, affecte de finitude le concept ou le logos, il les contraint d'abandonner leur prétention à la réalité et de reconnaître leur nature fictionnelle. La fiction conserve une nature positive, mais moins affirmative que dans le simulacre nietzschéen, car elle est suspendue à l'Autre comme différence du réel et du fictionnel. Un *In-fictionnable* habite désormais la fiction rendue à une faiblesse qui n'est pas son néant ou sa nullité classique mais qui la cantonne dans le statut de masque ou de guise de l'Autre. Cette solution tient pour ainsi dire le milieu entre la dévalorisation rationaliste de la fiction au nom du réel (mais qui n'était qu'idéal, encore fictif lui-même, pas le réel véritable comme Autre) et sa survalorisation, sa surromantisation nietzschéenne.

L'histoire des ambitions philosophiques de la fiction est sans appel : c'est un échec. Non seulement la philosophie a finalement trouvé à lui *opposer* à nouveau l'instance du réel et à la limiter dans sa volonté de puissance, mais elle n'a finalement pas pu acquérir un concept, une réalité et une dignité autonome : elle reste toute proche de l'artefact. Toutefois les raisons de cet échec sont claires : la fiction a toujours été pensée dans le cadre de la philosophie, elle a fait corps avec les traverses et l'histoire de celle-ci. La philosophie tolère la fiction à condition de lui faire sa part et de décider de son essence. Ce qui est donc en cause ici, ce n'est pas telle position philosophique de la fiction par rapport au réel, c'est la législation ou le droit de la philosophie sur elle. Pour comprendre ce qui se passe dans la littérature, l'art, la science-fiction, peut-être faut-il abandonner cette soumission de la fiction à l'opération philosophique préalable et chercher les conditions d'une description rigoureuse, réelle et immanente, c'est-à-dire quasi-scientifique, des *données phénoménales* les plus irrécusables, et accessibles à tout homme, à l'artiste comme au philosophe, qui font la *réalité* spécifique de la fiction.

Le problème de la philosophie en général vient de ce qu'elle ne pense jamais les termes dans leur spécificité, mais comme contraires, dans leurs relations, au mieux dans leurs frontières et leurs voisinages. Le *concept* de fiction désigne alors, comme tout autre, une réalité amphibologique, une limitrophie du réel, qu'elle soit au-delà de celui-ci, en deçà, ou la frontière des deux. Du rationalisme classique aux déconstructions contemporaines, la fiction est restée prise dans ce rapport de mixte, c'est-à-dire unitaire. Exclue par le réel, intériorisée en lui, l'intériorisant à son tour et de toute façon prétendant le co-déterminer, jamais elle n'a échappé à ces jeux d'entre-inhibition qui sont ceux de la philosophie avec elle-même, et où elle ne fut qu'un pion parmi d'autres pour une histoire qui prétendait la dépasser. A cette instabilité qui veut qu'elle soit et ne soit pas le réel, selon des proportions chaque fois différentes, on opposera une science rigoureuse de la fiction. Au lieu de prétendre tracer une ligne de démarcation toujours instable entre le réel et le fictionnel, ligne critique par laquelle celui-ci est une forme dégradée de celui-là et, en même temps, prétend continuer à lui appartenir et à le déterminer dans son devenir, il s'agit de modifier l'expérience et le concept de «fiction» et de les désassujettir du joug philosophique. A cette fin, trois opérations complémentaires sont nécessaires :

1. Accepter d'achever la déréalisation de la fiction ; radicaliser les tentatives historiques mais vaines de lui retirer toute prétention à la réalité ou à la co-production de celle-ci. Il faut des moyens évidemment non-classiques (le réel comme n'étant plus l'auto-position d'une identité) et non déconstructeurs (il ne peut plus être d'abord l'Autre). Si le réel est éprouvé comme rien-que-réel, alors la fiction ne sera même plus de l'ordre du faux, du moindre-réel et du non-être.

2. Savoir reconnaître que cette destruction de l'équation ou du mixte unitaire : fiction = réel, est précisément la condition pour recon-

naître à la fiction une «réalité» scientifique et une positivité qu'elle n'a jamais eues dans la philosophie; c'est le concept d'«Univers non-thétique».

3. Cesser de subordonner la fiction à l'autorité de la philosophie, mais faire rentrer celle-ci dans celle-là, concevoir la philosophie comme un mode de cette expérience plus radicale, comme une «philosophie-fiction».

Cette triple opération est possible si la première est réalisée, on a vu comment et à quel titre. Elle fonde une science de la fiction : il y a science rigoureuse lorsque le cercle n'est pas seulement brisé mais éliminé entre la science et son «objet»; lorsque entre la fiction et le réel, par exemple, il n'y a plus la détermination réciproque ou le cercle vicieux qu'y met la philosophie. *Ce rapport unilatéral de causalité, le réel déterminant le fictionnel sans être en retour co-déterminé par lui, est la position scientifique du problème de la fiction.* C'est la condition pour que l'on puisse exhiber ses données phénoménales ultimes ou son expérience «immanente» et «ordinaire».

Nous devrions donc disposer au préalable d'une expérience du réel qui soit celle de données immanentes ou absolues de ce type, expérience transcendantale et non empirique, mais radicalement empirique ou immanente dans son ordre transcendantal. Cette expérience du réel étant absolue ou indivise serait par définition dépourvue de toute fiction ou transcendance, et elle vaudrait, au moins à titre d'essence, pour la fiction, elle serait ce par quoi celle-ci participe du réel sans pourtant venir se réfléchir dans son essence et prétendre le constituer. Ce rapport de causalité unilatérale par lequel les données phénoménales ultimes déterminent la fiction, mais sans être elles-mêmes affectées de fictionnalité, nous l'appelons une *détermination en dernière instance*. Elle ne peut «émaner» que d'un réel dépourvu de transcendance, de position ou de positionnalité. Les données phénoménales sont non-thétiques (de) soi, non-thétiques (de) leur «objet» (ici la fiction) et donnent à celui-ci, à son tour, l'essence du «non-thétique (de) soi».

Cette expérience (du) réel, non mélangée avec de la fiction, mais qui vaut comme essence à la fois immanente et hétéronome de celle-ci — donc en dernière instance seulement —, nous la sommes avant toute philosophie, et nous l'appelons l'expérience non positionnelle (de) soi de la vision-en-Un. Parce qu'elle exclut la fiction hors de sa propre essence, elle en fonde une science rigoureuse. *La fiction ne doit plus être pensée comme un mode du non-être, du faux, etc., mais plus positivement comme un mode du (non-)Un; non plus comme un mode de la philosophie, mais comme un effet d'unilatéralité du réel.* Elle cesse alors d'être *incluse* et enfermée dans le réel interprété comme Etre, celui-ci comprenant déjà par lui-même la fiction et voué à déplacer sans cesse ses frontières avec elle. Au lieu de ces rapports conflictuels que gère la philosophie à son profit comme tierce instance qui tire de cette lutte une plus-value, la fiction devient cette expérience radicale, non mélangée, qui n'a pas de comptes à rendre à la rationalité philosophique et qui est accessible à tout homme comme Un : l'Univers ou le Reflet non-thétique.

La fiction a donc été réquisitionnée et supposée donnée, mais non élucidée dans son essence, par la philosophie. Sa description est de toute façon difficile : n'étant pas un moindre-être de l'objectivité et de la positionnalité, elle semble déjouer toute saisie. Cependant une science en est possible car l'on ne demande pas à une science d'imiter son objet, de le décalquer, de le reproduire et ainsi de contribuer à la produire comme prétend le faire la philosophie. Pour marquer ce passage de la philosophie à une science transcendantale de la fiction, qui se contente de décrire des données immanentes, nous ne parlerons plus de «fictionnel» (concept mixte ou empirico-transcendantal et formé sous l'autorité «unitaire» de la philosophie), mais de «fictionnal», essence non-thétique ou noyau irréductible de toute fiction possible, «Fiction non-thétique» par conséquent. Voici une série de «théorèmes» sur elle :

1.1. Nous voyons toutes choses sans jamais les ob-jectiver ou les poser — la position est une loi du Monde, pas du réel-Un — c'est ce que nous appelons la «vision-en-Un». Le premier contenu quasi-objectif mais non objectivé de cette vision, c'est le (non-)Un : la plus faible charge de négativité que nous puissions «visionner» depuis l'Un. Le fictionnal est le (non-)Un lui-même, la dyade de la représentation non-thétique (du) réel.

1.2. Ce fictionnal n'est pas encore ce qui est fait ou feint : si l'Un réel est un vécu transi et passif de part en part, ce qui peut paraître rayonner autour de l'Un, le (non-)Un, l'est tout autant. Il y a là une (ir-)réalité vécue dans un affect de passivité sans contrepartie active ou synthétique.

1.3. Etant non-thétique ou non-positionnel, jamais inséré dans une position ou un horizon, le fictionnal n'est pas un objet et ne tourne pas autour du sujet-Un à la manière des objets. Une science de la fiction ou de l'«Univers» représente la condition d'impossibilité de toute « Révolution Copernicienne » dans la théorie de la fiction (et de l'Univers).

1.4. Le fictionnal n'est pas le réel mais ce qui dépend de celui-ci, depuis l'immanence duquel nous y accédons, et ce qui ne revient pas le co-déterminer. Il le « présuppose » de manière non-thétique, et celui-ci le conditionne également sans jamais le poser, sans jamais l'inscrire dans l'Etre ou le Monde. L'Univers est en deçà du Monde ou en total excès sur lui.

1.5. L'étendue fictionnale est la dépression illimitée de réalité qui accompagne l'excessive étreinte (de) l'Un, la marque en creux qu'il laisse sur le Monde mais qui dépend si peu du Monde qu'elle l'enveloppe déjà. Marque plus puissante que son support.

1.6. Cet espace primitif de la fiction, nous ne le posons ni le dominons et pourtant il ne nous domine pas, il accompagne l'Un ou l'individu comme l'effet de celui-ci « au large » du Monde et comme sa causalité propre. C'est le lieu où « Tout » est possible parce que c'est le possible qui déborde le Tout lui-même.

2.1. L'être-immanent (de) la fiction ou du (non-)Un en général est une expérience d'irréversion, d'irréversibilité, d'éloignement et, par conséquent, de non-consistance ; la diachronie et la diatopie de ce qui n'a plus aucune chance de jamais revenir sur soi pour se ressaisir et se reposer dans son identité. C'est l'expérience « mission terminée, retour impossible » de ce qui se perd une fois pour toutes ; de l'Autre mais en tant que, dépourvu d'agressivité, il fait s'éloigner tout donné et procède davantage en défendant qu'en attaquant, en éloignant qu'en défendant.

2.2. C'est déjà une étendue mais à l'état naissant et ramassée dans des poussées unilatéralisantes et sans contre-partie ou réaction ; dans des traînées et des traces qui filent en avant, sans doute, en tout sens mais chaque fois dans un seul sens. Rection plus primitive que toute di-rection, et qui ouvre comme déjà là l'étendue future. Poussée statique, non-décisionnelle, qui met le Monde à distance, originaire expulsion (du) Monde par l'Un et sous la forme de la *chôra* qui l'emplace comme lointain.

2.3. C'est autre chose qu'une détente, déconcentration ou procession avec leur complément de retour, de concentration et de conversion. L'Un ne se détend ni ne s'éloigne continûment. C'est un lointain statique plutôt qu'un é-loignement. Il l'accompagne instantanément dans une fulguration immobile et supra-intelligible.

2.4. Cette rection est strictement finie et ne peut *s'anticiper ou se survoler*, pas plus qu'elle ne peut revenir en arrière. Telle est la loi la plus dure, la loi de la fiction, de la production du possible, qu'elle doit être parcourue diachroniquement, pas à pas, mais nécessairement avec une vitesse folle. Dans la fiction et le possible, la pensée n'accélère pas, elle endure une vitesse et une lenteur d'emblée absolues.

3.1. Ce qui rayonne ainsi statiquement autour de l'Un n'est pas un espace indéterminé mais l'espace absolument déterminé de l'indétermination.

3.2. La rection statique unilatérale par laquelle l'Un éloigne sans recours le Monde est le contenu phénoménal réel de *l'Universel* et du *Possible* que la philosophie réquisitionne sans les élucider dans leur essence. Or l'essence de l'universel est l'uni-latéralité, le côté ou le versant de ce qui est éloigné uni-latéralement : côté d'ailleurs unique. C'est la puissance nue de l'Universel, une étendue cruellement abstraite et dépourvue de tout donné mondain et jusque du Monde même.

3.3. A l'individu-sans-universel, l'Un, succède l'universel-sans-mode, pauvre et dépourvu de toute réflexion en soi. C'est le possible, la primitive identité, jamais mise à nu par la philosophie, du fictionnel et du possible. En quelque sorte un film eidétique illimité mais sans eidos, la forme-Univers ou le «Reflet».

3.4. Le possible, l'universel, le fictionnal, forme le halo qui accompagne l'astre intime, non-copernicien, de l'Un. Restant immobile en soi, c'est à peine une lumière grise qu'il diffuse : ni une lumière ni son effet de bord ombreux. C'est la sorte d'étendue obscure et supraintelligible qui peut accompagner, sans la trahir ou la révéler indiscrètement, la nuit de l'Un ; par exemple l'aube, lorsque n'ayant pas encore quitté le secret de la nuit, elle précède la gloire du Monde.

4.1. La fiction non-thétique est autre chose qu'un «ordre imaginaire» à la manière de l'espace et du temps leibniziens ; un ordre sans doute et de l'espèce la plus primitive, capable d'affecter le Monde lui-même, mais pas «imaginaire» et psycho-métaphysique ; ordre transcendantal plutôt et qui ne s'inscrit pas dans le Monde. Le réel use de la fiction comme d'un ordre antérieur au Monde et à la philosophie.

4.2. Le «fictionnal» ne réfléchit pas le Monde, n'en est pas un double ou une image, fussent-ils désidentifiés jusqu'à virer au simulacre. C'est peut-être un reflet, mais un reflet non-thétique (du) réel. Par son noyau fictionnal, la fiction n'a jamais servi à redoubler le Monde, mais plutôt à l'éloigner et l'indifférencier.

Si le « fictionnal » est donc cette essence ultime de toute fiction ou son donné phénoménal. Il est ce qui rend celle-ci réelle, c'est-à-dire accessible à tout homme avant même son usage sous les conditions techniques de la littérature, de l'art, de la philosophie. Comme reflet non-thétique (du) réel, le fictionnal est *l'élément primitif d'ouverture ou de possibilité de toute pensée, science et art compris : le possible à l'état originaire.*

Ce qui s'éprouve ainsi directement en l'Un et sans qu'il soit nécessaire de sortir de celui-ci, sans non plus le déterminer en retour, est l'Univers comme forme la plus générale de réception du Monde et du langage. Mais le fictionnal, sans cesser d'être en soi ou en l'Un, peut devenir *effectif* et être réquisitionné par l'art et ses technologies. On passe du fictionnal à ce fictionnel en re-prenant le point de vue du Monde : le fictionnel sous sa forme esthétique est une manière non pas de fuir le Monde, mais, après l'avoir fait fuir, d'y revenir et de le légitimer. On ne revient pas au concept mixte ou unitaire du fictionnel (celui de la philosophie), on le constitue ici comme objet esthétique. Le fictionnel ne peut plus maintenant s'opposer au réel pour en même temps prétendre le co-déterminer. Simplement, à sa réalité spécifique vient s'ajouter son effectivité ou son existence dans le Monde, dans l'art et la littérature surtout.

Qu'est-ce qui distingue alors ces deux usages ? Dans la science, le possible radical est reflet non-thétique du Monde sans doute, mais du Monde appréhendé sous les conditions de réalité, de stabilité et d'extériorité, conditions scientifiques qui fondent d'ailleurs une « quasi-objectivité » plutôt qu'une objectivité au sens classique de la philosophie, ici exclue d'entrée de jeu. En revanche, l'usage proprement esthétique de la fiction rapporte le fictionnal directement au Monde sans rester dans cette « quasi-objectivité ».

Etant donné que par son essence ou son origine, le fictionnal est indifférence répulsive à l'égard du Monde, ce nouvel usage n'est possible que si le Monde et ce qu'il contient font valoir à nouveau leur point de vue, prétention qui n'est pas exclue par l'Un. Une fois posées ainsi les conditions du problème de la fiction en général, conditions non-unitaires ou non-philosophiques, mais scientifiques, il resterait à décrire cette capture « esthétique » du fictionnal par les technologies mondaines de l'écriture et de l'art. Cette puissance d'altérité abstraite qui ir-réalise par ailleurs le Monde lui-même, doit être alors comme *schématisée* sous les conditions de celui-ci. Il faut distinguer le fictionnal des formes mondaines, intra-littéraires ou intra-philosophiques, de fiction. Celles-ci ne doivent pas être comprises comme ses modes continus, c'est plutôt celui-ci qui doit être pensé comme une expérience nouvelle (très «ordinaire» mais cachée aux yeux des philosophes et du Monde) où la fiction cesse d'être le simple attribut d'une activité autre et devient plutôt un vécu en-l'Un en dernière instance. La fiction est en elle-même une subjectivité radicale, et doit être reconnue comme une expérience autonome avant de donner lieu a des effets technologiquement produits.

L'expérimentation philosophique, simple matériau de la non-philosophie

Le concept d'«expérimentation philosophique» n'épuise pas celui de «non-philosophie». La philosophie est déjà, surtout sous ses formes contemporaines, une auto-expérimentation sous les lois et dans les limites prescrites par le PPS ou l'usage-de-logos du langage. Il y a une équivoque semblable dans le projet de «nouvelles écritures» philosophiques, parce que la philosophie est de toute façon toujours à la recherche de telles écritures «révolutionnaires» — seulement révolutionnaires. Et le terme d'«écriture» peut être compris à l'intérieur du logos métaphysique ou bien comme déconstruction du logos, alors que ce n'est plus de cela qu'il s'agit ici. Les variations expérimentales internes à la philosophie ou qu'elle tolère dans les limites qu'elle se fixe ne sont que le matériau du processus scientifique, rien d'autre, et ne peuvent remplacer celui-ci. Inversement *l'Idée d'un usage expérimental, au sens non-philosophique, de la philosophie, n'a de sens que pour la science ou la vision-en-Un.*

Il s'agit maintenant de savoir s'il y a une communication, et laquelle, entre ces deux types de travail. Il semble que la science ne libère pas la possibilité de modifications ou de manipulations *internes* de la décision philosophique, celles-ci en effet étant supposées rester dans les limites du PPS ou de la systématicité auto-maîtrisante de la décision. En revanche elle ajoute une tout autre dimension aux expérimentations mondaines (philosophie et littérature, philosophie et art, philosophie et technique, etc.) qui sont le matériau de base pour ce nouveau traitement. De même que le complexe théorico-technico-expérimental des sciences est la matière première de leur *sens scientifique* qui est acquis, lui, par d'autres moyens, d'ordre transcendantal, de même le travail expérimental quel qu'il soit sur la philosophie sert ici seulement de matériau de base et ne peut prétendre épuiser le sens «scientifique» ou non-philosophique qu'il s'agit d'acquérir de la décision. Il faut qu'il passe par tous les a priori qui sont ceux de la science, donc aussi par l'épreuve du (non-)Un qui empêche la synthèse philosophique de se reconstituer.

Le travail textuel sur la philosophie, comme la diversité donnée des systèmes, reste le contenu du travail préliminaire qui est encore philosophique (les «procédures empiriques»). Que la philosophie elle-même confonde ce travail avec son propre devenir et son existence, qu'elle donne un sens absolu ou réel à cette vie qu'elle mène dans la cité et dans l'histoire, cela fait partie de sa croyance illusoire à-soi-comme-au-réel. Cette illusion est la même que celle qui nourrit l'épistémologie. Aussi bien l'épistémologie, qui correspond aux sciences dites «empiriques» à tort par la philosophie, que celle-ci qui correspond à la science transcendantale, élèvent ce qui pour la science réelle est un simple matériau, à l'état d'essence de la science et falsifient donc celle-ci. La croyance épistémologique de base selon laquelle les sciences se réduisent au couplage théorico-expérimental, abstrait-concret, etc. a son répondant dans la philosophie qui croit que la science transcendantale se réduit aux couplages philosophiques des contraires, couplages qui sont sa seule activité. Ce matériau n'a pourtant pas de sens scientifique en lui-même, il n'a de sens que philosophique. Son sens et sa vérité scientifiques lui sont apportés par sa mise en rapport avec les structures transcendantales de la science ou de la vision-en-Un. Au lieu de la laisser se référer illimitativement à soi et surtout de croire que son sens possible s'arrête à cette auto-référence, — car celle-ci n'est pas détruite, c'est son effet d'autorité et de croyance à soi qui est suspendu — l'autoréférence de la philosophie est en même temps rapportée à l'objectivité de type scientifique. Le travail philosophique ne reçoit son sens de vérité originaire, sa validité pour tout homme — ce que de soi il n'a pas du tout —, seulement de son insertion dans la science. Le travail simplement expérimental ou textuel sur le matériau manque de venir à la vérité, il reste prisonnier de sa propre résistance.

Pour être le plus efficace, le matériau de la décision doit passer par deux opérations, on serait tenté de dire par deux réductions :

1) par un travail expérimental qui reste, on vient de le voir, dans les limites du PPS et qui peut utiliser la littérature ou tout autre procédé d'écriture ou d'inscription..., mais dans les limites de la «grammaire» ou de la «syntaxe» spécifique de la décision philosophique ;

2) par une réduction transcendantale, celle qu'exerce la science et qui consiste à inscrire le texte philosophique ainsi produit sous les

conditions de la représentation scientifique : élimination ou mise entre parenthèses de la décisionnalité, de la positionnalité et de l'unité philosophiques. On procède donc en deux temps, seul le second est absolument nécessaire, le premier ayant été déjà fait, ou étant déjà actif dans la philosophie elle-même.

La véritable expérimentation, c'est l'usage que l'on a fait jusqu'à présent de la philosophie en vue de décrire ces objets non-philosophiques que sont l'Un, l'homme ordinaire, la science, etc. *Une biographie de l'homme ordinaire* fait un usage-de-science du langage en vue de décrire un objet non-philosophique, mais elle le fait de manière spontanée et non thématisée. L'on peut maintenant, et ce serait la vraie perturbation de la décision philosophique, décrire un objet philosophique, et la décision elle-même, avec de la philosophie mais utilisée scientifiquement. Il s'agit de faire une description de la décision par elle-même et en utilisant son propre langage, mais en lui imprimant un usage absolument universel ou «non-philosophique». La déconstruction ainsi généralisée est la plus forte lorsque, au-delà de l'usage que l'on a fait de la philosophie dans *Une biographie* pour décrire l'Un, on utilise la philosophie en mode de reflet non-thétique ou «non-philosophique» pour la décrire elle-même en sa réalité du moins.

Simplement il fallait élaborer les règles de cet usage, en tant qu'elles expriment la posture scientifique et fondent ainsi une déconstruction généralisée dont elles constituent la syntaxe. Elles sont plus qu'un «supplément» aux expérimentations intra-philosophiques, elles s'ajoutent à elles de manière hétéronome. Elles impliquent une ré-écriture des textes philosophiques (déconstruits ou non) dans le reflet ou l'Univers non-thétique, dans les langages-univers. Les règles de ces univers-de-langage spécifient sur le matériau philosophique des opérations introuvables dans l'horizon de celui-ci, mais qui lui laissent aussi, de son point de vue, sa cohérence. L'esprit de la dualité originaire — du «dual» avant le dualisme — implique de respecter la rigueur propre de la philosophie, qui répond à des invariants précis, tout en permettant de la traiter par ailleurs comme un matériau quelconque pour des pratiques non-philosophiques. La rigueur philosophique est conservée dans son ordre, qui est celui de la Transcendance, effectivité ou Monde, mais la philosophie devient une simple matière première pour une activité qui lui est «ordinalement» antérieure.

On le voit maintenant peut-être mieux : il est impossible de libérer la philosophie à l'intérieur d'elle-même et sur sa propre base. Si l'invariant principal de la décision est l'Unité-des-contraires, l'Un et la Dyade co-extensifs ou simultanés, ce n'est pas en le variant infiniment que l'on fera faire à la pensée un saut qualitatif. Cette émergence n'appartient pas aux possibilités incluses dans la décision, mais à la précession de la vision-en-Un, donc de la science, sur celle-ci. C'est pourquoi l'idée essentielle de la « non-philosophie » n'est pas la production d'une infinité de systèmes philosophiques en droit illimitée, mais plutôt les langages-univers qui s'inscrivent dans l'ordre dualitaire du non-philosophique et du philosophique. Nous ne sommes pas passés d'une équivalence des décisions philosophiques existantes dans l'histoire à la thèse d'une infinité de décisions encore inconnues, mais plutôt de cette thèse à ce qui la fonde, à une pratique hétérogène exercée sur ces décisions. Sans doute est-il utile de varier expérimentalement ce qui existe, de faire voir dans les décisions historiques des cas ou des spécifications d'un ensemble de possibilités plus nombreuses qui n'auraient pas encore été exploitées. Mais c'est rester sous l'autorité du PPS. L'exploitation du champ sémantique ou structural de la décision, la discrimination de ses types élémentaires et qualitatifs, dont certains tolèrent des variations et d'autres pas ou peu, est une tâche préliminaire qui prépare, sans plus, le travail « non-philosophique », l'écriture d'énoncés qui ont des effets fictionnels de philosophie ou d'hyper-spéculation, mais qui sont inintelligibles pour la philosophie et irrecevables par elle, qui ne pourra que faire jouer contre eux ses mécanismes d'auto-défense. On distinguera donc soigneusement entre des variations ou des expérimentations sur tels énoncés ou telles décisions — variations dont relèvent toutes les tentatives de déconstruction restreinte, et qui restent sous le PPS — et l'élaboration « non-philosophique » qui change radicalement les codes de recevabilité des énoncés.

On voit ainsi ce que veut dire : « traiter la philosophie comme une matériau quelconque », et les limites de cette formule. C'est bien maintenant un simple matériau, mais sans que cela contredise ou détruise sa nature de décision philosophique. Comme matériau, elle a ses lois de consistance et de développement propres et, en un sens, on ne peut détruire cette syntaxe, mais simplement varier ses invariants. En revanche, on peut produire à partir d'elle un tout autre discours, à valeur et à critères scientifiques. Mais on ne peut mélanger de nouveau les deux plans dans un projet unitaire. Pour ce tout autre usage et seulement pour lui, la décision est et peut être traitée comme matériau neutre et elle l'est justement par rapport à des opérations d'un tout autre type. Ce mot d'ordre ne peut vouloir dire — sous peine de contradiction — que la philosophie devienne un matériau quelconque *pour elle-même*, ou indifférent à elle-même... Par définition, elle est intéressée à soi plutôt qu'indifférente. En revanche, pour la science, la philosophie est indifférente, elle peut donc la traiter de manière «quelconque». Elle peut traiter le logos de manière «non-logique» sans tomber dans une contradiction. Là où il y a dualité radicale, il n'y a pas de contradiction. Il n'y en a que là où il y a une volonté unitaire... Le slogan : «Créez vous-même votre philosophie» est un mot d'ordre typiquement unitaire, il ne supprime pas l'interdit que le PPS jette sur l'homme qui ne peut accéder à la philosophie que barré ou divisé-comme-sujet. C'est «créez vous-même votre non-philosophie» qu'il faut annoncer et répandre partout. Le sujet (de) la science, l'homme ordinaire, est aussi le sujet (de) la non-philosophie et d'elle seule. La démocratie et la paix ne peuvent entrer chez les philosophes que si ceux-ci renoncent à s'identifier à la philosophie et s'éprouvent comme sujets (de) la science, pratiquant la philosophie sous les codes de la non-philosophie. Si l'on admet que le «sens commun» véritable est celui de la science, sens «ordinaire» plutôt, et s'il n'est plus fondé sur la transcendance des autorités historiques et politiques, et pas davantage sur la transcendance des autorités philosophiques, on peut alors imaginer une «réconciliation» de ce sens communautaire de la pensée à travers la non-philosophie. A défaut de celle-ci, les philosophes continueront leur guerre, ce qu'ils appellent «dialoguer», «controverser», «interpréter»...

La non-philosophie comme philo-fiction ou hyperspéculation

Cette position du problème seule peut rendre contingente la philosophie et la faire devenir quelconque : pour la science ; et autoriser de la traiter avec des codes, règles, syntaxes ou opérations qui ne sont plus issus d'elle-même. Toutefois ce qui sera produit ainsi, ce seront seulement, et parfois — on l'examinera plus loin — des *effets non-philosophiques* sans validité à l'intérieur du PPS. Ils auront été produits par des opérations qui sont celles de la connaissance réelle et rigoureuse ; mais ils seront encore sinon d'essence du moins et parfois, pas toujours, d'apparence philosophique. Ce seront, par l'une de leurs surfaces, des *représentations scientifiques du réel* qui utiliseront des éléments philosophiques ; mais, par l'autre, ce seront des *fictions philosophiques,* fictions «pour» la philosophie plutôt que des fictions empiriques ré-interprétées et intériorisées par celle-ci. Mesurée à la suffisance philosophique, l'ouverture non-philosophique des langages-univers, qui est tout à fait «objective» ou rigoureuse, produit un effet «fictionnal» ou «hyperspéculatif» qu'il faut préciser. La science de la décision s'achève ainsi dans la radicalisation du caractère fictionel — reconnu à la métaphysique par Kant et Fichte, pratiqué à sa manière par l'une des formes de la déconstruction (Derrida) — et dans son extension à toute la philosophie. Cette extension n'est possible que parce que celle-ci est «isolée», sinon objectivée, du moins suspendue dans l'indifférence que lui imprime l'Un, c'est-à-dire la science considérée dans sa «posture» non-thétique à l'égard du réel. La critique réelle, «non-philosophique», de la philosophie, inclut un usage de fiction de celle-ci. La philosophie spontanée — elle est tout aussi naïve que la science, mais sur un mode auto-dénégateur — est une fiction naïve, qui se dénie comme telle ; sa critique positive, au-delà de ses déconstructions qui tentent seulement de l'inhiber plutôt que de la libérer, lui ouvre une nouvelle carrière : la «philosophie-fiction» ou l'«hyperspéculation».

La «non-philosophie» est ainsi un ensemble de représentations qui peuvent être lues de deux manières ou recevoir deux usages simultanés. Regardées depuis la science, ce sont des connaissances vraies, quoique rectifiables, produites par la science de la philosophie ; des représentations ou des descriptions (non-thétiques) de la décision. Mais regardées maintenant du point de vue de la philosophie elle-même, ce qu'il est encore possible de faire comme le veut la résistance, ces représentations d'elle-même ne peuvent être que de la fiction.

Aussi le concept de «philo-fiction» ou d'«hyper-spéculation», s'il a des moyens ou des procédés scientifiques, *n'a lui, de sens que pour la philosophie et que de son point de vue;* point de vue qui, par ailleurs ou en dernière instance, reste celui de l'hallucination transcendantale et de la résistance. La signification de ce concept est donc complexe. D'une part, pour la philosophie et sa résistance, la science transcendantale est à son tour une fiction, et par conséquent les usages scientifiques de la philosophie passeront pour utopie aux yeux de celle-ci. C'est le premier sens, le plus immédiat, de «philo-fiction» : celle-ci est alors baptisée par la philosophie : ce qui, pour la science, est représentation vérifiée quoique rectifiable, est fiction pour la philosophie. D'autre part, mesurée et rapportée à la science, inversement, la philosophie est réputée hallucination. Si bien que, pour la science prise comme ultime ou premier point de vue, le fait de baptiser «fictions» ces représentations est encore un procédé de l'auto-défense ou déjà un effet de l'hallucination du réel. Bien entendu, ce sont chaque fois les mêmes représentations et *la science de la décision est philo-fiction,* mais il y a deux manières hétérogènes d'évaluer leur vérité, et il convient, ici encore, de «dualyser» ce concept.

Ces représentations non-philosophiques de la philosophie, organisées par de nouvelles règles, ont donc des effets spécifiques, plus exactement : *hyperspéculatifs* ou extra-spéculatifs. Mais ce ne sont plus des connaissances philosophiques au sens du PPS ; ni des effets ou des intrications semi-littéraires, semi-philosophiques; ni des métaphores ou des indécidables : tout cela reste produit sous l'autorité du PPS et s'inscrit dans l'espace de la décision. On ne produit pas ici un effet littéraire avec de la philosophie, ni un effet philosophique avec de la littérature, etc., toutes ces combinaisons sont possibles, mais elles n'ont d'usage ici que comme simple matériau de l'hyperspéculation. Celle-ci est autre chose que ce travail de reproduction continue des mixtes, elle les utilise sous un autre régime de pensée. Les produits de l'usage scientifique et hyperspéculatif de la philosophie n'ont plus de pertinence pour celle-ci, mais, comme ils sont obtenus à partir d'un matériau tiré d'elle, ils ont *une apparence philosophique*, ce qui permet de les ranger au moins dans la fiction.

Tandis que la *science-fiction* est un usage globalement littéraire de la science (*plus* un indice d'altérité absolue qui n'est de l'ordre ni de la fiction littéraire ni du matériel scientifique empirique utilisé, mais prélevé sur l'essence de la science), la *philo-fiction* est plutôt un usage globalement scientifique de la philosophie (et de la littérature, etc.). L'indice d'altérité absolue, supposé donné par la science-fiction, réquisitionné et non-fondé dans l'usage qu'elle en fait, est cette fois-ci directement apporté par la science comme point de vue sur la philosophie. La philo-fiction devrait donc être plus originaire que la science-fiction et représenter sa forme réelle rigoureuse, plus exactement les *conditions de réalité* de celle-ci : en particulier par la genèse qu'elle est capable de faire de l'Autre qui est sa condition fondamentale, celle où elle puise cet affect de la radicale étrangeté. Ce que la philosophie est à la science transcendantale — considérées dans l'ensemble de leurs rapports —, la science-fiction l'est à la philo-fiction.

L'apparence philosophique de la non-philosophie

La non-philosophie est-elle, et dans quelle mesure sans doute étroite, une simulation de la philosophie? Y a-t-il une apparence ou un effet philosophique de la non-philosophie?

Il y a une *apparence non-philosophique spontanée de la philosophie*, qui semble viser ou intentionner un réel ou un Autre hors d'elle, le connaître, le décrire, le constituer, etc. C'est une apparence à tous les sens du mot, également au sens d'une illusion transcendantale et les déconstructions se fondent particulièrement sur elle. En revanche, s'il y a une *apparence philosophique de la non-philosophie*, elle ne peut être que limitée, pour ne pas être une illusion philosophique, et réduite elle-même à l'état de matériau inerte. La non-philosophie ne décrit la philosophie qu'en dernière instance seulement, car elle ne décrit de cette manière que les états-de-chose phénoménaux qui sont la base réelle ou la dernière instance de celle-ci. S'il y a une apparence philosophique de la non-philosophie, elle ne peut passer que par le canal étroit ou la voie mineure du matériau utilisé pour la redescription des structures de la vision-en-Un qui sont les conditions réelles de la décision. Ainsi il se peut que, par éclair ou trace, l'ancien sens philosophique du matériau diffuse dans la non-philosophie et crée une équivoque, une apparence philosophique de celle-ci. Même si un tel phénomène est d'une certaine manière normal — puisque la décision se conserve avec son effectivité au moins comme «support» — il sera lui aussi réduit par son insertion dans la *chôra* et tombera dans le cas général, celui d'une double interprétation possible de la non-philosophie.

La non-philosophie peut donc conserver en elle des traces de philosophie — traces d'ailleurs réduites ; en tant que telle elle n'en produit pas. Elle ne simule pas la philosophie, seule celle-ci peut se simuler, elle est par essence une simulation de soi qui tire son existence, et aussi la croyance à sa réalité, de cette activité d'auto-simulation par laquelle elle se reproduit sous l'espèce de cercles, d'apories et de combats plus ou moins ouverts et indéfiniment reportés. Ce que produit la non-philosophie sur son mode propre, celui d'une phénoménalité radicalement irréfléchie, n'a aucun sens intelligible pour les philosophes, non pas parce que cela n'aurait aucun *sens* ou serait absurde, mais parce qu'il ne tombe définitivement plus sous la catégorie du *sens*.

Les descriptions du réel ainsi produites — à part ce qui peut diffuser de philosophique du matériau réduit — sont bien entendu manifestes ou phénoménales, mais elles le sont sur un mode qui n'est plus celui de l'objectivation. Elles incluent la forme d'une certaine extériorité ou transcendance, celle-ci n'est pourtant plus donnée à son tour elle-même sur ce mode de la transcendance, divisée d'avec soi et redoublée. Elles sont données sur le seul mode où quelque chose peut être manifesté par l'Un, sur le mode de l'indivision ; elles sont irréfléchies ou non-thétiques par leur essence, c'est-à-dire *ni conscientes ni inconscientes* puisque la vision-en-Un est un mode de phénoménalité encore distinct de ces deux que connaît la philosophie. Irréfléchies ou éprouvées comme indivises chaque fois ; anté-rationnelles peut-être mais pas «infra-rationnelles» ; anté-différentielles mais pas infra-différentielles, etc. Tout à fait en deçà des «effets-de-surface», des «effets-de-sens» et des «effets-de-philosophie», précédant de droit ou réellement la «philosophie-en-effet», sans éprouver le besoin de cette décision et de cette technologie si philosophiques encore de l'«effet» — la non-philosophie se reçoit ou se vit comme une (auto)-impression, comme un vécu absolument inhérent (à) soi en dernière instance. Le style non-philosophique signifie entre autres choses l'abandon du pathos technologique et artefactuel de l'«effet» qui est celui des philosophies simplement «ouvertes». Ce qu'elle produit et décrit-comme-produit est une apparence subjective ou humaine absolument uni-verselle plutôt que du sens, des effets, des effets-de-sens.

On pourrait toutefois supposer plus complexe le problème d'une apparence philosophique résiduelle, qui apparaîtrait nécessaire et non plus contingente : à partir de l'essence de la vision-en-Un plutôt que du matériau. L'essence de la vision-en-Un ne peut être conquise en effet qu'en surmontant ce qui lui offre la résistance maximale, sur un objet particulier dont la particularité est universelle ou est d'être ce qui la dénie le plus fortement — la philosophie. Si une vision-en-Un de la philosophie est possible, réelle plutôt, ainsi qu'on le montre de fait par l'élaboration et la description de son essence, *a fortiori* la vision-en-Un des objets autres que philosophiques est elle aussi possible et réelle. En montrant que la philosophie, c'est-à-dire l'idéologie objective qui enserre tous les objets, est l'objet d'une vision-en-Un, on montre que celle-ci est la posture ou l'essence même de la pensée. La vision-en-Un de la philosophie est identiquement l'essence des sciences autres ou particulières. Mais alors la non-philosophie paraît très étroitement dépendante de la philosophie et intérioriser une apparence philosophique inévitable. Il y aurait entre elles une sorte d'affinité transcendantale. Celle-ci toutefois ne peut être interprétée comme un conditionnement réciproque : ce serait là encore une illusion de la seule philosophie, celle-ci inversant le rapport réel et voulant lui imprimer une structure unitaire. En réalité, il faut distinguer dualement, et non pas unitairement ou par simple scission, entre les structures du réel et leur description, entre l'essence de la non-philosophie dans l'Un et sa description à l'aide du matériau philosophique, c'est-à-dire son devenir effective comme vision (de) la philosophie en-Un. Par ailleurs, ici encore, l'Un restant décidément l'unique guide transcendantal de la pensée, ces phénomènes d'affinité entre la philosophie et la non-philosophie relèvent du seul matériau et sont limités par la *chôra* : ils sont donc transformables en fonction de la «vision».

La bonne nouvelle de la vision-en-Un est celle-ci : ne plus se laisser obséder par la question pourtant si évidente, si légitime : qu'est-ce qui relie encore la non-philosophie à la philosophie, et comment produire encore avec elle des effets-de-philosophie ? Le problème est mal posé, il est posé de manière philosophique ou unitaire au lieu de l'être de manière duale ou dualitaire. En réalité, *la non-philosophie n'a plus aucun lien avec la philosophie-comme-fait ou comme Principe de philosophie suffisante, qui est réduit par la chôra; en revanche, elle a un lien avec un autre état de la philosophie, avec la philosophie-comme-matériau.* L'essence de la non-philosophie est *toto cœlo* distincte de la philosophie, même si, par sa réalisation effective, elle puise dans celle-ci. S'il y a des effets-de-philosophie à l'intérieur de la non-philosophie : 1) ils ne viennent pas de celle-ci ; 2) ils viennent du seul matériau et sont eux-mêmes réduits ; 3) ils sont donc localisés dans le contenu représentationnel dispersé sur l'Apparence universelle, mais ne peuvent affecter celle-ci qui entretient à son matériau un rapport contingent. S'il y a de la philo-fiction ou quelque chose comme de l'hyperspéculation, ces phénomènes ne correspondent donc à aucune décision a priori, aucune finalité extérieure à la vision-en-Un. La non-philosophie n'est pas une nouvelle économie de la philosophie, mais une pragmatique immanente, donc hétéronome à celle-ci, du *matériau* philosophique. Et si elle produit une Apparence, ce sera celle qui est donnée à la vision-en-Un et sur le mode de l'être-immanent plutôt qu'un nouvel éclat, qu'une nouvelle facette de l'Apparence philosophique.

La non-philosophie ne produit pas d'effet « dans » la philosophie

La non-philosophie peut être lue de deux manières hétérogènes. D'une part, c'est ce qui, de l'Un lui-même de toute façon, et de la philosophie réduite à l'état de matériau, est vu-en-Un. On ne doit plus alors la lire avec les codes, les grilles, les normes de la philosophie, sous peine d'irrecevabilité. Elle n'est pas irrationnelle et chaotique pour autant : c'est une pensée rigoureuse à sa manière. Simplement son mode de présence ou de réception n'est plus le rationnel, le logique ou l'eidétique, le surrationnel ou le métaphysique ; elle exclut le fait et les normes de la tradition ; elle ne se manifeste pas comme telle dans un horizon ou une transcendance, mais elle n'est « intelligible » d'une part que comme vécue passivement et « obscurément » dans l'immanence de dernière instance, d'autre part que comme décrite à son tour de la manière dont elle est ainsi vécue. En deçà de son éventuelle illumination par le logos, elle est reçue sur le mode radicalement irréfléchi ou naïf de l'Un : ce qui se manifeste absolument ne se manifeste pas en se divisant et se réfléchissant, mais globalement comme indivisible. Elle est bien réelle, quoique non transcendante, et elle est descriptible à son tour comme reçue sur ce mode. Produite par et pour l'Un, elle ne peut en toute rigueur avoir du « sens » et surtout de la vérité que pour lui, en dehors de tous les horizons et de toutes les téléologies philosophiques.

Cependant, la philosophie reste décision effective et résistance dès qu'elle fonctionne spontanément; elle aussi prétend être un point de vue autorisé sur la non-philosophie. Mais s'il y a ainsi lecture double, elle n'est pas divisée-unitaire : dualitaire plutôt. Il n'y a pas en effet deux lectures étrangères l'une à l'autre de la non-philosophie : l'une en fonction de la vision-en-Un, l'autre en fonction de la philosophie et comme prolongement de sa résistance. Plus exactement : il y a bien ces deux lectures, mais leur rapport n'est ni celui d'une juxtaposition impensée, ni celui d'une dyade philosophique, une unique lecture divisée. La seconde lecture est effective, comme la résistance elle-même, mais elle se passe à son tour dans le (non-)Un, d'abord dans la *chôra* où elle trouve son lieu obligé. Leur vrai rapport est donc celui du dual ou de la dualité originaire, un rapport dualitaire plutôt qu'unitaire.

Cette situation permet de comprendre la nature des «effets» non-philosophiques. La non-philosophie induit d'abord des effets de résistance dans et «chez» la philosophie et contribue ensuite à les manifester *tels quels*. La décision reste ce qu'elle est spontanément — auto-factualisation et position —, mais ce point de vue de la philosophie spontanée n'est plus pertinent pour la vision-en-Un et il est de toute façon suspendu, si bien que la résistance se manifeste effectivement à l'intérieur de son suspens, comme réduite elle-même à l'état de matériau et devenue inefficace. Cette résistance réduite ou *manifestée-telle-quelle,* extraite de sa cache dans la foi philosophique, s'exprime par le refus, la dénégation, l'évitement, la falsification de la vérité de l'Un, l'accusation d'inintelligibilité, d'irrationalité, d'irrecevabilité, l'argument terroriste de la terreur et du chaos, etc. Ce sont là les deux seuls *effets réels* produits sur la philosophie spontanée par la non-philosophie : l'expression de soi et la manifestation telle quelle d'une résistance. Cette manifestation, à son tour, se réfléchit de manière transcendante pour qui observe de l'extérieur tout le processus; mais elle est donnée de manière immanente, comme déjà réduite, pour qui prend l'immanence de l'Un comme fil conducteur.

A part cet effet global, il est difficile de dire que la non-philosophie produit des effets *dans la philosophie,* que l'Un supposerait alors exister comme factum et destin, à la manière dont les déconstructions pensent leur propre efficace : pour nous, pour l'Un, la philosophie n'existe pas sur ce mode. La formule «dans la philosophie» est donc elle-même ambiguë, selon qu'on l'interprète depuis la foi philosophique (l'effet de suspens de cette foi est alors local, partiel, et la redonne ou réactive d'autant plus) ; ou depuis la vision-en-Un et le suspens que celle-ci lui inflige globalement. L'effet non-philosophique, c'est celui de cette réduction achevée ou indivise par son essence, avec le travail qui s'ensuit de rectification des descriptions ou formulations non-philosophiques, travail qui n'est si illimité que parce qu'il a son lieu à l'intérieur de ce suspens, et qu'il ne chevauche plus et le Monde et l'immanence de l'Un.

De cet effet global et indivis, d'origine immanente, de cet *effet-immanent* sur la philosophie, condamnée à l'aveu de sa résistance, il faut évidemment distinguer les effets qui ont lieu dans le contenu représentationnel lui-même — celui qui est inscrit dans le Reflet ou l'Apparence —, dans le matériau et ses ingrédients transcendants (vocabulaire, syntaxe, effets poétiques, littéraires, scientifiques, etc.). Toutefois cette distinction absolue, unilatéralisante, de l'être-immanent de la manifestation globale du philosophique comme hors-réel, et des effets transcendants ou du détail des événements textuels par exemple qui se passent dans le matériau — ne signifie pas du tout qu'il y a entre eux une distinction abstraite et métaphysique et une absence de relation. Car ces ingrédients représentationnels, apparemment infra-philosophiques, et qui semblent tomber hors de l'effet de la non-philosophie sur la philosophie, peuvent être à leur tour soumis à une interprétation ou à une décision philosophique et, *par ce biais-là, mais seulement par lui*, être affecté du suspens et donc de leur manifestation (pour la vision-en-Un) comme hors-réel. A supposer que quelque chose en eux tombe *a priori* — si l'on peut dire — hors d'une décision philosophique virtuelle — il tombera aussi hors du travail de la non-philosophie. En fait si quelque chose tombe réellement *a priori* hors de la décision philosophique, c'est nécessairement la vision-en-Un elle-même, donc la non-philosophie dans son essence. Tout le reste est auto-interprétation philosophique infinie qui tente de s'approprier la vision immanente.

L'apparence non-philosophique ou humaine de la pensée

Il y a un effet non-philosophique global et positif «sur» la philosophie, il est temps de le décrire pour clore ce traité. Quel est le sens ultime — s'il y en a dans une science qui exclut par définition toute téléologie — de cette pragmatique non-philosophique de la philosophie, mais spécialement «adaptée» à celle-ci et qui ne représente pas une autodégradation «pragmatique» de la philosophie? Ce sens, c'est celui d'une «subjectivité» radicale, mais de dernière instance seulement, de la philosophie, d'une «propriation» individu-a-le de celle-ci. Ni une «ré-appropriation» dialectique, ni une «expropriation» déconstructrice («Ent/Er-eignis»), aucun «retour» à un sujet ou à un Même, ce «retour» fût-il aussi et d'abord une désappropriation du sujet en vue du Même. Il s'agit du devenir-vécu, du devenir-humain, mais en dernière instance seulement, de la décision philosophique, et du suspens, comme non-humain, de son usage transcendant, naïf ou suffisant.

Cette opération ressemble à une re-subjectivation de la pratique philosophique, mais c'est là une apparence, elle ne peut être ainsi interprétée en mode «circulaire» ou philosophique. Pas plus qu'on ne «sort» de la philosophie vers la science, ou de l'Etre vers l'Un, on ne fait retour de la transcendance de la décision vers la subjectivité humaine. En tant qu'individual ou que sujet (de) la science, l'«homme ordinaire» a déjà précédé la décision, sans qu'il ait eu à la précéder «d'un coup». Cette subjectivation qui va ainsi irréversiblement du propre absolu, l'homme ordinaire, vers la décision, ne consiste plus à ressaisir celle-ci telle qu'elle se donne à une subjectivité elle-même transcendante, mais à suivre le fil de la causalité de la «dernière instance» et à produire, au-delà de ses usages auto-philosophiques, un usage non-philosophique, lui-même immanent ou humain, de la décision spontanée. L'opération pragmatique est ici d'individu-a-tion radicale de la philosophie arrachée à sa transcendance in-humaine. Elle revient à replacer — à *emplacer* — la décision en fonction de sa *base réelle* ou de *dernière instance* qui est l'homme ordinaire ou la force individu-a-le (de) pensée comme sujet (de) la science, et à donner un sens rigoureux et concret au mot d'ordre qui fut toujours celui de la radicalité : la philosophie est faite pour l'homme, non l'homme pour la philosophie.

A la fin de l'*ordre* non-philosophique, qu'est-ce qui est vu-en-Un? C'est ce que nous appelons du terme général de «reflet» ou d'«univers», mais reflet non-thétique, non spéculaire ou absolu (du) réel. Lorsque cette représentation libérée pour son compte de toute fonction de constitution du réel dans laquelle elle s'inhiberait ou se paralyserait comme c'est le cas de la décision philosophique, est spécifiée par son contenu représentationnel ou son matériau, ici explicitement par la philosophie, on l'appelle «Apparence non-philosophique»; et «absolue» ou «humaine» parce qu'elle est le corrélat ou le contenu de la détermination en dernière instance issue de l'Un, c'est-à-dire de ce qu'il y a de plus radicalement humain.

On oppose ainsi cette Apparence «humaine» de part en part mais bien réelle à *l'Apparence philosophique objective* qui se donne à l'homme comme une transcendance redoublée et non plus simple, transcendance dans la transcendance et pensée vicieusement à partir d'elle-même. C'est cette Apparence auto-posée et auto-fétichisée qui s'annonce à l'homme comme l'horizon incontournable de la philosophie, comme son fait, sa tradition et son destin, comme un capital qui entreprend d'exploiter la pensée et le langage de l'homme. A cette exploitation, technologique et capitaliste à sa manière, de la force (de) pensée individuale, à cette Apparence du capital philosophique qui tente de barrer l'Un (de) l'homme et d'exiger qu'il s'identifie à lui, il appartient ainsi de restreindre *le plein usage de la force (de) pensée*. Celui-ci s'accomplit en revanche dans la pragmatique non-philosophique du langage et de la pensée, et de l'Apparence qui lui correspond, la plus universelle qui soit, à laquelle l'homme fini ou ordinaire a déjà accédé comme à un espace libéré des décisions philosophiques et des économies abusives qu'elles lui imposent.

La pragmatique non-philosophique peut ainsi passer pour un «programme», encore que celui-ci ne sorte pas de la téléologie philosophique, mais soit donné *avant* celle-ci même comme un futur antérieur à toute finalité. Ce futur est ouverture non-grecque ou universelle *pour* la philosophie. Elle est fondée sur l'Un ou la science et exclut de ce fait le postulat majeur de la suffisance philosophique : le postulat unitaire, dont on a montré qu'il est tout à fait possible de le lever pour fonder une non-philosophie. En distinguant «dualement» la force ordinaire (de) pensée, sujet (de) la vision-en-Un ou (de) la science, et le sujet assujetti de la philosophie, on se donne le fondement réel d'une science de la philosophie, et la nécessité d'une humanité a priori de celle-ci contre l'exploitation qu'elle aura menée de l'homme.

Table des matières

Préface 7

Introduction. – NOUVELLES PRATIQUES ET NOUVELLES ECRITURES DE LA PHILOSOPHIE 11
Des «philosophies ouvertes» à la «non-philosophie» 11
La philosophie comme simple matériau de la non-philosophie 17
De l'Unité-des-contraires à la vision-en-Un 20
Une pratique scientifique de la philosophie 22
Le changement de fonction de la philosophie
  et l'abandon de ses fonctions traditionnelles 26
La «manipulation» de la décision philosophique et ses limites 29
La non-philosophie comme «humaine philosophie» 31
Perspectives pratiques et collectives de la non-philosophie 35

Chapitre I. – DE LA VISION-EN-UN 37
Des figures de l'Un à l'essence de l'Un 37
Matrices de description possibles de l'essence de l'Un 41
Contingence du langage : le suspens du postulat unitaire 48
La Détermination en dernière instance,
  cohérence spécifique d'une pensée de l'Un 54
Le concept développé de la vision-en-Un 58
Les deux paradigmes : perception et vision-en-Un 61
Ce qui est vu en-Un ou le contenu noématique de la vision-en-Un ... 64
Comment l'Un voit ou le contenu noétique de la vision-en-Un 69
Une déduction transcendantale de la transcendance philosophique .. 74
De la vision-en-Un à la théorie et à la pratique de la non-philosophie ... 76

Chapitre II. – THEOREME DE LA NON-PHILOSOPHIE 81
Première dimension de la non-philosophie :
son effectivité ou le philosophique 81
Deuxième dimension de la non-philosophie : sa réalité ou le matériau 84
Troisième dimension de la non-philosophie : son objectivité ou le possible ... 87
Le code génétique de la non-philosophie 89
La méthode de dualyse (l'unitaire et le dualitaire) 93

**Chapitre III. – LA MUTATION « NON-EUCLIDIENNE »
DANS LA PHILOSOPHIE ET LA FONDATION SCIENTIFIQUE
DE LA NON-PHILOSOPHIE** 99
La pratique scientifique ou non-philosophique de la philosophie 99
La fermeture grecque de la pensée : le postulat unitaire ou héraclitéen 104
Le suspens du postulat unitaire ou héraclitéen 106
La vision-en-Un comme généralisation
de l'opération métaphysique ou de l'Autre 109
La vision-en-Un comme généralisation de l'opération transcendantale :
la fondation de l'ouverture radicale
de la décision philosophique comme « non-philosophie » 115
La vision-en-Un comme équivalence des décisions philosophiques
ou des a priori de la décision 116
Les pratiques non-philosophiques spontanées de la philosophie
et leur fondation scientifique 119
Exemple de l'archive : les illégalismes de la pratique philosophique 124
Science de la philosophie, non-philosophie, pragmatique 127

**Chapitre IV. – LES PROCEDURES
DE LA PRAGMATIQUE NON-PHILOSOPHIQUE** 131
Les six procédures de base de la pragmatique non-philosophique 131
Règle préliminaire :
de la constitution du matériau philosophique dans sa spécificité 135
Règle 1 : de la redescription réciproque de l'UNT et du matériau 139
Règle 2 : du chaos des décisions philosophiques
et de la réduction du matériau aux fonctions de support 141
Règles 3 et 4 : de la redescription réciproque des a priori de l'objectivité
et du matériau 148
Règle 5 : de la fonction « signal » ou « support » du matériau,
et de son sens transcendantal 152
Règle 6 : de l'Univers ou du Reflet non-thétique (du) réel 155

**Chapitre V. – LES LANGAGES-UNIVERS
ET LA PRAGMATIQUE UNIVERSELLE OU NON-PHILOSOPHIQUE** 161
Traiter le langage comme un matériau quelconque 161
Le concept de « langage-univers » et de « pragmatique universelle » 166
La performativité de la description 169
Pragmatique immanente et mystique 171
Le suspens de la « rationalité » philosophique 173
La non-philosophie n'est pas une hénologie négative 176

**Chapitre VI. – DE LA NON-PHILOSOPHIE
COMME POST-DECONSTRUCTION
OU DECONSTRUCTION «NON-HEIDEGGERIENNE»** 179

Le concept de «post-déconstruction» 179
Ce qui distingue la non-philosophie de la déconstruction 181
Une pragmatique non-langagière du langage 183
La présupposition unitaire de la déconstruction restreinte 186
Les déconstructions et l'impossible dislocation de la décision philosophique ... 188
En quel sens la non-philosophie «généralise» la déconstruction 193
Les apories de la déconstruction textuelle 195
Comment généraliser la déconstruction restreinte 198
Le concept de «non-heideggerien» 201
La fondation rigoureuse de la déconstruction comme non-unitaire 203
L'Autre non-thétique et la critique de Levinas et de Derrida 205

Chapitre VII. – L'OUVERTURE NON-PHILOSOPHIQUE 213

Ouverture absolue de la pensée et «sortie» hors de la philosophie 213
La multiplicité de la non-philosophie et la rareté des possibles philosophiques . 221
La fiction non-thétique comme élément des langages-univers 230
L'expérimentation philosophique, simple matériau de la non-philosophie 238
La non-philosophie comme philo-fiction ou hyperspéculation 242
L'apparence philosophique de la non-philosophie 244
La non-philosophie ne produit pas d'effet «dans» la philosophie 247
L'apparence non-philosophique ou humaine de la pensée 249

PHILOSOPHIE ET LANGAGE
Collection publiée sous la direction de MICHEL MEYER

Ouvrages déjà parus dans la même collection:

ANSCOMBRE / DUCROT: L'argumentation dans la langue.
MAINGUENEAU: Genèses du discours.
CASEBEER: Hermann Hesse.
DOMINICY: La naissance de la grammaire moderne.
BORILLO: Informatique pour les Sciences de l'homme.
ISER: L'acte de lecture.
HEYNDELS: La pensée fragmentée.
SHERIDAN: Discours, sexualité et pouvoir (Michel Foucault).
MEYER: De la problématologie.
PARRET: Les passions.
VERNANT: Introduction à la philosophie de la logique.
COMETTI: Musil.
MARTIN: Langage et croyance.
KREMER-MARIETTI: Les racines philosophiques de la science moderne.
GELVEN: Etre et temps de Heidegger.
LAUDAN: Dynamique de la science.
LATRAVERSE: La pragmatique.
HAARSCHER: La raison du plus fort.
STUART MILL: Système de logique.
VANDERVEKEN: Les actes de discours.
MOUREY: Borges, vérité et univers fictionnels.
LARUELLE: Philosophie et non-philosophie.

A paraître:

MAYALI: Normes et consensus.
PARRET et al.: La communauté en parole.
MEYER/PLANTIN: Argumentation et signification.
HINTIKKA: La pensée de Wittgenstein.